中 国 高 教 研 究 名 家 论 丛

韩延明 张茂聪 主编

U0641299

教育探究的立场与视界

董云川 著

山东教育出版社
·济南·

图书在版编目（CIP）数据

教育探究的立场与视界／董云川著. -- 济南：山东教育出版社，2025.2. --（中国高教研究名家论丛／韩延明，张茂聪主编）. -- ISBN 978-7-5701-3323-9

Ⅰ．G649.21

中国国家版本馆 CIP 数据核字第 20245VT434 号

ZHONGGUO GAOJIAO YANJIU MINGJIA LUN CONG

JIAOYU TANJIU DE LICHANG YU SHIJIE

中国高教研究名家论丛　　　　　　　　韩延明　张茂聪　主编

教育探究的立场与视界　　　　　　　　　　董云川　著

主管单位：山东出版传媒股份有限公司

出版发行：山东教育出版社

地址：济南市市中区二环南路 2066 号 4 区 1 号　邮编：250003

电话：（0531）82092660　　网址：www.sjs.com.cn

印　　刷：济南精致印务有限公司

版　　次：2025 年 2 月第 1 版

印　　次：2025 年 2 月第 1 次印刷

开　　本：787 mm × 1092 mm　1/16

印　　张：19

字　　数：255 千

定　　价：98.00 元

（如印装质量有问题，请与印刷厂联系调换）印厂电话：0531-88783898

总序

习近平总书记在党的二十大报告中强调，要"加快建设教育强国、科技强国、人才强国"，"加快建设高质量教育体系"，"加快建设中国特色、世界一流的大学和优势学科"。这些重要论述，为新时代高等教育高质量发展提供了根本遵循。在推进中国式现代化建设的当下，党和国家对高等教育高质量发展的期盼比以往任何时候都更为迫切。新形势下要实现高等教育高质量发展，需要有清醒的判断和正确的选择；需要进一步拓宽视野，守正创新；需要积极应对新技术和新方法给高等教育发展带来的新挑战；需要研究探索新时代高等教育服务治国理政和国家重大发展战略的新路径与新方法。

山东师范大学与山东教育出版社联袂推出的这套《中国高教研究名家论丛》（以下简称《论丛》），着眼于国家重大需求，探讨了高等教育发展的内在规律，回应了社会各界对高等教育发展的重大关切，是按照理论研究的科学范式和实践探索的应用要求编撰而成的一套高水平的高等教育书系。

《论丛》不拘一格，尊重每位学者的兴趣和专长，初定学术专著20本，分2辑出版，共600余万字。《论丛》站在高等教育的学科前沿，紧紧围绕"高等教育发展与前瞻"的主旨，遵循理论研究与实践应用相结合、应然建构与实然建设相结合、国际借鉴与国内经验相结合、历史回眸与未来前瞻相结合的原则，采用多学科、多视域、多元化的研究方法，以专题探索与体系构建为根基，以传承、改革、发展为主线，以国内外高等教育理论研究和实践经验探索为主题，从高等教育大系统、大拓展、大革新、大跨越的角度，对高等教育发展战略与宏观政策、高等教育组织与治理、高等教育研究何为、高等教育学及其理论问题、中国高等教育的时代命题、高等教育的理论探究、改革时代的高等教育发展、学科与研究生教育高质量发展，以及大学转型、大学治理、大学创新、大学文化、大学的未来等诸多层面和视角进行了全景式理论研究和全方位实践探索。《论丛》站位高远、立意新颖、中外结合、古今贯通、设计前卫、异彩纷呈，以国际视野打造中国高等教育的实践案例，彰显教育创新精神，凸显扎根中国大地办教育的理念，是新时代具有高等教育舆论导向、决策参考、理论指导和实践应用价值的精品力作。

本《论丛》的作者包括中国高等教育学科创始人、厦门大学资深教授潘懋元先生在内的20多位高等教育学界专家，分别来自厦门大学、北京大学、中国人民大学、浙江大学、中国教育科学研究院等全国知名高校和科研院所。这些作者绝大部分我都比较熟悉，有的已经认识、交往多年，也经常读到他们的论文或著作，他们在高等教育理论领域躬耕多年，贡献了许多真知灼见。他们扛起了高等教育学科理论大旗，创榛辟莽、研精覃思，坚守学术责任，攘袂引领国家教育改革决策，为中国高等教育改革和发展作出了重要贡献。

据韩延明教授介绍，潘懋元先生生前对这套《论丛》很支持、很关心，曾一度答应为丛书作序，这彰显了这位国内外著名教育家对我国高等教育研究的高度重视和对后辈学人的鼎力扶持。我和潘先生是多年的学界挚友，我一直视他为我的先辈，40多年来，我们的交往最多、最频繁、最亲密。现在他走了，但他的精神永存，我们永远怀念他！

"最是书香能致远"，欣闻《中国高教研究名家论丛》即将出版，甚为高兴，聊抒所感，是为序。

2023年5月25日于北京

编撰说明

　　党的十八大以来，习近平总书记站在中华民族伟大复兴战略全局的高度，对新时代教育强国、高等教育高质量发展、建设世界一流大学等，作出了一系列重要指示批示，深情似海，厚望如山。《中国高教研究名家论丛》（以下简称《论丛》）正是在这一宏阔发展愿景和踔厉奋进背景下由山东师范大学和山东教育出版社联袂策划、组织、编撰、出版的一套接续性大型理论研究丛书。

（一）《论丛》基于新时代教育强国建设的使命担当

　　习近平总书记在党的二十大报告中强调，要"加快建设教育强国、科技强国、人才强国"。2023年5月29日，他在主持中共中央政治局第五次集体学习时又明确指出："建设教育强国，是全面建成社会主义现代化强国的战略先导，是实现高水平科技自立自强的重要支撑，是促进全体人民共同富裕的有效途径，是以中国式现代化全面推进中华民族伟大复兴的基础工程。"而"建设教育强国，龙头是高等教育"。这些重要论述，指明了新时代教育强国和高等教育高质量发展的方向，开启了高等教育强国建设的新征程。我国高等教育要立足实现中华民族伟大复兴，心怀"国之大者"，勇攀世界高峰，提升高等教育服务强国建设的能力和水平，强化高质量高等教育支撑中国式现代化建设的责任意识和使命担当。

（二）《论丛》致力于打造高水平的高教研究智库

本丛书整合集聚了国内高等教育学界领航专家和全国知名高校教授有影响力、有代表性的创新学术成果，倾力打造高等教育高水平研究与高质量发展的理论智库、决策智库与实践智库，致力于为新时代高等教育发展编撰一套具有学术价值、实践指导、高水平决策咨询作用的精品书系。

作者队伍由来自北京大学、中国人民大学、北京师范大学、大连理工大学、华东师范大学、上海师范大学、苏州大学、南京师范大学、浙江大学、厦门大学、中国石油大学（华东）、山东师范大学、华南师范大学、云南大学、西北工业大学、兰州大学、中国教育科学研究院等全国知名高校（以教育部官网公布的《全国高等学校名单》排列）和科研院所的高等教育专家学者构成。这些作者扛起高等教育学科理论大旗，为高等教育研究、改革、发展作出重要贡献。特别是著名教育家、中国高等教育学科创始人、中国高等教育学会高等教育学专业委员会首任理事长、厦门大学原副校长、资深教授潘懋元先生，更是殚精竭虑、建言献策、著作等身，构建了中国高等教育的学科体系、学术体系、话语体系，开创了中国特色、中国风格、中国气派的高等教育理论。

在遴选内容上，《论丛》着眼于国家重大发展战略，聚焦于高等教育发展规律，旨在与国家发展大局同向同行、与社会发展布局同频共振、与教育发展格局相辅相成。书稿均是经作者反复斟酌、精心选择的具有较高学术价值的代表性学术成果。有的成果虽已公开发表，但作者也进行了适当的修改和完善，还有一些是首次正式发表的具有学术含量的论文、报告、演讲、随笔、访谈、政论等，凝练了高等教育的中国智慧、中国方案和中国实践。有的著作还研究、解析、借鉴了国外高等教育发展的经验和创见。

（三）《论丛》科学建构高等教育的理论研究体系

《论丛》站在高等教育研究与发展的前沿，以多学科、多视域、多元化研究路径，按照理论研究的科学范式和实践探索的应用要求，遵循高等教育科学方法论，深入探讨创新人才培养、科研成果转化、教学质量提升、大学文化传承以及人文精神培育等高等教育实践中的热点、难点和焦点问题，为高等教育理论研究"描全貌"，为高等教育实践探索"留档案"，为高等教育发展"绘蓝图"。

《论丛》由潘懋元先生担任编委会主任，教育部原副部长、教育部普通高等学校本科教育教学评估专家委员会主任、中国高等教育学会副会长（主持工作）林蕙青任编委会副主任，临沂大学原校长、山东师范大学特聘教授韩延明与山东师范大学副校长张茂聪教授任丛书主编，计划分2辑出版（共20册），倾力打造国内高等教育理论研究丛书中的标志性、创新性书系。

《论丛》在编撰出版过程中，得到了教育部领导、全国相关专家学者、山东省委宣传部、山东师范大学、山东教育出版社的大力支持。潘懋元先生生前多次电话催问和指导《论丛》的编撰工作；著名教育家、教育部教师教育专家委员会主任、中国教育学会名誉会长、北京师范大学原副校长、资深教授顾明远先生不仅多次悉心指导，还在百忙中为《论丛》撰写"总序"；林蕙青同志欣然担任《论丛》编委会副主任，为圆满完成潘先生的遗愿而尽心竭力；各位作者认真梳理、修改、完善文稿，精益求精，付出了艰辛劳动；厦门大学教育研究院副教授陈斌博士，为搜集、整理、校对潘懋元先生《教育的未来》一书的文稿精辑细核、倾情奉献；山东教育出版社杨大卫社长、孟旭虹总编辑积极筹划、悉心组织；李红主任、郑伟副教授协助丛书主编做了大量相关工作。在此，我们一并表示诚挚的感谢！

由于编撰出版时间紧迫，加之面广量大，难免有疏漏，不妥之处，恳请同人和读者批评指正。

韩延明　张茂聪　谨识

2023年11月10日于济南

你之所处，决定了你之所能见！

自序

作为一种社会性的存在，教育无疑是天底下最复杂的事物，没有之一。无论是课堂内外还是学府内外，人人皆可抬脚、起手、张口，随意介入其间说三道四。聒噪如此，古往今来依旧未能达成共识。

置身于瞬息万变的社会生态系统，教育"是什么"以及"为什么"的根本性问题，因历史、地域、文化以及制度的不同而迥然相异。稽首问天，俯身察地，到底是追求"真理"重要还是掌控"真实"重要？是"有意思"的作为重要还是"有意义"的选择重要？这一切原本都是辩证可知的，时至今日反而越辩越糊涂。许多人坚定不移地认为，教育的真理远在天边，而真实的教育近在眼前，无法舍此求彼；做有意思的教育当然有意义，而从事有意义的教育却未必有意思。一旦拨开教育刻意展示出来的现象，触及教育的底层逻辑，则不难发现，教育是一面多棱镜，从不同角度折射出不同的影像。无论教育多重要，能供其左右驰骋、大有作为的空间仍然是相对的且有限的，而对教育所连带的价值和意义之求索却因教育主体间的差异从未获得善解；相应地，对教育展现出的事实以及对教育事实的解释必然似是而非。历经数千年，所谓教育的规律其实并没有本质上的改变，但对于教育的解释和论辩却层出不穷，日益翻新。

为什么呢？答案其实很简单。盖因当事者或旁观者的出发点不同、观察点不同、价值观不同、欲求不同，对教育的期望、行为的选择及价值的评判自然各不相同。更进一步，裹挟着万千生命的真实教育一旦嵌入时空、时机、时运、时事、时代、时光的大系统之中，孰优孰劣、孰是孰非更显扑朔迷离。

因此，要彻底弄清楚教育、教育行为及其价值就不得不从根本上求解。解剖教育必须直面现实，回避现实的人大多幼稚，但只关注现实的人亦难免"流俗"。愚以为理性的觉察至少包含4个维度，必须抽丝剥茧，层层深入，方有可能拨云见日。首先要做的就是"去伪"，尽量不被蒙蔽，不盲从；其次是"知彼"，要理解他者，宽大为怀，包容不同；再次是"知己"，自知，自明，随缘，笃定；最后才能"存真"，离苦得乐，"从心所欲不逾矩"。

从教40余年，终于领悟：所谓教育，无非某个行为主体（学校及教师、单位及领导、家庭及家长）通过某种手段（教育方法）和材料（教育内容）为其他人（学生、下级或孩子）标示出参照系的行为；而所谓接受教育，亦无非一个人在特定情境下，面对所给出的标准或答案，选择性地接受他者的影响及外来的养料，不断进行自我调适和消解内化的过程。一国之教育，亦即上述形态由个体至群体的推演，继而再由群体放大至整体。

然而，仅从一个普通教师的真实体感出发，便陡然意识到眼前的教育形态已然发生了翻天覆地的变化，如是这般——

在一个相对封闭的赌局之中，最彰显的位置莫过于奖池，奖池与参与者之间仅以一张赌桌为隔断。一旦入场，必须主动或被动地换取筹码，热情洋溢或勉为其难地参与竞技游戏，学习掌握并竭力运用各种机巧去博取所欲求的目标。成者为王，皆以"执着献身"告世人；败者为寇，皆以"时运不济"为归因；庄家通吃，皆以"平台优势"得抽头。其间，得势者志得意满，通通认定是自我奋斗的结果；而倒霉蛋呼天喊地，无不埋怨苍天之不公。

在现实的教育情景中，理想让位于现实，梦想转化为欲念，高深学术兑换为项目绩点，孤注一掷取代理性探究，情意隐入纸牌筹码间，功名替代了品格，空间嘈杂喧嚣，教育生活的温良、雅趣与格调依稀难辨……

浑然不知者笨，自以为是者愚，知人善变者聪，雅俗贯通者慧。以赛亚·伯林（Isaiah Berlin）在转引希腊诗人阿尔基罗库斯的格言"狐狸多知，而刺猬有一大知"的基础上，把思想家和作家分为两类，进而认为著名的社会学家齐格蒙特·鲍曼既是刺猬又是狐狸①。的确如此，狐狸能够在喧嚣的环境里左右逢源，而刺猬却可以在寂静的地下游走自如。前者变幻莫测，后者执着深邃。基于这个生动的比喻，很容易看到在今天的大学中，刺猬型学者越来越少了，而深究学理、面壁苦修、一生只做一件事的学者则如稀有动物般几近灭绝。在当下的教育天地里，狐狸型学者肆意滋长，他们什么政策都能解读通透，什么课题都能研究出成果。更有甚者，一些肩负着学校或学科建设重任的"通才"可以左右逢源，在不同专业间游走自如，他们既通晓传统人文社会科学，又深谙新型理工

---

① ［英］齐格蒙特·鲍曼、［瑞士］彼得·哈夫纳著，王立秋译：《将熟悉变为陌生：与齐格蒙特·鲍曼对谈》，南京大学出版社2023年版，前言第3页。

科学，随时能够因应时局变化就不同学科的生存状况做出指点。而在教育教学的第一线，近年来名目繁多的质量评估活动逐渐蚕食并僭越了原初质量保障有限的、专业化的角色，堂而皇之地并广泛深入地介入院校日常的教育活动中。每当我看到那些热衷于关心"别人"学科专业建设的"评估专家"成天举着"规范且同一"的标尺在不同的院校里煞有介事地发表高见及指示的时候，俄而哑然失笑。

问题出在哪儿？是我观察错了，还是理解错了？

一个人的问题是自己的认知及能力问题，一类人的问题是时空境遇的问题，一代人的问题是规则的问题。前些日子偶然翻出好友梁氏在2012年的一句酒后真言，极其精彩："我说几天揭不开锅啦，你却说是锅盖的问题。"果不其然，当教育改革进一步"深化"了又一个生肖轮回期之后，眼下许多院校"锅里"的教育内容庞杂，内涵稀薄，但似乎并不影响其执拗且循环不停地专注于加强"锅盖"的建设。今天的教育从某个角度看过去，在一定程度上已经演化为豪华的宅邸或朝天门的灯光秀。那些大家蜂拥而上、人人希冀的所谓"一流"教育指标，大抵不过是一流单位、一流条件、一流环境、一流待遇的代称而已。教育原本很简单，专心上课、潜心向学即可，何须终日改来改去，致使常识性的院校作息被打乱，而创造性的习气并未相应地养成；办学硬件早就旧貌换新颜了，办学经费已然成倍增长，而学府众生依旧慌乱无比，心无定性，精疲力竭是真，身处原地是实。

人生如戏，教育更是一台大戏。戏份过剩，筹码太重，让人如何不较真！而投身其间，终究难免混淆最后的"目的"与阶段的"目标"。一般而言，个人生活的目的正是美好生活，但许多人以为燃眉的目标是先要成为有钱人；而竭力成为有钱人的目标就有可能把正常的生活过程搞得一塌糊涂。教育的目的本在于孕育健康快乐的人（各不相同的生命），但各种教育所倡导的行动目标无不狂热地聚焦于培养"高精尖人才"（本人从来不以为然），这一燃眉之急致使所谓高水平大学始终躁动不安（因为天才的确无法培养），使得普通院校全程不知所措（因为高不成低不就）。近期目标对远景目标的干扰太强，使得教育的过程充满着不恰当的竞争和过度的焦虑，最后必然导致教育的结果与原初的意愿南辕北辙，自诩"高大上"并不等于"高精尖"。就个人而言，富不等于贵；而就教育而言，大不等于强。我坚定不移地认为，总体上看，基础教育一旦远离了孩子的健康和快乐，一定是陷阱；而高等教育一旦忽视了对大学生独立思考能力的训练以及独立品格的锻造，则绝对是谬误！传承过往，反思现在，探索新知，三者综合构成教育的主体及本分。由此再出发，美好的教育自当关怀弱小，相互成就，共筑高尚。

进而言之，群体的教育旨趣在于相辅相成，各得其所；个体的教育意图在于自知自立，从吾所好。反之则不然。置身时代洪流之中，教育到底是要"求大同"还是要"知不同"？史学家吕思勉说："过去现在未来，实为一体，不知过去，又安知现在，真知现在，又安有不知将来者邪？"[①]

人类文明延续至今，不同国度对于高质量发展的教育显然是有着总体上共通的价值追求和优劣评判的。此刻，先前提出的问题也就不言自明了。就教育探究而言，真理显然比真实更重要，教育实践中许多有意思的事情根本无关紧要，而那些有意义的事情却常常被人忽视而搁置一旁，比如个体生命的差异性、课程内容的互补

---

① 吕思勉：《吕思勉全集 18》，上海古籍出版社2015年版，第6页。

性、教育过程的灵动感、培育方法的多样性、学问辩驳的风险乃至科学研究的不确定性。由此推导而出，理想的教育决然离不开肥沃的土壤、多样的生态、开放的机制、灵活的手段以及鲜活的生命，而学理的探究也自有其应然的规则，少不了差异化的研究目标、开放性的研究过程、随机应变的策略方法、破旧立新的伦理纠结以及不可提前预知的研究成果。

教育作为文明、文化和科技的核心载体，总是不断在社会价值与个人价值之间寻找平衡点，总是持续在整体与个体的磨合之间求得力量，总是在外在标示的方向和内在的启蒙之间探究真知，总是在满足指标特性与促进生命指征之间徜徉，总是在"高大上"的傲娇和"小特弱"的悲悯之间踌躇，总是在工具论的选择与本体论的坚守之间徘徊。

说到底，人类社会的教育理当成为人类生命及美好生活的港湾，使得不同起点的人有机会在其间静心修身，知己知彼，积蓄力量并整装待发；万万不能成为赤裸裸的竞技场所，完全没有必要在接受教育期间就拼个你死我活，非得高下立现。基于这样的认识，愚以为当今教育需要两点：其一，从教之人务必心存大慈悲。教育要"面向有限的生命"，积极的教育重在关怀个体，特别是不能忽视弱小的生命，尤需尊重个体间的差异，并施与雨露般的情怀照应。其二，为学之人务必胸怀大格局。教育要"面向无垠的世界"，开放的学术要接纳未知，承认风险，包容不同，鼓励挑战。上述二者相呼应，方能成就良善有为的教育大格局。

从古至今为教育量身定做的理论和实践框架数不胜数，理想的教育格局在不同人的眼中有不同的存在形态。现实教育之错综复杂犹如脱缰的野马，始终因未能完整地进入圈套而尽如人愿。为什么呢？因为一切的社会行动均有可能出现非预期的实践后果。默顿（Merton）从功能主义的立场分析了社会行动的非预期后果，认为非预期后果是"既非意图又非意料"的后果，不包括那种"事先意料到的非意图"后果。①即非预期后果既可能有助于行动目的的实现（正功能），亦可能有损于行动目的的达成（负功能），还可能与行动目的无关（非功能）。无论是在宏观层面还是在微观角度上，也无论是在"教什么""怎么教"的维度还是在"学什么""怎么学"的安排上，中国人对教育的"建设"意愿始终太过强烈。

于是，本人所描绘之作为客体的"不得不"与作为主体的"应该"之角色纠缠就成为人们在教育生活中的常态。一个人如若总是生活在"不得不"的心境之下，只有尽其所能，方可获得存活的几率，并因之而延续生命；而一个人如果时刻专注并积极探寻"应该"的行动法则，才可能日新、又日新，活得淡定，活出精彩。依我所见，高质量发展的教育理当专注于做"应该"的事情，但事实上，眼下教育系统里的芸芸众生却内卷于"不得不"的事务当中且无力自拔。由此，又联想到以赛亚·伯林对积极自由与消极自由的两种分界。②他认为，消极自由意味着主体免于受到干涉，积极自由意味着主体成为自己的主人。二者的区分在于前者强调"免于"，后者重视"能够"。我只愿，生活在现实教育情境中的师生，免于或少一点"被安排"，从而能够或多一些"为所愿为"。

近日，再度研读孙隆基所著《中国文化的深层结构》一书，不禁拍案叫绝。他认为，现象本身就是由认知意向的组成力与客观世

---

① 刘玉能、杨维灵：《社会行动的意外后果：一个理论简史》，载《浙江大学学报（人文社会科学版）》2008年第3期。

② ［英］以赛亚·伯林著，胡传胜译：《自由论》，译林出版社2003年版，第189页。

界的某些面向之间相互形成的一种东西；不同方向的认知意向组成了不同的现象。他在书中所透露出来的讯息显示"在中国人之间，理性精神与人之热情双双不发达"，我深以为然。推之于教育同样如此。中国教育既缺乏理性精神，不太愿意接纳已经为他人所确证无误的教育规律，亦缺少充裕的情感设计，未能真正把普通师生群体视为教育生命的主体。以至于，这种结构性的泛文化行为模式，使得"人，该轻松愉悦的，却患了'情感便秘'症；该表现热情的地方，却呈现'太监化'……该由自己去面对人生，对一己人生负责的场合，则'不在现场'。但，该保持秩序、遵照程序的地方，却出现毁灭性、无目的性之大爆发"①。群体有此表现，大众有此倾向，教育当然脱不了干系。

面向未来，对教育的理性认知须臾离不开对角色分析立场的检讨以及对利益相关者得失的权衡。要么刻苦"渐修"，要么彻底"顿悟"，而唯有转识成智，才有可能明辨教育的重心，求得角色、立场、诉求和结果的一致。在此基础上，如有不甘寂寞、不愿从众，非要追求所谓"一流"者，就不得不历经以下四步：首先，需脚踏实地，关切众生；其次，要胸怀远大，跨越时空；再者，待明心见性，拨云见日；最后，当取无为善治，即能道通天下。

无论何时何地，但凡高品质的教育，其指向一定是随心的，过程一定是随机的，结果一定是随缘的。毫无疑问，教育有大用，然而其既非万应灵丹，亦不能强作妄为，关键在于适可而止，才能止于至善。

---

① ［美］孙隆基：《中国文化的深层结构》，中信出版社2015年版，修订版序第5-10页。

目录

第一章 | **高教研究的时空反省** /001

第一节 高教研究的角色与话语 /002

第二节 论教育研究的立场、取向与旨趣 /014

第三节 教育研究话语的冲突与融通 /029

第四节 语言所构筑的高等教育世界 /045

第五节 大学本质的"特修斯之船"悖论及其解释 /064

第六节 大学高水平建设：一种新框架和路径 /077

第二章 | **教育生发的时运纠结** /095

第一节 高质量发展教育的因果逻辑 /096

第二节 样板的悖误：兼论教育的"特殊"与"一般" /115

第三节 理想与欲望：教育发展的真实动机探究 /133

第四节 区域高等教育一体化的远景与近为 /153

第五节　"西部高等教育"的理性辩驳　/171

第六节　学术与行政的关系：以高校治理事务为中心　/183

第三章　**教育改良的时机悖误**　/193

第一节　试论"教育面向"的当代进路　/194

第二节　论大学学术共同体的时代纠结　/213

第三节　德育的情理法困境　/234

第四节　两种课堂时间：教育行为与知识发生的时间性反思　/247

第五节　"有教有类"方能提升大学品质　/259

第六节　经典教育三题　/272

跋　/276

第一章

高教研究的时空反省

你以为自己在说话，其实是话在说你。

——［法］米歇尔·福柯

古圣先贤"述而不作"之风已然退隐，而今俱是"即述即作""神述快作"的指令敦促及行动响应。

当我们说某所大学更像是"一流"的时候，我们到底在说什么？当我们说某种教育似乎更"先进"的时候，我们到底在说什么？

第一节　高教研究的角色与话语

伴随高等教育事业的演进，高等教育研究活动同频共振，繁荣异常，近年来论著成果迭出，项目业绩惊人。然而，去表及里，精品不足、原创匮乏却是不争的事实。从根本上说，高等教育研究是一项专门化的学术活动，有学科逻辑，有理论支撑，有辨析方法，有研究范式，有技术手段，更有学术边界。高质量的教育研究活动及其研究目标的达成，并非人人可为，亦非人人能为，更非人人善为。教育研究的品质离不开研究者的角色扮演及话语诉求，教育研究的取向无不与高等教育的时空存在相关联，而关于研究价值取向的博弈始终牵涉研究者的立场。角色模糊，则不知所云；时空混淆，则诉求难辨；立场不清，则取向不明。

一、角色·话锋

时下，有两个问题值得深究：其一，为什么所有人都可以对教育说三道四？其二，为什么人人都要做"课题"？前一问意味着教育这件事情关乎千家万户的利益，万众瞩目，无法敷衍了事；更何况教育这个行当的专业边界似乎并不紧实严密，任何人皆可插足其间并言之凿凿。后一问涉及教育学术探索是不是一项专门化的科学活动，"散打"或"群殴"的方式或许都有可能达不成所谓"研究"的目的。这本该是一件由少数人献身其中的业务，却广泛策动，人人深陷其中。

只要是人，一旦介入某一类型的社会活动之中，角色意识就会应运而生，角色扮演亦同步展开。米德（G.H.Mead）指出，角色是处于一定地位并按其相应的行为规范行动的人。①林顿则认为："社会是一个由各种各样的相互联系的位置或地位组成的网络，其中个体在这个系统中扮演着各自的角色。对于每一种、每一群、每一类地位，都能区分出各种不同的有关如何承担义务的期望。"②这样一来，角色期望的表达会直接显示在人们的语气、话锋之中。相应地，当各种各样的人鱼贯而入，专业的或非专业的人士都举着关心高等教育的旗号先后涌进教育研究语境当中的时候，各自的愿望及诉求是否相同？若不一致，人们到底想要的是什么？

首先，角色定位十分重要，而话语取向大不相同。所谓"话语"（discourse）是人们说出来或写出来的语言。但在不同的语境之下，不同角色的人们说（叙述）什么、如何说（叙述）以及所说的话（叙述），多少会带来不一样的社会后果，对此所展开的研究称为话语分析。针对高等教育发展与改革的理论或实践问题，"谁在说话""说什么样的话""怎么说话"是无法回避的要素，态度断然不能模棱两可。而"当局者"迷或不迷，"旁观者"清或不清，亦不可"顾左右而言他"。因此，所有的研究及其成果表述，都是话里有话、话外还有音的。比如，什么叫作"应该"或"必须"？唯有厘清角色，才能够发现"谁"更"应该"，而凭什么"我""必须"；要明辨责任担当，方可知道是"行政保障'应该'"还是"教育行动'必须'"。又比如，什么叫作"进步"或"进一步"？没有进步，何来更进一步？把入学95分的考生培养为96分的毕业生和把60分提升到80分的高度，谁的进步更显著？把高考榜单上的翘楚培养成为"精致的利己主义者"，还是把自卑懦弱的孩子塑造成有自信、能自立的社会人，哪一种教育更有功德？再如，我们天天都在说"关键、核心、重点、突破口"，然而，你的关键也许不是我的重点，我的核心也未必是他的突破口。进而言之，当一所学校的所作所为陷入了"不得不"的境地或师生们的言行举止变成

---

① 邱德亮：《论社会角色责任与角色道德建设》，东北师范大学2007年博士论文。
② 乐国安：《社会心理学》，中国人民大学出版社2009年版，第98页。

了"只能够"的时候，教育初心何以坚守，教育创新又怎能实现？这样梳理下来，什么叫作"差距"或"落后"呢？教育不是竞技活动，学校不是功利场所，对弱势群体的关爱，对田野社稷的关注，对未知世界的探索，对人性人格的完善，并不存在具体或固化的度量指标。如此追问下去，什么叫作"一流"或"卓越"也就不辩自明了。自渡渡人的教育才真正成其为教育，美好的教育既合和于群又超然于群，既归属于类又卓然于类。

对标反省，时下盛行的教育研究，就多少有点儿语焉不详了。盖因外部资源对于教育研究特别是项目指南、标志工程的用力太过威猛，致使能否介入其中对于参与者的功利得失差别甚巨，以致政策的激励功能迅速外溢、资源效应不断彰显。这样一来，既有效促进了专业人员的行动，也明显诱发了更多非专业人员的欲望，无形中造成了教育学术研究活动边界失守的局面。研究者的角色定位与话语方式纠结混淆，大幅度削弱了教育学术研究成果的理论贡献及应用价值。

进一步分析，一个人可以同时扮演多个角色，能保持各角色间和谐一致，但有时也会产生角色冲突。在角色理论中通常把角色冲突区分为角色间冲突和角色内冲突。角色间冲突往往与对不同角色提出不同的甚至矛盾的要求有关，个人不能同时满足所有角色要求。角色内冲突通常与不同群体对同一角色的体现者提出不同的要求有关。有鉴于此，教育研究者的角色站位与其话语方式以及内涵所指并非天然一致，更多的时候存在着隔阂和矛盾。第一，主体与客体的诉求迥然不同。直接从事教育的人与那些间接关联到教育的人，甚至是彻底不懂教育的人，怎么可能做到同频共振、心同此理、情同此心？第二，内部的言说与外部的言说存在根本的差异。内部人说内部事有利有弊，内部人说外部事有优有劣，外部人说内部事短长不一，外部人说外部事好坏难分……立场不同，评判标准各异。第三，个体与整体的分析也不一样。各有所求，各取所需。第四，宏观与微观讨论如何做到同日而语？以宏观角度说微观的问题，以宏观的立场检讨宏观的漏洞，以微观的角度说宏观的短板，以微观的身份研究微观的出路，问题与对策的博弈贯穿始终，难得善解。第五，不同的立场、不同的诉求决定了问题的紧迫程度。管理者之燃眉之急，未必是教育者生存之困顿，更不一定是受教育者发展的桎梏；反之亦然。教育由个体生命、课程、设施、环境、组织、结构、方法、手段、制度、政策、文化、时空组合而成，孰大孰小，相对方知。

根据社会心理学理论，个人按照常规的期望显示出来的行为，以及按照他人期望采取的实际行动均可称为角色扮演。W. 库图区分了两种不同类型的角色扮演——角色扮演（role playing）和扮演角色（playing the role）。前者指个人在生活中实际扮演的角色，后者指暂时扮演某个特定的角色，如演戏。[①]如此对照，在高等教育的改革与实践过程中，教育者一方面扮演着某一专业学者自身的角色，一方面还要扮演另一个专门"研究"专业教育的角色。理想的状态是这两个角色浑然一体，交互共生。然而，当后一种角色扮演所带来的利益远远超越第一种角色的时候，教育者第一身份的意识就会被侵袭，并因此产生行动上的懈怠。

教育无疑是人类社会最为错综复杂的现象之一，高等学府更是人世间最灵动多变的组织系统之一。也正因为如此，针对教育这种超级复杂的社会现象所展开的特殊研究活动，绝非易如反掌，更非简单规定驱使，人人可为。

如此一来，研究者当如何定位，研究行为该如何调适，何以保持水准？根本的原则还是要远离浮躁，避免同流。就像明代陈献章所说："为学须从静坐中养出个端倪来，方有商量处。"[②]

二、时空·诉求

时光荏苒，从挥毫的身姿到键入的背影，教育及其研究者的形象实现

---

① 乐国安：《社会心理学》，中国人民大学出版社2009年版，第108页。
② ［日］冈田武彦著，杨田译：《王阳明大传》，重庆出版社2015年版，第98页。

了百年跨越。今非昔比，福兮祸兮？难以简单论断。仅以笔触、笔法、笔墨、笔调为例，百年间已经迭代更新了若干轮次，足以令人眼花缭乱。

过去的先生无不是"毛笔先生"，面壁苦读，静心修身，功力练就，惜墨如金，若修为不到位，踔步累积不踏实，岂敢班门弄斧，随便着笔亮相。先生们也许一生只得一书一文，却大多字字珠玑，成就经典。其后一代的大学老师成为"钢笔先生"，一人一笔端佩胸前，书生意气勃发，承前启后，硬笔行文，各显神通，分别铭刻思想，效力于社稷。紧跟其后，教书先生在不经意间流变为"碳素笔先生"，书写工具随手可得，随处可见，随地就扔，以1元为单价标注的行文研究武器造就了史上最繁荣的论文发表和书籍出版盛况，许多人著作等身，因之功成名就，斩获了前所未有的殊荣，但书写下来的文字最终价值几何，尚有待历史的考验。时至今日，一部分新生代的学者、学生都以"键盘先生"的角色粉墨登场了，大家从各自的终端出击、争先恐后抢占风头，言说话语遮天蔽日，无成本的键入，无节制的复制，无休止的粘贴，鱼龙混杂，天下文章虚实难辨矣。

其实，用历史的眼光衡量，无论运用什么样的笔墨书写，文字垃圾从来都不是少数。所不同的是，过去的文字垃圾除非刻意伪装，一般只敢悄悄撕碎扔进自家的废纸篓里，因而危害不大；现在的文字垃圾则总是被有意无意、无所顾忌地随手发布于网络空间，所以危害不小。话语的功能不仅是描述世界的主观工具，以"不同的方式解释世界"，而且是具有实践功能的物质力量，以不同的方式持续改变着客观的世界。时过境迁，"洛阳纸贵"已是明日黄花。你是谁、用什么笔、为了谁、写下何种文字？始终是研究者不得不面对的价值拷问。

以区域教育发展的维度为例，空间分布决定了差异，强求均衡难免滑落误区。西南有山珍，东南有海味，西南的发展不是以渔捕海鲜为标的，而东南的发展显然也不是以采集山珍为准绳。山珍海味何以均衡，唯有建立良好的交换机制才能够实现价值共生。真正的均衡建立在多样化的开放性的生态系统之中，秉持个性，相互尊重，自主调节，资源互补，以至于各有所求，各得其所。外力帮扶与内力追赶的重点既在于补短板又绝不限于补短板，关键还在于扬"长"避"短"。补短板的效应大多是使之"不落后"，而多元孵化、弘扬特长的结果才可能"有价值"。政策资源的倾斜和帮扶功不可没，毫无疑问已经大幅度推动了特定区域的教育发展，然而，其促进效益的真实体现并非同等更非短期可视，积极政策的介入既有普遍性的效果，也会有特异性的分歧，而且存在着时效性的滞后。这样一来，教育主体的主观追求所涉及的角色、态度、取向就构成了发展的关键问题，或者说成为明辨是非曲直的关键。有一首流行歌曲唱道，"长大后我就成了你"，但是，在区域教育发展中，这样的发展诉求显然并非上策。西部教育发展的结果不一定成为像东部教育一般的存在，专业特色院校做强以后也并不是以加入综合性大学阵营为首选。张楚廷说过，教育的作用是把自己变成自己。张三接受教育的结果并不是变成李四，而是要努力变成更好的张三。因此，区域教育的发展策略应当是在因地制宜、因时而异的情形下，不断完善自己，成就与众不同的个性化品质。在这样的大原则和框架之下，才能够进一步讨论技术路径和实现目标的方式，继而深入到解决教育发展问题的微观策略及其手段的选择，其中当然少不了对古今中外先进方法的借鉴以及成功经验的引介和运用。

所以，时空的运动以及主客体的诉求必然影响到教育研究者对教育事物的判断。马克思倡导的话语建构逻辑是"从思想世界降到现实世界""从语言降到生活"。[①]因此，当我们说某所大学更像是"一流"的时候，我们到底在说什么？当我们说某种教育似乎更"先进"的时候，我们到底在说什么？何为一流大学、重点学科？何为示范专业？何为先进教学？何为创新研究？如果所有人都奔着一流而去，二流的学科或教育还有存在的意义吗？三流的学校和老师还有生存的必要吗？别忘了高职高专学校占据了中国高等教育的半壁江山，而二本学校代表着中国高等教育的基色，

---

① 中共中央马克思恩格斯列宁斯大林著作编译局主编：《马克思恩格斯全集（第3卷）》，人民出版社1960年版，第525页。

千千万万从非重点院校走出来的莘莘学子一样可以成就一番事业，相继成为社会主义大厦的合格建设者。如果龙虾很贵，大学是否都要去捕捞龙虾？如果松茸稀缺，学校是否都要去采拾松茸？如果培养不出"状元""探花"，当地的学校是否都应该郁郁寡欢而又备受苛责？如果造就不出"诺奖"标兵，举国高等教育是否都应该汗颜自责而承受千夫所指？

　　一个人在扮演符合他人期望的角色时会不会丧失自我呢？每个人都在一定的文化中经由训练、模仿和认同而学会扮演各种角色。只要人们真正相信他们的角色，认为应当完善的扮演，他们的行为就是真实的，他们的自我和角色就是统一的。只有当人们不相信且不认为应当扮演某个角色，只是为了满足他人期望而扮演某个角色时，才会产生不真实的角色扮演，造成自我和角色分裂。社会心理学家S. 朱拉德认为，这种人虽然是出于获得他人承认的需要，但实际上往往既得不到他人的承认，也得不到自己的承认。[1]

　　不同时代的标识性话语显然是不同的。如并行、交叉、复合、整合、融合，共同、协同、大同，一体、两翼、三维、四驱、五段、六要、七法、八类、九步、十全等词汇广泛运用于教育研究报告、教改实践的总结文本以及教学成果奖的申报书之中，良莠不齐，相互抄袭，真假难辨。英国著名社会学家齐格蒙特·鲍曼在《流动的现代性》一书中所描绘的共同体裂变，可以深刻地揭示出当下高等教育学术共同体的存在形态。在他看来，"衣帽间式的共同体"使得不同的人在走进剧院观看演出的时候呈现出与平时状态不一样的、整齐划一的特征。这种短时的表演并不会将个体的关注汇聚成"团体兴趣"，这种"共同"的错觉会随着离开剧场而同步消失。"狂欢节式的共同体"则是现代人群落的另一种典型写照。由狂欢活动所聚集起来的共同体虽然稍纵即逝，但却能够有效打破平时人们离群索居的单调生活，成为大家发泄被压抑的能量的最好场合。他指出："无论是衣帽间式的共同体还是狂欢节式的共同体，这些迅速扩大的共同体，和法律

---

　　① 乐国安：《社会心理学》，中国人民大学出版社2009年版，第108页。

意义的个体绝对必要的单独处境一样，和他们要成为实际意义个体的热切的然而总体上来说又是徒劳无功的努力一样，都是流动现代性景观中的一个必不可少的特点。"①据此，我们也就能够理解，为什么在高等教育研究的领域，有如此多的人热衷于"凑热闹"，喜欢堆砌一些看起来"高大上"而实际上语焉不详的流行辞藻，集体扎堆于居无定所、变动不居的研究活动之中。那些在"看表演"期间一起鼓掌，大家"共同"造成的价值错觉，一方面极不专业且不稳固，另一方面却欲罢不能，乐此不疲。

三、立场·角力

话语在日常生活特别是专业化社会生活中的作用不容忽视——它为进行比较分析和构建人们对不同事物的看法提供了基础。不经意间，高等教育改革与发展及其研究领域已然演化出一套耳熟能详的话语体系。大家信手拈来且使用频率极高的话语方式皆有套路，话语内容和形式都言之凿凿。陈曙光等撰文称："话语不是一个独立的世界，而是话语中把握到的现实世界，是现实世界的话语表达……话语体系的生成逻辑表明：不是话语塑造现实，而是现实塑造话语；不是话语改变历史，而是历史改变话语；不是主观臆造话语，而是实践建构话语。"②

教育研究者的言辞来历不一，行为表达不同，终端显示各异，却无不透露出研究者所持守的基本立场。海德格尔说过："语言乃存在之家，人则居住在其深处。"③一般而言，知道你是谁，就可以大体上判断出你的言说取向；而只有彻底弄清楚你到底是谁，才能够深知你的话语立场并理解你的表达方式。以专业化的眼光评量，教育研究活动的起心动念不同，其结

①［英］齐格蒙特·鲍曼著，欧阳景根译：《流动的现代性》，中国人民大学出版社2018年版，第327页。

② 陈曙光、陈雪雪：《话语哲学引论》，载《中共中央党校（国家行政学院）学报》2019年第23卷。

③［德］马丁·海德格尔著，孙周兴译：《在通向语言的途中》，商务印书馆1997年版（2004修订版），第126页。

局后果必定迥然相异。如若我们把高等教育视为一个纵横交错的社会存在系统，分别从上、下、左、右、前、后六个面向三个维度上立体地进行解剖，继而再从显性和隐性两个方面加以归类分析，则可以有效分辨出教育研究者及其言行的立场与取向间存在的复杂多变的角力关系。

毋庸置疑，一股来自政府角度的牵引力从来都是最强大的，其以政策号令及制度推行的方式从上到下、自始至终推动着主流教育研究的方向，彰显出显性的、具有威权的主导力量；而另一股来自社会传统的文化牵引力却无所不在，内在地刻画出某一特定环境下的师生情态，隐性而深刻地表现在不同的课堂或教育学术活动之中。与此同时，社会生长环境作为另一股显而易见的、向外的力量不断平行拉扯着高等院校的办学行为，从而在特有的人文地理区域中，生发出一股群体适应的制衡力量，由此构建起来的游戏规则既作用于学校，也框定着师生，继而深刻地影响着研究者的价值取舍。相应地，一股内隐内化的、内生内向的驱动力顽强推动着彼此不同的教育生命的走向，潜在地影响个体生长的状况，其与外在的、显性的力量默默抗衡，通过力量的博弈而形成不可替代的教育行为和品相。再进一步分析，高等教育直面现实、服务社会一直是主流的生长线索之一，这股力量通过市场的手段或类似于市场的运行规则有效裹挟着院校的发展节奏，其间，"识时务者为俊杰"为显性法则，教育对此无法回避，当然也不应该回避。但值得注意的是，在显而易见的市场潮流之下，孕育于深层运行逻辑中的无形的文化之"道"及教育规律，则极有可能被同步且大幅度地削弱，这样一来，"面向现实"的短期立场一定会无情地遮蔽"面向未来"的长期取向。高等教育作为一项百年大计的发生与发展规律，就难免虚化为可知而不可见、更不可得的"道"，悬浮于"形而上"的表述之中，免不了陷入被世人搁置冷落的命运。与此相应，高等教育及其研究活动就不得不在充满理想的号令之下落入凡尘，掉进俗套。就像福柯指出的那样，由于"权力"的暗中压制，话语名为表意系统，往往却变成一种"强加于事物的暴力"①。

有学者认为，话语权不过是"以话语形式表现出来的占统治地位的物质关系"②。在现实的高等教育情境中，话语模式的背后大都是功名的纠葛，话语冲突的背后无不是利益的冲突，而利益冲突往往又通过与话语的对立表现出来。话语权与其说是对既定事实的一种肯定，倒不如说是对特定主体的价值立场和利益的巩固。正因为如此，在上述力量的共同牵引及其复杂角力作用之下，高等教育的发展及研究的重点也就自然而然地朝向四面八方，各奔东西、各显神通了。仅以诺贝尔奖为例，行政的举措往往是通过思想上高度重视、经济上不断加大投入，汇聚力量去"冲击"诺贝尔奖；而学术的逻辑却坚持必须以学术自由作为认知言行的起点，强调独立的探究精神、热情的求知乐趣，认定心无旁骛，潜心科学方能超越创新。又以学科建设为例，校领导总是强调学科整合效率倍增，必须举全校之力发展标志性优势学科；而老师们无不希望循序渐进，默默耕耘，潜心课堂，润物无声，静待花开。谈及院校管理，上级总说要进一步加大教师队伍建设力度，持续加强师资管理；而研究者则发现所谓师资的问题固然表现在结构的失衡，但根源却在于为师者的事业认同感降低，职业心态缺乏内生动力。而举凡谈及教育质量保障及评估，管理者无不认为指标绩点毋庸置疑、至高无上，是无比有力有效的抓手；而一线的当事者却认定教育情怀的淡漠、独立意识的流失和献身精神的消弭才是教育质量下滑的关键。一言以蔽之，对于高等教育改革与发展这一重大命题，局外人从来都相信"定量法则"，而当事人却始终关注"定性困局"。如之奈何？

进入高等教育普及化时代以来，当我们以"高质量发展"为准绳去衡量教育及其研究活动的时候，永远不能忽视的前提正是：教育是一种有生命的社会活动，大学是一种活态的文化组织存在。福柯说："话语即权

---

① ［法］米歇尔·福柯著，刘北城、杨远婴译：《规训与惩罚》，生活·读书·新知三联书店1999年版，第29-30页。

② 陈曙光、刘影：《论话语权的演化规律》，载《求索》2016年第3期。

力。"①教育研究所采用的"话语"绝非一个简单的中性要素，话语本身代表着一种权力，是权力的延伸体现形式，研究者通过话语赋予自己权力。研究话语不仅是施展权力的工具，也是掌握权力的关键。有鉴于此，系统回顾一下近年来的教育研究状况，不难发现，当下采用静态指针、依靠外部考评的方式来甄别教育品质的战略和策略普遍而盛行，然而这种做法是否合理恰当，实在值得当事者质疑和反思。

卡西尔告诫："人从自身的存在中编织出语言，又将自己置于语言的陷阱之中。"②复杂多变的高等教育存在可以用1、2、3、4等数字序列划分吗？一流二流，一本二本，一级三级的存续方式到底有什么意义？道家"一生二，二生三，三生万物"的逻辑似乎更加适合教育生态。学科可以用类型标签简单切割、分流、整合吗？综合性、多科性、专业性的院校属性边界由谁来厘定？客观上长时间存续于世的中外著名大学，似乎各自都具有不同的存在形态。大学之大，可以用曹冲称象的办法过磅称量吗？学校实力与大、中、小型其实并不存在直接关系，历史上推动社会进步的高等学府无不可大可小，均与体量无关。学者可以用百、千、万分别站位标注吗？古往今来，凡是能够通过奇思妙想及大胆实验做出科学贡献的那些杰出的学者并非必然与头衔、名次和价位相关。教育发展可以用"示范"与否加以标识吗？重点、示范、中心、基地的辐射功能如何证明？思想贡献并无先后，科学成就难分大小，无论是自然科学还是社会科学，僵化的标杆最后大多成为桎梏，而灵活的范式从来法无定法，难以仿效。教学品质可以用金、银、铜、铁等物理属性甄别级差吗？"金课""金专业"与"水课""水博士"的内涵是什么？传统文化中五行相生相克的道理似乎更加有助于圆满解释文化和科学的衍生状态。近日，湖南某学院教师集体留学菲律宾，"批发"获取博士学位以满足申硕指标需要的新闻上了"热

---

① ［法］米歇尔·福柯著，肖涛译：《话语的秩序》，中央编译出版社2001年版，第21页。

② ［德］恩斯特·卡西尔著，甘阳译：《人论》，上海译文出版社1986年版，第172页。

搜"。①这一事件被诸多媒体简单以"水博士"标签来指代其实是冤枉的，口诛笔伐之下的老师们无疑是委屈的。教育注水的行为可能来自国家，也可能来自学校，更有可能来自学位点或个人，怎么能一概而论？更何况，二本院校的发展在指标的重压裹挟之下举步维艰，地方院校的老师们大多负重前行于拼搏奋进的路上。果然，话音未落，河北某学院青年教师结队扎堆攻读韩国博士的事件又被爆出。②冷静地说，上述事件无非冰山一角。

当以上这些在研究活动中流行的概念辞藻广布于教育内外之时，维特根斯坦的训诫言犹在耳，值得一再汲取："语言是一座遍布歧路的迷宫。"③对此，当然不能苛求那些瞎掺和、乱起哄的门外汉去改变，但至少，那些专业从事教育研究的人们应该明心见性，时刻警觉。

话又说回来，文化发展有轨迹，教育进步有逻辑。优秀的教育机构、杰出的高等学府以及卓越的学术研究，基本上万变不离其宗，有法可依，有章可循。教育品质和文化传承从来离不开三大必要条件，即充满生机的机构、生动活泼的场域和生机勃发的个体。机构的生机盎然必然基于志向笃定的教育学术共同体，场域的生动活泼断然少不了兼收并蓄的行为和兼容并包的思想，而个体生命的释放无不取决于多姿多彩的师生存在。在爱德华·萨丕尔看来，语言具有强大的社会化力量，也许是所有社会化力量中最强大的一种。④诚如中国古人所说，"成也萧何，败也萧何"，用好了，促进事物发展；用不好，误导前进的方向。

办教育必须遵循规律，而研究教育则需要努力发掘蛰伏其间的规律。

---

① 李秀莉：《"邵阳学院1800万引进菲律宾博士"背后：二本高校的生存之战》，https://mp.weixin.qq.com/s/aG5ei4oClJPn9ygqqulnOw。

② 澎湃新闻：《又一起！邢台学院被曝引进韩国博士 起底"速成博士"产业链》，https://news.sina.cn/sh/2022-07-25/detail-imizmscv3444906.d.html?sinawapsharesource=newsapp&wm=3200_0001。

③ ［奥］路德维希·维特根斯坦著，李步楼译：《哲学研究》，商务印书馆1996年版，第188页。

④ ［美］爱德华·萨丕尔著，高一虹等译：《萨丕尔论语言、文化与人格》，商务印书馆2011年版，第25页。

舍此无他。还是福柯一语中的，戳破了窗户纸："你以为自己在说话，其实是话在说你。"①

（本文原载于《湖南师范大学教育科学学报》2022年第5期，有删改。）

第二节　论教育研究的立场、取向与旨趣

教育研究所体现出的价值倾向是对所受到的显性文化牵引力与隐性文化牵引力作用的反映，在实践立场、行动取向、学理旨趣方面均有具体体现。在教育研究的实践立场方面，主要是采取作为政策注脚的制度外释立场与作为学科探究的专业内解立场的区别；从教育研究的行动取向来看，主要存在着群体适存的环境示好取向与主体自觉的人文关怀取向两种主张；就教育研究的学理旨趣而言，主要表现在功利型暂短效益与意义型长远发展之间的分殊。在未来，与高质量发展相适应的教育研究，务须求取介入意识与抽离意识的平衡，价值理性与工具理性的平衡，以及"求近利"与"达远道"双重旨趣的平衡。

改革开放以来，中国教育获得了举世瞩目的建设成就。40余年间，高等教育事业历经拨乱反正，蓬勃向上，高速增长，以跨越式的姿态一路高歌，如期进入到高质量发展阶段。而与高等教育改革与发展实践同频共振的高等教育研究，也相应经历了分枝发芽，由弱到强，自教育学研究的边

---

① ［法］米歇尔·福柯著，肖涛译：《话语的秩序》，中央编译出版社2001年版，第5页。

缘性存在，逐渐成长至羽翼渐丰，步入了意欲自立门户、开创新学科之境。然而，若从原创性、权威性和高被引等角度来审视的话，对于高等教育的研究，无论在宏观层面还是微观层面，依然首推潘懋元先生等一批中国高等教育学开创者们在学科建设初期的原创性奠基理论，以及马丁·特罗先生的"精英化、大众化、普及化"高等教育发展阶段论，其理论在中国拥趸众多的盛况，大大出乎他本人的预料。除此以外，就整体的高教研究品质而言，无论是对学科元理论塔基添砖加瓦的贡献，还是对教育实践现实的批判与引领，研究状况依然不尽如人意，少有原创，缺乏扬弃，鲜见超越，与繁荣的教育发展时代并不相称，尤其是潜伏于高等教育理论或实践现象之下的许多根本性问题，尚亟须学界同道进一步厘清并深刻检讨，补缺探究。

教育研究的主体成分多元，仅从类属于高等教育学专业领域、专门从事高等教育理论与实践研究的群体来看，其对于专业性教育问题进行专题讨论时所体现出来的价值倾向，反映了与所受显性或隐性的社会文化牵引力的作用程度相一致的特征，这一特征至少在实践立场、行动取向、学理旨趣方面分别表现出来。

当然，立场、取向和旨趣原来就是教育研究的基本问题，是教育研究者开展研究活动的前提限定成分和先天制约因素，并且这些基本的要素在教育研究中业已并持续发挥着重要的影响，与研究者是否觉察并不相干。但是，在实践立场、行动取向和学理旨趣的展开逻辑和运行机制中，有一条内蕴线索，即研究者及其研究成果在形式上所表现出来的状况，事实上都是研究者对所受到的隐性牵引力和显性牵引力双重作用的反映和表征。辨明这一点，有助于修正高等教育研究在新时期的行动取向。

一、教育研究的实践立场

教育研究的实践立场在此主要指价值出发点，它实际是指向价值判断所采取的利益立场以及价值判断所采取的主客位情况。在高等教育改革与发展的实践研究领域，主要体现出受显性行政牵引力引导、效法于上的政策与制度诠释取向，相较于受隐性文化牵引力影响、效法于下的师生与课堂研究取向之间的分殊。具体来说，亦即采取作为政策注脚的制度外释立场与作为学科探究的专业内解立场的区别。

（一）政策注脚：制度外释立场

任何社会的教育都具有体现国家权力实践的现实性，必然要体现国家意志、社会共识。而政府作为明确的教育主办者，理所应当地会从全局统筹的高度和远景规划的角度，赋予教育特殊的使命并提出相应要求。以社会大系统的眼光评量，教育归属文化领域，属于软实力层面，对其他社会领域的施动性弱于受动性，教育之于社会发展的功能表达自然呈现出隐蔽性、滞后性、周期性乃至长期性的特征。

于是乎，高等教育作为为国家发展、民族振兴、社会进步提供精神动力和智力支持的重要系统，义无反顾地承载着服务国家社会需求的重责。相应地，教育研究在战略上也就背负着指向教育发展中的重大问题、满足社会变化对教育生长需求的时代研究使命。关于如何提高中国教育科研水平的问题，就存在"紧扣时代脉搏、聚焦中国问题"和"要突出问题导向"的呼声。[1]这一方面，教育研究回应积极、成果跟进及时，《中国高等教育研究》编辑部在统计2020年14种教育类期刊发文情况的基础上，指出全国高校高等教育研究呈现出"研究热点与政策热点高度相符"的特征，活跃的研究者"紧跟政策热点"的选题趋势明显。[2]教育研究对标国家战略需求，围绕教育方针调整、教育体制机制改革、社会主义核心价值观教育、教师队伍建设、破"五唯"、劳动教育等重大专题集中产生了一批成

---

① 郝平：《提升教育科研水平繁荣发展教育科学事业》，载《教育研究》2017年第1期。

② China Higher Education Research Editorial Office：《2020年全国高校高等教育科研论文统计分析——基于14家教育类期刊的发文统计》，载《中国高教研究》2021年第4期。

果，为新时代教育改革发展注入了强大动力。[①]

教育研究瞄准国家战略、呼应政策指向，是社会发展的需要也是教育职责所系，但是如果教育研究仅仅停留于对形势和政策作出专业性的话语诠释，仅仅热衷于提出和制定一系列看似相异、其实相同的发展方案，而疏于进行深入的学理探究和价值辩驳，那么所堆砌出来之汗牛充栋的学术著作，包括所谓的观点、意见、方案、对策等，均容易与教育学科的本性错位或有悖于社会历史的厚重感，至少存在失于偏颇之嫌。

仅从"事功"的角度来看，教育研究针对教育宏观层面的变革与治理、中观层面的运行与调适、微观层面的实践及其过程三个层次所开展的研究活动，是否切实服务于国家发展战略，是否有效地推动了社会近期或长远发展，最后都要接受以理想价值追求为目标的教育学术立场的检验。毕竟就教育研究之"事功"而论，其"功"之果的表现在教育研究的外向服务功能，而其"事"之本却维系于教育研究理当深耕的"促进人的全面发展"的内向价值活动。

（二）学科探究：专业内源立场

教育研究的对象维系在"育人"系统之中，教育研究的根本也相应发生自"育人"系统，教育研究"根本上是理解人，是在人之中理解人的心灵成长如何可能的问题"，"因此是内源性的"；又"因为研究者无法与被研究的教育世界分离"，教育研究的主位性是内在于教育研究的"真实"之中的。[②]

教育研究脱离不开教育的"意义之网"，"不是一种寻求规律的实验科学，而是一种探求意义的解释科学"[③]；教育所具有的人文性和社会性，以

---

① 田学军：《充分发挥教育科研的支撑、驱动和引领作用　奋力推进新时代教育强国建设》，载《教育研究》2020年第10期。

② 金生鈜：《教育研究的逻辑》，教育科学出版社2015年版，第28页。

③〔美〕克利福德·格尔茨著，韩莉译：《文化的解释》，译林出版社2014年版，第5页。

及教育研究类属于人文社会科学的性质，共同决定了教育研究如吉登斯所言"必然包含文化的面向"①。在隐性文化牵引力的作用下，教育研究理当倾向于将目光投诸师生与课堂，采取基于价值和意义的学科探究式专业内源立场，这与课堂是教育场域中最前端的场景、是托举教育生命活动最真实的平台，高度同一；与师生主体是广大教育场域中最活跃的参与者、最直接的价值主体、最有意义的教育交往者相一致。师生课堂互动是最经常、最真实、最生动的教育发生情境，是教师体验职业幸福、学生体验成长获得感的交互时空，课堂生活是教师的专业成长、学生的学习进步以及二者之间教育交往和教育创造活动的展开过程。

进一步说，课堂之外的校园文化场景，鲜活而多变的大学教育过程，感同身受的学术思想引领以及竞争博弈，高尚而柔美的人文情操，未知且充满风险的科学探索，从狭义的教学实验到广义的教育实践，无不构成教育研究者纵横驰骋的疆域和充满意义的学术探索空间。而今，教育研究领域少有周期性的观察，忽略体验与等待，无人问道于中长期的教育实验，在越来越昌盛的数字业绩之下，灵动的生命荡漾其间的大学教育过程缺少专门化的、内源式的、突破性的研究成果。

教育研究呼唤"宏观智库"，但并不需要太多，更不能一拥而上，这个时代真正匮乏的，是更多潜心去探究微观教育生命存在意义的内涵建构者。

（三）介入意识与抽离意识的平衡

显而易见，教育研究特别是作为学科的教育研究应有的专业性和科学性内蕴在持续数十年的自我迷茫中并逐渐被耗散和消解，受到教育以外的其他社会力量的强势牵引，为政策做注脚的制度外释立场与旨在学科专业探究的内源立场两者之间的关系失去了平衡。

毋庸置疑，教育研究在教育改革与发展中发挥着重要的、积极的影响，对教育决策的科学化进程具有强大的推动作用，这也正是教育研究对

①［英］安东尼·吉登斯著，李康、李猛译：《社会的构成：结构化理论大纲》，中国人民大学出版社2016年版，第268页。

于来自教育以外的显性牵引力的有效呼应。但往后延伸至"高质量发展阶段",上述积极作用的持续发挥依然维系于教育研究必须既要遵循教育自身的发展规律,还要兼顾教育活动内部的隐性文化牵引力。如此,教育实践及其相关研究才能够汲取不竭的动力源泉。

"强大的教育发展现实压力让教育研究较之以往更加直面现实的教育发展问题",从而导致教育研究因囿于"实际性"和"迫切性"关切而陷于实用化风险。①教育研究者在面对教育重大现实问题时要理智调适介入意识和抽离意识之间的平衡关系。毕竟如果过分关心"大"的现实问题,只在宏观论域或"项目指南"层面与潮流主导应节合拍,则很可能令教育研究本身远离生命活态而流于浅表,最终难以真正有效回应"大"问题。以服务国家创新驱动发展战略为例,从"事功"的角度来看,培养创新人才为"事",事在教育领域之内,"发展"为"功","功"在教育领域之外,但"创新人才培养"恰恰不是靠口号宣言、勠力同心、一哄而上密集立项研究就可以达成的,相反需要基于人文关怀和价值关切的长远深耕以及兼容并包、求同存异的制度生境保障。有限介入、适当抽离于教育以外的显性牵引力作用,回归教育自身的育人根本,充分尊重隐性文化牵引力,不失为教育研究对国家社会民族及事业整体的守护与绸缪。

在市场经济大环境中,效率原则发挥优势作用,产出指标在事实上仍然占据主要评估地位,各个学科研究活动或多或少并且越来越多地加入"适者生存"的竞争中,从事教育研究工作的学者与其他人文社会科学领域的学者一样,在研究主题确立、研究方法选定方面越来越体现出倾向于趋近学术研究"主流"和"中心"的调整,尤其在教育研究取向方面,更是明显体现出受外在群体适存牵引力作用的环境示好取向,逐渐疏离于体察内在个体自觉牵引力作用而远离了个体关怀的取向。两者之间的张力失衡状况,值得在未来的研究中反思和匡正。

---

① 余清臣:《教育研究的问题意识:实用化风险及其应对》,载《国家教育行政学院学报》2018年第5期。

二、教育研究的行动取向

从研究的行动取向来看，主要体现为迎合显性环境牵引力作用的外向群体适存取向与适应隐性文化牵引力作用的内向生长取向。换句话说，教育研究中事实上并存着两种主张——一是环境示好取向，另一是研究者自觉取向。

在教育研究过程中，如若选取了偏重群体适存的研究取向，实际上是个体研究者向其所处的研究领域及研究者群体作出示好型反应并相应表现出来的行动取向；而与之相对，如若遵从研究者内在动机，实际上是倾向于主体身份自觉及对所从事学术活动意义体悟的行动取向。

（一）群体适存：环境示好取向

群体适存是从个体立足点出发来表征个体对所处社会环境的适应程度，揭示个体对其所归属群体的适应性存在的情况。因为高等教育系统错综复杂，置身其中的教育研究群体更是具有突出的专门性、专业性特征，同行反馈及评价在研究工作中的权威性和对研究工作价值性评价、水平认定的影响权重自然也要高出其他专业领域，再加之高教研究群体整体属于高学历、高智商、高职称的"三高"人群，所以研究者群体文化特征的内聚力对作为群体内部成员的研究个体施加的压力和影响的程度更深，无形中更容易促使研究者的知觉、判断、信仰或行为等发生相应的依顺改变，以保持与群体中大多数人一致的精神诉求和行动取向。如此，可以有效避免因成为异类而被"专业共同体"拒之门外。

按照Kristof（1996）整合前人研究观点所提出的"人–组织"匹配模型，教育研究群体的内聚力可以简单地解释为教育研究者个体特征与其所处的教育研究群体特征之间的兼容性。[①]而扩展至更多领域，在系统的复杂性明显增强的情况下，教育研究者个体与群体在研究取向上的主动匹配或

---

① KRISTOF A.L, *1996.Person-Organization Fit：An Integrative Review of Its Conceptualizations，Measurement，and Implications.* Personnel Psychology，49（1）：1–49.

者说一致性诉求，又会促使双方在价值观、发展目标、信仰等方面进一步体现出相似性。

当教育研究群体的内聚力作用到教育研究者个体之后，这种作用力事实上已经转化为来自群体的文化压力对个体的挤压，又因为群体性的文化挤压往往容易对个体传导出明确的共识性信号指示，所以一旦这种作用产生，就会转变为群体适应导向的强大拉力并促使个体做出环境示好选择，这样的作用机制直接导致更多的教育研究者个体在研究过程中的从众倾向。而从众行为历来就是科学研究的大忌及主要障碍，①当数量可观的教育研究者做出从众的研究选择之后，教育研究的同质化状况就在所难免了。研究者一旦选择从众、随大流，即意味着在学术的理性自觉方面存在意义的缺失，在学术的感性投入方面存在内在动力不足等根本性弊端。这样一来，教育研究的浅表化作为研究同质化的副产品自然如影随形、挥之不去。由此造成的必然后果就是研究成果堆砌如山，而原创性成就寥若晨星，教育研究因此不得不背负"外在繁荣，内在空虚"的名号而遭受其他学科的诟病。

以"区域的高等教育要主动适应区域经济社会发展要求，高等教育发展的规模和结构要与区域经济和产业结构的规模、结构相适应"②的观点和主张为例，这种偏向社会适应论的主张能够带动高等教育实践与社会发展的融合，可以作为实践层面的指导，但如果高等教育理论研究也同步复制这样的导向，当属刻舟求剑或缘木求鱼之举，结果难免失当。教育理论的研究如果对自身的展开逻辑和生长理路缺少必要的坚守并保持必要的距离，就无法为高等教育实践提供全局的、理性的、前瞻的、深刻的解释和指导，教育理论的研究者如果在学科内在的意义性探索、自身内在的研究旨趣方面做出无条件的妥协和放弃，也就意味着教育研究的内在价值属性

① 隋映辉：《科研不是一种从众行为》，载《安徽科技》2021年第10期。

② 黎利云：《融合与坚守：大学发展与两型社会建设之关系浅探——兼与高等教育社会适应论者商榷》，载《当代教育论坛（综合研究）》2010年第8期。

让渡于外化工具属性，教育研究的品质高地必然失守。

（二）内在逻辑：主体自觉取向

陆有铨主张，"教育哲学研究的最重要的目的不是获得知识，而是为了提高教育反思能力"[①]。同理，高质量的教育研究最重要的目的不是学术产出，更不在于跟风某种方法、范式、潮流或效仿某些时兴热点选题。方法、范式和时兴主题对教育研究的"领跑"隐藏着极大的危险，容易形成非教育研究者对教育研究者群落的裹挟和操控，进而造成教育研究生态的失衡以及一代又一代原本个性迥异的研究者的失声。而科学史上的事例表明，学术创新的生机和活力常常隐含在个性鲜明的学者和异质化的研究取向当中。

"'好教育'问题应该真正成为教育实践、教育政策和教育研究的核心并予以持续关注"，"这里所说的'好教育'问题，主要指教育的目的问题，也就是教育为了什么的问题"[②]；在教育研究现实中，"人们宁愿用教育过程中的有效性和效率这样技术的、管理的问题来取代'好教育'这样的规范性（normative）问题，而不考虑这些过程的目的应该是什么"，"'收复失地'的唯一办法是公开地、明确地把'好教育'的问题作为一种规范性问题（目标、目的和价值的问题）提出来，然后直面，而不是间接地、隐晦地处理这个问题"[③]。

在人文社会研究领域，实证研究作为策略之一近年来日益兴盛，时常借"科学"之名挤压其他研究方法。有学者称"实证研究是当今国际教育研究的主流话语和主要方法"，"加强和改进教育实证研究，是中国教育研究的当务之急"[④]。于是，包括教育研究者在内的人文社科学者越来越多地

[①] 陆有铨：《躁动的百年》，北京大学出版社2014年版，第518页。
[②] ［荷］格特·比斯塔著，张立平、韩亚菲译：《测量时代的好教育：伦理、政治和民主的维度》，北京师范大学出版社2019年版，第5页。
[③] ［荷］格特·比斯塔著，张立平、韩亚菲译：《测量时代的好教育：伦理、政治和民主的维度》，北京师范大学出版社2019年版，第4页。
[④] 袁振国：《中国教育需要实证研究》，载《中国教育学刊》2017年第2期。

投入其中，纷纷通过借鉴其他学科的理论尤其是效仿"科学实证"的方法来定量框定或通过指标甄别高等教育这个超级复杂的组织系统，这种热浪连带延展到学术成果的发表领域，更多的期刊在稿件评鉴环节也相应采取了实证偏好的录用策略，量化统计方法和图表可视化研究越来越多地呈现在教育研究成果之列，蔚然成风。

然而，这一风潮的负面影响也是不容忽视的。以教育研究领域中与政策和绩效关系密切的高等教育管理研究为例，当下较为普遍地使用非教育的理论与方法来分析问题，通过简单套用其他学科理论模型，援引其他场域的观点来阐释教育领域的事实，或采用其他学科的术语对教育研究选题进行包装。这些研究项目及其成果在以数量、数据和形式、样式为标志的表面繁荣之下，隐藏着理论内涵与学理方法的内在空虚与缺失，看似新颖，实则表实而里虚，难以将教育问题辩驳到位、解析透彻，这种研究取向很难对教育研究自身的完善起到实质性的推动作用。[1]换个角度观察，近年来成千上万的实证教育研究成果大多"证实"，很少"证误"，绝不"证伪"。如此，教育研究又将如何摆脱桎梏、跳出圈套，创新突围、获得真知？

事实上，一方面，应该看到当下"决策部门对证据的关注、大数据及其分析技术的运用和脑科学的初步进展"有效促成了我国教育实证研究的兴起，同时"教育实证研究取向多少体现了倡导者的科学主义、技术主义、证据主义和工具主义立场，有利于校正传统研究重思辨与质性的取向"；另一方面，也必须正视"当前中国教育中最为棘手的人的精神价值与生命意义失落问题，它不仅难以提供'药方'，而且还涉及诸多需要反思的伦理议题。教育研究不能沦为唯方法主义，更遑论唯实证取向，而是要体现一种开放和多元、人文诠释与科学解释的统一"[2]。

---

① 张征：《高等教育管理学研究取向之反思——从学科性视角到方法论视角》，载《现代教育管理》2010年第10期。

② 闫光才：《如何理解中国当下教育实证研究取向》，载《大学教育科学》2020年第5期。

这样一来，教育研究者就被置于群体适存的外在牵引力与个体自觉的内在牵引力的角力之间，到底该外向示好还是内向持守？这既取决于学者个人的觉察及能量积蓄，又取决于开明制度的理性导引和宽松学术氛围的准允。

（三）价值理性与工具理性的权衡

不可否认，教育在生长发育的过程中逐渐具有了应用性职能，而且这种"实用性"在现代社会愈加得到彰显和巩固。但无论是回溯教育发展史还是深究教育内在机理，教育的文化性内涵从不曾减少，更不容忽视。正是基于此，教育实践及教育研究无疑理当主动回应时代的要求以及服务国家社会的需求，然而这一职能的发挥具有前置条件，即必须建立在教育成其为教育、教育研究成其为教育研究的基础之上。如若主体立根不稳、变动不居，那么教育研究促进高等教育发展的功能断难以实现，或起效甚微，甚至适得其反，进而教育实践的低质量及教育研究的空心化也就自不待言了。

教育研究业内不想承认但却不得不承认的部分事实是，教育研究风气中的文化内涵式微，教育研究产出中的文化品位失落，教育研究评鉴中的文化价值切割，以及教育国际化中的文化传统失守。如若教育研究在开拓"入世"视野、敞开"服务"襟怀的同时一并失落了应有的意义持守，在价值理性和工具理性的抉择中失衡，那么最终也将行至工具功能出手无力的境地。

也就是说，教育唯有做好自己的事业才能助力国家民族整体事业，教育研究唯有尽到自己的本分才能更好地推动教育实践与改革活动，教育研究个体唯有实现自己的意义式生长才能成全教育研究群体的意义式成长。为此，教育研究者必先自救于本真的价值正业，继而再求助于锐利的谋生工具，然后才能够问道于文化与科学的征途。由表及里深入反省，由此及彼联动群体成员站位，通过教育文化的专业自省实现教育科学的学术自觉。如此一来，个体鲜明、群体活跃、整体繁荣的教育研究局面方得以显现。

三、教育研究的学理旨趣

教育无生机、人文无情义、研究无创新是莫大的悲哀。研究活动本身充满着与趣味相关的不确定性，而事物的不确定性中又隐含着探究的乐趣。扼住事物发展变化的不确定性也就相应限制了科学研究的乐趣。高等教育系统亦复如是，高等教育研究活动理应生机勃勃，不该寡淡无味，兴致索然。

任何研究活动都或多或少会在功利型暂短效益与意义型长远发展诉求之间往复摇摆，教育研究亦不例外。由朱熹和吕祖谦编排的《近思录》卷二第六十二条有言："学者须是务实，不要近名方是。有意近名，则为伪也。大本已失，更学何事？为名与为利，清浊虽不同，然其利心则一也。"本节所言之"实"，包括教育实践的事实也指向教育规律的真实。就研究的旨归而言，教育研究主要体现出受显性市场牵引力拉扯而投诸眼前收益的暂短利益型目标和取法隐性的本体价值牵引力而朝向未来意义的长远发展性目的，换言之，研究以"求近利"与研究以"达远道"之间的分别。就此而论，殊途并不同归。

（一）暂短效益：功利旨趣

在市场经济运行机制、学科丛林生态环境和人文学科学术范式科学化等因素的共同作用下，市场适应性高、社会效益明显的学科在地位和规模方面近年来高歌猛进，获得了前所未有的殊荣，地位大幅度提高，而偏于基础性、适应性弱且功用发挥内隐的学科则滑到了学术、学科和学校的边缘地位。针对那些不能给从业者带来丰厚社会回报的学科发展困境，有观点提出以需求为导向、顺应市场、加强服务的应对策略，教育学研究者应建立完善的学科知识市场，推动教育学迈向市场。①如若以这样的眼光来衡量教育学科的存在意义，那么，某些高校先后撤销教育学科也就具有了相

---

① 王佳佳：《教育学学科发展的市场取向》，载《教育理论与实践》2016年第13期。

当充分的理由，因为教育学科无论如何都难以在现行的学科竞赛中胜出。从本质上说，教育学科就是一门润物无声的基础性、辅助性学科，一般不太可能批量产出具有市场轰动效应的上榜成果。

结合教育研究的现实表现不难发现，教育研究的功利化偏向"已经在不同程度上成为现实"，从里到外裹挟着教育研究的现实功用风险，体现出三个主要特征：一是过于偏重研究那些有直观表现的问题，二是过于偏重研究那些现在人们认为有用的问题，三是过于偏重使用那些更能够得出明确结论和解决方式的研究方法。教育研究偏重实用化的倾向可能"最终导致教育研究的散碎化和单薄化"①。"功""利""实"是一直以来教育问题研究偏向的客观状态，其所对应的价值倾向无疑是显效而功利的，尤其是对于"过于偏重研究那些现在人们认为有用的问题"这一特征而言。然而，以即时的效应去衡量延时的教育活动，既具有有效斩获教研业绩的吸引力，亦难免埋下教育研究后效之隐忧。

（二）长远发展：意义归宿

"人文科学的领域不是整个世界，而是属人的世界"，"它具有其特具的认知理想"，"在文化发展的过程中以成千上万种方式展现出来的东西，不过是一种相同的'人的本质'而已"②。人作为一种主体性存在，其本质无疑关涉存在意义。教育研究作为"在人之中理解人的心灵成长如何可能"的学术活动，天然具有人文关怀和意义关切的特性，因而教育研究的旨趣必须投向人的整体存在的宏观性，教育研究的视野必须具有观照人的持续发展的前瞻性，换言之，教育研究的出发点和归宿归根结底都应与教育研究的本体价值相一致而不是疏离，更不能背叛。教育研究不是空穴来风，教育主客体间的行动选择及互动反应过程即富含着探究的旨趣。在复

---

① 余清臣：《教育研究的问题意识：实用化风险及其应对》，载《国家教育行政学院学报》2018年第5期。
② ［德］恩斯特·卡西尔著，沉晖等译：《人文科学的逻辑》，中国人民大学出版社2010年版，第6页。

杂多变的高等教育系统之中，灵动的师生及情志变迁，不可知的学术探索策略，不确定的教育实验结果，具有风险的周期性价值检验，始终充满疑惑的科学假设，凡此种种，无不为教育研究赋予生命感、灵动性和价值意义。如果没有扬弃，新学何以再生？没有人做教育实验，新模式何以确证？如果不经证伪，证实的结果就值得怀疑？如果忽视了生命，层出不穷的范式、模式、格式又当何用？如果没有对底层逻辑的改写，哪里会有什么原理性贡献？如果没有周期性的等待，那就从根本上违背了教育"百年树人"的大计。

金生鈜教授透过当下过于世俗化和外在化而缺乏对永恒而普遍教育价值的阐释，透过仅仅满足于工具性和逐利性的需要而迎合现实的教育研究境况，指出"教育研究的智识理想处于庸俗化带来的危险之中，使得研究者无法思考人类永恒的教育价值及秩序是什么"[①]。当教育研究遗忘了自身所应具有和原本具有的人文性，转而"以鄙俗的眼光观察庸俗的现实，把人的教育仅仅看作现实中所看到的那些事情，除此之外，再也看不到更高、更远、更深的事情"[②]，加之科学实证主义、技术理性主义的发展，信息科学计算理性工具、统计测量手段的蔓延，将包括教育研究在内的本体价值特质突出的活动领域整体推向标准化、数量化的误区，工具理性相对于价值理性的出离及其影响对教育研究作用明显并且效果显著，外在功利性目标对内在价值性目的的挤占，对人的存在意义、自身价值的关注逐渐被对效率和功用的追求所取代。在这样的情形之下，教育研究唯有静心反省，着力回归内在本体价值，方可协调与各种外化的、外显的非本体价值之间的不协调关系和冲突事实。立足长远，一切教育活动的出发点和归宿都应当且只能回归至个体健全人格的发展，一切教育研究活动的出发点和

---

① 余清臣：《教育研究的问题意识：实用化风险及其应对》，载《国家教育行政学院学报》2018年第5期。

② 余清臣：《教育研究的问题意识：实用化风险及其应对》，载《国家教育行政学院学报》2018年第5期。

归宿都应当且必须遵循"在人之中理解人的心灵成长"。

（三）本体价值和工具价值的平衡

社会发展总是崎岖前行，任何事物的进步也自然难免阶段性失衡。虽然高等教育研究原创乏力，但并不影响部分学者仍旧可以依靠"课题指南"和"项目经费"以及"获奖成果"活得有滋有味，甚至风生水起。

万应之策绝无可能，但两全之策并非不存在。教育的本体价值是其他一切价值存在的基础和最终依据，也是判断其他一切具体价值是否具有合理性及合理性程度的最高准则，教育研究价值评价的终极标准据此而成。价值本体论承诺实质上是对价值本质的界定，没有明确的价值本体论承诺，就会导致价值判断的合理性危机和社会生活中的价值失范和混乱。[1]在教育研究的本体价值之于政治价值、经济价值、文化价值等其他外在价值的关系中，甚至教育研究在与之最相切近的教育智库、教育评价、教育改革与发展、教育教学实践等领域中能否发挥预期功用，功用发挥的情况如何，都将受到教育研究对自身本体价值是否充分体认和恰当体现这一基本问题的掣肘。

教育研究活动起心动念不同，结局迥异。教育研究者各奔其途，各得其所，原本并无高下之分，和谐共生并殊途同归于教育发展才是终极目的。如若跟风追潮，丧失个性，则难免失却文化方向，继而失之于教育本真。远离研究旨趣的行动大多表现出同立场复制、同思路往复、同方法叠加、同轨道并行、同质化反复等特征，结果就以标准化的模型和后工业化的速度生产出大批量令人瞠目结舌的教研成果。李伯重曾发文称，"今天我国的'学术'杂志不计其数，数量堪称世界之首，撰写'学术'著作人人可为，处处可为，时时可为，事事可为"，"我国学者写的'学术'著作今天越来越被国际学界视为假冒伪劣而不屑一顾，也真令我们感到汗颜和悲

---

① 邓安庆：《论价值哲学的本体论问题》，载《江汉论坛》1997年第3期。

哀。就此而言，我们中国学者实在有愧于我们的时代"①。包括高等教育研究在内的人文社会科学学界断然不愿意接受这样的批评，但是又拿得出多少基础性的、原理性的、高水准的、原创的研究证据来否决这个判断呢？

简而言之，在外显的政策性牵引力和内蕴的专业性牵引力的推拉之间，在服务国家战略与潜心理解"人的成长"特别是人的心灵成长的牵扯之下，教育研究要恪守持正守常的定力，要在推动教育事业发展和教育改革创新与探索教育规律和人才成长规律之间找到一个恰当且平衡的着力点，努力实现介入意识与抽离意识的平衡、价值理性与工具理性的平衡、本体意义和外在价值的平衡，则教育研究自身有幸、教育实践有幸、教育事业有幸！

（本文原载于《大学教育科学》2022年第2期，有删改。）

第三节　教育研究话语的冲突与融通

教育研究话语内含冲突，外显错位，分别表现在行政导向与学术引领的话语博弈、理论言说与实践表达的话语反差以及育人诉求与逐利倾向的话语失衡等方面，多方角力呈现出"研究繁荣"而"学术式微"的景象。正本清源，在于"研究教育"对教育研究的挟持，教育话语对教育学话语的置换，行政与学术对教育生活的疏离，教育话题对教育问题的遮蔽。往前看，高质量发展的教育研究尤需回归教育生活本位，秉持专业的话语逻

---

① 李伯重：《论学术与学术标准》，载《社会科学管理与评论》2006年第4期。

辑，直面深层次的教育发展矛盾。

　　新时代以来，中国教育经费投入逐年递增，国家统计局数据显示，"十三五"时期，全国一般公共预算教育经费总投入累计为16.06万亿元，年均增长7.02%，2020年达到3.63万亿元。与此同时，人们对教育问题的关注度也日益提升，教育研究成为行业内外共同青睐的热点和焦点。盖因人们对"时代福利"的追逐和"文化资本"的瓜分急不可待，很难袖手旁观。于是乎，教育研究也就在"普及化"的进程中持续地促进着教育"繁荣"，目之所及，项目繁多，成果扎堆，著作论文琳琅满目。然而与之相应，教育研究活动及其成果形态却依旧徘徊于"繁荣的低谷"与"贫乏的丰富"之间，进退维谷。

　　教育研究何以如此又何须如此？维特根斯坦说过："我的语言的界限意味着我的世界的界限。我们不能思我们不能思的东西，因此我们也不能说我们所不能思的东西。"[1]话语作为思想、理论的外在表现形式，是传递教育信息、开展教育教学及研究活动的必备载体和重要手段。教育活动总是同话语缠在一起，学术研究同样离不开一定的话语方式来展开。教育研究话语的界限意味着教育理论发展的界限，教育研究话语的贫乏意味着教育学的困顿。因此，对教育研究话语的辨析与深究，能够帮助我们捕捉教育学发展变化的时代特征和现实走向，审视教育改革与发展中出现的研究成果"异化失真""高产低质"等悖论，为高等教育高质量发展提供点滴参照与别样启迪。

一、教育研究的话语辨析

　　福柯的话语分析理论认为，话语并非单纯的语言形式和孤立的语言力

---

　　[1]［奥］路德维希·维特根斯坦著，贺绍甲译：《逻辑哲学论》，商务印书馆1996年版，第5—6页。

量，其内含着相关的社会文化关系并交缠着一系列复杂的社会力量，是一种"外在性的空间，在这个空间里，展开着一个不同位置的网络"①。换言之，话语赋予了不同话语主体（个人或团体）独特的身份标识，继而通过角色扮演及立场坚守，使其同其他话语主体区分开来。布迪厄进一步指出："语言关系总是符号权力的关系，通过这种关系，言说者所属的各种集团的利益关系以一种变相的方式体现出来。"②可见，话语与角色密不可分，角色支配着话语，话语形塑着角色。当中国高等教育昂首阔步迈进了普及化时代，不同身份、不同来路、不同诉求的人也相应凭借各种方式或理由涌入教育研究领域，在这一进程之中，教育研究队伍不断壮大，人员构成愈发复杂，教育研究话语逐渐走向多元。

（一）行政权威的话语

受文化传统与历史因素影响，长期以来我国教育领域遵循的是一种自上而下的行政管理体制。在这种统一化、高效率的管理体制中，学校被视为科层体系下的一个基层单元，其生存与发展的逻辑亦遵循着科层的轨迹渐次展开，大学里的校长和管理人员都具有明确的行政身份，被赋予"干部"的头衔。从积极角度看，"双肩挑"的身份保证了教育事业的内行化管理，而与之相应，官学角色的交叉融合现象则在所难免，院校内外总有许许多多的官员型学者和学者型官员。他们无不以关心院校及学科的发展为己任，积极承担教育责任，同时努力兼顾学术研究，主动指引话语走向。这当然也是自证身份、名副其实的必然选择。从话语分析视角来看，单纯的行政责任人或"双肩挑"的院校管理者的第一角色所连带出来的话语诉求主要是一种内含行政规制及管理导向的权势话语，它所传达的是社会和国家对教育的要求与规定，传递着教育的国家使命和政治价值，彰显了教

---

① ［法］米歇尔·福柯著，谢强、马月译：《知识考古学》，生活·读书·新知三联书店2013年版，第67—68页。

② ［法］皮埃尔·布迪厄、［美］华康德著，李猛、李康译：《实践与反思：反思社会学导引》，中央编译出版社1998年版，第186页。

育的事功属性，体现出行政属性的贯彻性表达。其间，上传下达、上下联动的研究取向势在必行。教育研究方法以演绎为主，需要对国家意志、教育政策、制度、宗旨等意识形态进行宣讲、解释与辩护。而教育言说方式则以独白为主，一方面，要依据社会价值、政治导向与行政指标来评判教育行为的正误并指引教育的走向；另一方面，必须着力推动这些意志和价值在教育中的有效达成，使自己能够扮演好上级意志的贯彻者和学术价值的守护人的双重角色，努力实现"政统"与"道统"的和谐统一。

依据"教育权跟着所有权走"[①]的教育观可知，这种独白式的话语模式深深内嵌于教育行政体系之中，是自我赋权的、支配性的，更是一元化的、单向度的。进一步分析，独白式的权势话语在本质上是权力本位的话语，事实上在教育研究话语领域处于垄断性与统领性地位。话语信息由管理者单向地传达给教育主体（教师和学生），管理者往往自诩为公共利益的代言人和教育事业的守护者，而广大的师生则成为被动的接受者或积极的跟从者，如此一来，不一样的教育言说和理论探究自然被排斥在主流话语之外。在不容分说的价值诉求面前，教育研究主体的多元化表达也就无足轻重了。

（二）学术理性的语式

大学学者以传道为业，以学术求生。教育学科的学者自当为教育研究的主力，专注自身，鞭辟入里，发表言论并据此引领教育发展。这既是本职，也是使命。为了确立、巩固自身在学术领域的身份与地位，热衷于教育发展的学者们不仅要积极主动地发现真理、创造知识，还要不断提炼、精心选择一套适当的话语方式将其传播开来。作为真理、知识的发现者、创造者和传播者，大学学者衍生出独特的话语模式。从话语分析角度来看，大多数学者拥有的是一种纯粹的、理性的学术话语，洋溢着醇厚的理

---

① 杨贤江：《新教育大纲》，河南教育出版社1995年版，第286页。

论色彩，体现的是卡西尔笔下的"逻辑的权力"①。它是一种受"逻各斯"主导的，由术语、范畴、概念和命题等构成的自证自明、自足自洽的话语体系。学者们依据各自的"逻各斯"及思考方式进行逻辑推演和理论创新，用纯理性、"隐喻"②的、抽象的姿态考察与思考人类知识视域中的社会现象及教育问题，开展同现实社会生活直接关联或并无关联的研究及言说。在科学化时代，这种学术理论话语大都倾向于用科学的尺规、实证的范式、量化的方法对社会生活中的各种教育现象作出科学和理论的解释，并以此去审度、规范教育活动。其言说方式以对话为主，这是一种建立在民主协商与自由辩论基础之上的话语理念。一方面，它承认各种教育话语的正当性，保留其民主协商的权利，提供公平竞争的机会并倡导自由辩论以解决彼此的争论与分歧；另一方面，它极力论证自身话语的合理性，试图通过严密的逻辑推演与科学的计量指数来反驳异见、说服他人。

相比于扮演"公共价值代言人"的权势话语，具有学者意识的对话式的理论话语扮演着真理探究者和知识传递者的角色，从源头上消解着其他预设话语方式中那种不证自明的权威性。在对话模式中，学者们的理论话语并非一家之言，各种理论、各式话语同时并存、交互作用，继而融汇成教育研究的学术话语。进一步分析，对话式的理论话语遵循的是权利本位的话语主张，在教育研究的话语体系中居于主体与核心地位。学术对话的场域不再是报告式的"你说我听"那般单向度的灌输，而理当充满研讨式的"互说互听"以及"你方唱罢我登场"的双向互动、平等交流特征。

（三）个体经验的话风

教师和学生置身具体的教育教学情境之中，在鲜活的教育活动中扮演角色、塑造形象，是教育教学活动的核心要素和参与主体，对教育有着无可替代的发言权。他们理当对教育改革和教学实践秉持强烈的话语冲动，

---

① ［德］恩斯特·卡西尔著，于晓等译：《语言与神话》，生活·读书·新知三联书店2017年版，第100—113页。

② ［英］泰伦斯·霍克斯著，穆南译：《隐喻》，北岳文艺出版社1990年版，第1页。

能够挣脱"规制型框架"与"经院化知识"的束缚，按照自己真实的情感体验和自由想象，勇敢地言说与表达。在教育研究的话语体系中，师生话语不可或缺，缺少师生心声的教育世界显然残缺不全、畸形而单调。自20世纪80年代以后，随着现代教育理论的传播及新型教学观念渐入人心，一元化、霸权式的话语模式逐渐被打破，居于中心地位的行政权势话语和理论权威话语，开始倾听来自边缘位置的基层实践话语，一线师生参与教育教学研究得到鼓励，人们希望听到更多发自教育实践一线的真实呼声。一线师生不再仅仅被视作政策和专家的响应者，还应该成为教育教学的主动研发者和积极建构者，要努力争取教育研究及教育活动的话语权。在教育研究的场域中，师生话语需要建立在个人学识修养以及对教育生活自我把握与领悟的基础之上，按照躬身践行的方式去理解、诠释教育世界，表达、言说个体生活经验，在很大程度上表达着一种"隐喻的权力"。它是一种受经验主导的，用个体人格、激情、意志、兴趣爱好来表达所思所想的话语体系。师生们既不从社会价值、国家意志、公共利益出发，也不着眼于抽象的教育概念、严密的教育逻辑和系统的教育命题，而是立足并紧扣自身的"生活世界"，通过观照、反思作为生命个体的生存境遇来表达自身的"思"与"想"。其言说方式以叙述为主，展现的是一段镶嵌在个体生命实践中的"喃喃叙事"。

不同于权威话语和理论话语，师生实践话语生发于师生自身具体而细微的现实生活经验之中，"通过展示他们对个体教育生活的思考，对师生的生活图景作出了尽管模糊但整体性的解释，向我们提供了如何去看待现实中真实的教育生活的窗口"①。这种源自个体生命实践与生活感受的师生话语虽然真实、细腻，直通人心，但也极易陷入个别化的陷阱，将复杂的问题简单化，又把简单的问题隐喻化。情境生成的复杂性、内心体悟的模糊性、价值取向的多元化、表达方式的艺术化，使得师生实践话语中生活的

---

① 胡福贞：《论教师的个人话语权》，载《教育研究与实验》2002年第3期。

智慧、实践的技艺与直觉的神秘、体验的不可捉摸等交织，成为教育研究体系中一股不可或缺的力量。

二、教育研究的话语冲突

立场不同，角色不同，教育研究话语自然不同，事实如此，情有可原。行政人员偏向话语权威的效能，专业学者偏爱学术理论的逻辑，一线师生注重教育生活的体验。客观而言，三类话语系统各有立场，都制约教育事件的独特方式，本应遥相呼应、相得益彰，共筑教育研究的话语繁荣。然而，反观现实，教育研究话语却内含冲突，充满悖论，自说自话，难得圆满，呈现出一幅外在繁荣而内在式微的景象。

（一）行政导向与学术引领的话语博弈

行政人员与专家学者扮演着两种不同的社会角色，承担着不同的社会分工，遵循着不同的职业规范，其思维及言说方式显然有别。毋庸置疑，行政人员必须考量政治利害，而专家学者则执着于探究学术是非。行政遵循着"求善"的价值取向，讲究适度与分寸，时时关注社会的实际效益与群众的可接受度；而学术则坚守着"求真"的品格，反对模棱两可与含糊不清，力求学理的真切、思想的彻底和理论的鲜明。行政领域重在"求同"，唯有与主流主张、领导意愿保持一致，上行下效，才能赢得信任从而推动事业发展；学术领域旨在"求异"，只有努力超越前人，理性反省，独树一帜，才能创造新的价值继而受人尊重。韦伯认为，政治遵循价值判断原则，而学术理应价值中立，"一名学者，在他表明自己的价值判断之时，也就是对事实充分理解的终结之时"[①]。在他看来，学术与政治作为两种相异的事业，是并行的两条轨道，从属于不同的价值系统：政治追求权势，以价值阐释、权力分享、社会关怀为己任；学术意在清明，以祛除神魅、

---

① ［德］马克斯·韦伯著，冯克利译：《学术与政治》，生活·读书·新知三联书店2013年版，第38页。

启人心智为天职，双方存在价值冲突，其所思、所言与所行截然不同。这在高等教育研究领域得到了确证。比如，上级部门总是想统一调动资源去冲击各种大奖以实现标志性成就，而学术机构总是梦想尊重规律、潜心科学，少图近利而达成批判超越的创新理想。尽管这类言说不一的话语诉求存在着不同程度的矛盾和冲突，但在大学教育领域却随处可见，是为常态。自然，这种矛盾也会在一定程度上干扰教育研究的话语秩序，从而阻碍教育研究目标的达成。因此，针对客观上存在的开放话语空间和多元的研究视域，那些选择以教育研究为己任的人们务必予以明鉴，并承担相应的责任。

相较于两方面的话语失调，双方言论的整齐划一、上行下效和逢迎趋同往往内隐着更大的话语冲突（一种角色错位的冲突），这才是矛盾的根源，尤需让世人担忧。在关注现实、解决实际问题的文饰下，学者与管理者渐行渐近，几近合一了。"为政而学术""为学术而政"是为潮流，其所带来的直接后果就是，过去"为学术而学术"的格调变成了现在"为研究而研究"的格局。前者炙热地表现在学术献身的精神层面，后者冰冷地体现为项目竞争的功利场所。陈平原说："（20世纪）80年代以来，学人们因急于影响社会进程，多少养成了'借经术文饰其政论'的习惯……换言之，表面上在讨论学术问题，其实是在做政论……导致专业研究中习惯性地曲解和挪用。"[①]在教育研究的话语实践中，如若学术话语处处匍匐于权势之下，甚至为了迎合行政需要和外部意图而不惜"润色"研究结论，其结果无异于杀鸡取卵，而一旦教育研究失去自身固有的生命力，削弱了研究的独立性、差异性所能够给管理决策带来的真正价值，最终必将反过来影响学术研究之政治促进功能的积极发挥。

（二）理论言说与实践表达的话语反差

专家学者和一线师生作为教育教学的两大主体，是从事教学活动、开

---

① 陈平原：《大学何为》，北京大学出版社2006年版，第138-139页。

展教育研究的主要力量。不同的职能分工与活动领域，使得两者生活在各自不同的意义世界，虽有交集叠加，但分别还是以不同的生活样式去感知、体悟、理解、建构与言说教育，进而构建起不一样的教育图景。尽管双方都致力于重构教育经验与解决教育问题，却在关注对象与研究性质上存在着明显区别，并在话语方式与言说旨趣上显现出较大反差。从关注对象上看，专家学者以理论创新为标的，旨在探讨主观世界中的理念性命题，而一线师生以实践革新为任务，重在解决客观世界中的现实性问题。从研究性质上看，前者青睐于理论言说，通常以学术化的、专业性的术语来建言达意，传递着一种应然的、逻辑的、抽象的、系统的、整合的、通用的、普遍的研究主张；后者侧重实践表达，往往用生活化的、日常性的语言来抒情达意，表达着一种实然的、随性的、通俗的、情境化的、形象的、个别的研究诉求。从话语方式上看，"理论言说大多从概念界定出发，强调严密的逻辑检验和事实确证，追求话语内容的系统性与概念之间的自洽性，而实践表达则从现实的问题出发，重在阐发现实与解决问题，大多是'诊断—计划—实施—评价'的螺旋式循环，注重行动研究。"①从言说旨趣上看，专家学者和一线师生对于教育现象的关注，对教育事理的解读和教育问题的求解往往具有不同的研究动机与话语偏好。前者常常从塑造学术话语形象、抢夺话语权力、维护学科地位的意图出发，单方面强调理论言说的描述与解释功能，本能地驱逐通俗化语言的搅扰，诸如把"不同"说成"异质"、把"标准"写为"圭臬"、把"被迫"换成"裹挟"等，以此彰显自身的学术性和高贵性，迎合同行们挑剔的口味；后者一般本着关注现实社会、解决实际问题的目的，着重凸显实践话语的操作与规制功能，对概念、命题、范畴等符号化语言缺乏热情、不感兴趣，有意无意地防御、抵制着晦涩难懂、不接地气的学理性话语的干扰。

教育理论话语的学术性与教育实践话语的通俗性之间的内在反差，使

---

① 李润洲、楼世洲：《教育改革背景下的学者话语言说》，载《清华大学教育研究》2009年第6期。

得教育理论与实践长期处于一种若即若离的尴尬处境。一方面，教育理论话语承担着创新理论、提高普适度并推而广之的学术使命，但往往因缺乏实践感而容易沦为饱含自恋色彩的经院式独白或自我圆说，从而无法被教育实践者所感受、理解与认同，进而被束之高阁。顾明远认为："当前有不少教育理论文章言必称海德格尔，文必引哈贝马斯，堆积一大堆西方话语，连我们这些长期从事理论工作的人都读不懂，不要说一般教师了。"[1]另一方面，教育实践话语内含着检验与完善理论、改进教育教学活动的行动主张，但往往因缺乏基本的"解释框架"而一会儿一个口号、一天赶一个潮流，从而难免沦为流俗之见、寄生之说。

（三）育人诉求与逐利倾向的话语失衡

教育研究为何而启动？又为谁而探究？此即研究者涉足教育领域、开展相关学术研究的首要之问。从认识论上对这一问题的廓清直接关乎教育学的价值取向与功效发挥。在长期的教育研究实践中，学界逐渐呈现出分流的取向并表达出两种不同的声音：一是从外部探寻教育的功能与价值，认为教育研究意在更好地发挥教育对他者的功效、作用，如实现政治稳定、科技进步、经济昌盛、文化繁荣等。这种声音在20世纪后半叶尤为响亮。"文化大革命"时期，在以"阶级斗争为纲"的政策引领下，教育研究片面地追求为政治服务的价值，成为为阶级斗争服务的工具。改革开放以来，在"一切以经济建设为中心""科学技术是第一生产力"的导向下，教育研究为科技发展服务、为经济建设服务的科技话语和经济话语逐渐上升为时代的主旋律，与之相伴的是教育产业化的兴盛。二是从内部聚焦教育的本体与本源，认为教育研究旨在更好地促进教育教学活动，尽管教育必须服务于政治、经济、科技与文化的发展，但教育并不能够等同于政治、经济与文化，教育的目的就是教育自身，教育首先要对教育自身负责、为教育生命服务，才有助于实现教育本身的价值与功效。这两种取向各有其

---

① 顾明远：《教育实践呼唤教育理论建设》，载《中国高等教育》2006年第6期。

合理性，总体来说并行不悖，但在一定时空内却会因不同的立场、站位而呈现出各自的局限与偏颇。单方面强调教育的外部功效，极易使教育研究背离自身应有的学术逻辑，沦为他者的注脚；孤立地凸显教育的自身价值，教育研究难免陷入脱离实践、孤立繁衍的怪圈，成为同行间自娱自乐的文字狂欢。从价值论视阈看，双方的共同之处均在于遵循着"逐利"的价值取向。前者注重的是教育研究的政治利益、经济利益，而后者追求的则是教育研究自身的利益，所强调的是教育的事功属性而非育人本性。

不同于"目中无人"的、工具理性至上的教育研究，健康的教育学研究取向更为注重教育研究的价值理性，尤为强调教育的育人属性及教育研究的育人诉求。事实上，在教育的价值体系中，"逐利"仅是派生价值，"育人"才是本体价值，教育研究最终须为育人服务。教育研究无论是为了政治稳定、经济昌盛，还是科技进步、文化繁荣，均须借助"育人"来达成。如果教育研究无视"育人"这一根本价值，仅将其视为实现他者价值的工具，那么教育研究就难免异化或失范。

综上，教育研究作为知识生成与意义建构的学术活动，承载并寄托着个人发展、社会进步、国家昌盛等多重价值与多方希冀。尽管不同的价值诉求或利益取舍均有其存在之合理性，但如若某一价值或利益话语过于强势以至于僭越了"育人"价值的边界，教育研究就难免顾此失彼，甚至得不偿失。

三、教育研究话语的融通与归位

马克思主义哲学认为，事物是对立统一的矛盾体，事物的发展变化以对立为前提，以统一为旨归。怀特海指出，"观念冲突不是灾难，而是机会"[①]。在教育研究的话语实践中，对立与冲突是必然的、必要的，统一与

---

①［波兰］弗洛里安兹纳涅茨基著，郏斌祥译：《知识人的社会角色》，译林出版社2000年版，第17页。

融通既是可能的，也是可行的。话语冲突是必然的，但并不可怕，只要合理引导各类相互冲突的话语并找出共通之处与融通之所，就能够形成话语合力，促进教育研究体系走向繁荣。事实上，教育研究中的话语冲突并非简单的、单向的线性关系，而是一种网状的、多向的交互关系。多方话语相互交织、错综复杂才使得教育研究长期"蜗行"于一种极为驳杂的话语纠纷之中。努力融通并力求化解多方话语之间的失谐与冲突，使其回归本位、相辅相成、协同发展，在当下显得尤为必要。

（一）从教育话语转向教育学话语

在教育研究中，因言说者在文化习俗、立场观点、身份角色间存有差异，他们的思维观念、用语习惯及话语方式自然不同。然而，不论教育研究话语话风如何，都应该严格遵守教育的发展规律和学术研究逻辑，不能错位，更不能越位。换言之，人人都有言说教育是非、介入教育研究活动或成为教育研究者的权利，但必须角色定位清楚，并选择好适当的话语发端位置，才有可能言之成理，论证恰当。在此，正确的话语发端位置是指真正属于教育的时空场域，即促进教育事业健康发展的学术立场。一方面，作为教育研究者，理应立足教育并忠于研究，对他们而言，研究的主要对象无非教育行为、学术事务以及师生成长，研究的目的是研究本身而非研究者本人，研究旨在解决教育过程中的问题、促进院校学术的繁荣发展，而不仅仅局限在为研究者带来的收益如绩效奖励、职称晋升、名誉光环等。另一方面，作为教育言说者，无论从事何种职业、承担何种职务、扮演何种角色，一旦涉足专业场域，开展教育研究，同样必须基于教育的时空立场言教育之事、探教育之道，而不能借言说教育之机而言他。

与此同时，如若恪守教育学学科来开展教育研究，则需要研究者的话语方式不能仅仅停留于一般性教育话语，而应上升为教育学话语。两者虽一字之差，但内涵迥异。从言说主体上看，教育话语泛指一切教育利益相关者谈论教育、评议是非的话语，既包括从事教育活动的人，也包括与教育事业直接或间接关联着的人，而教育学话语特指教育研究者的研究话语，是教育研究活动及其成果的专门化语言显现。教育话语人人可为，个个能言，内容庞杂，语用多元，动机难辨。教育学话语归属于教育研究者的私有领域，是专业性、学术性的话语，内容系统，语用单纯，动机明确，指向清晰，并非人人可为、个个能为。教育话语在置换教育学话语、促发大众话语、繁荣教育市场的同时，也使得教育研究日益浅表化。教育研究的学术边界日益模糊，"学科基质"逐渐淡化，教育学的独立性、合法性与价值性被搁置一旁。其实，作为专业化、学术化的研究活动，教育研究自带小众的学术共同体气息，内含格调，介入教育研究之人并非越多越好。从言说对象上看，教育话语泛指关于教育的话语，遵循的是语用逻辑，而教育学话语特指关于教育学的话语，遵循的则是学科逻辑。具体到研究领域，教育话语指涉"研究教育"的话语，而教育学话语则表现为"教育研究"的话语。"研究教育"是宽泛的、无限的，人人皆有此权利，并无专业和业余之分；而"教育研究"则是独特的、有限的，是专业人员的事情，是他们对教育现象与教育事理进行辩驳和反思，并不能对所有与教育相关的问题悉数接纳。教育研究活动一经泛化，就会由专业化的"学术行为"沦为大众化的"公共行为"。

（二）回归教育生活：教育学话语的根源

教育学话语尽管多以专业化的、学术化的言说方式显现，但它并非理论话语的代名词，政治（政策）话语和实践话语只要站在教育学的立场上言教育之事，同样能够成为教育学话语。事实上，任何话语都不能做到绝对价值中立，均具有不同的价值选择和特定的文化立场，而文化生活与社会价值正是其生命力之所在。巴赫金说过，对于话语，"与其说是话语的纯符号性在这一关系中重要，倒不如说是它的无所不在的社会性更重要……在话语里实现着浸透了社会交际所有方面的无数意识形态的联系"①。可见，话语与社会生活密切相关，是浸透着文化属性并扎根于生活实践之中

---

① ［苏］米哈伊尔·巴赫金著，钱钟文译：《马克思主义与语言哲学》，河北教育出版社1998年版，第359-360页。

的语言形态。话语源于生活实践，共同的生活场域、相似的实践经验是各种话语得以融通和共存的基础。同样，教育话语源于教育生活，各类教育话语只有立足于共同的教育生活，拥有共同的教育体验，才能实现融通而转向教育学话语。石中英认为，"一种教育概念只有在民族的文化传统与社会生活中才能得到恰当而充分的理解，离开了文化生活的语言背景，就只能从技术层面理解这一教育概念，而无法把握其精髓"①。对于教育研究而言，政治立场、实践立场、学科立场等归根结底都要服从于生活立场，背离生活世界、忽视生活实践的研究是无意义、无价值的，也是不可信、不可爱、不可行的。教育学是教育生活之学，是一门关注生活世界、探讨教育生活之真、追寻人的生活价值与生命意义的学问。教育研究绝不能游离于生命之外，唯有立足人的现实生活世界，才有可能真切地感受到教育实践的复杂性、情境性与个体性，进而体验并认识到教育学知识的博大精深、开放包容和可信可爱之处。

教育学话语根植于丰富多彩的教育生活世界之中，是对各类教育生活的事实或价值、现象或本质、理想或现实、历史或未来的阐释与表达。生活世界从来都不是齐整如一、井井有条的，也无法完全符合人们的实践意图与理性尺度。作为归纳、反思、提炼教育生活的言说方式，教育学话语不应该是上行下效、秩序井然、等级分明的凌驾于现实生活之上的刚性的政策法案和制度文稿，也不仅仅是逻辑严谨、客观抽象的悬浮着的冰冷的经律条文和理论泡沫，而理应是扎根于真实生活之中的充满诗情画意的、切身贴己的个性言说。总之，教育学与教育学话语同教育生活世界是内在同构的，忽视人及其生活世界的教育学是缺乏灵魂的教育学，遗忘教育生活的教育学话语则难免无根、贫乏且失真。

（三）直面教育问题：教育研究话语的起点

教育学及教育研究话语是"为人的"而非"人为的"。"为人的"教育

---

① 石中英：《论教育学的文化性格》，载《教育研究》2002年第3期。

研究话语（教育学话语）始终把"人"放在首位，时时为人着想，处处为人发声，以人的全面发展问题的需求与化解为契机，在人的自我生成、自我创造、自我完善的教育研究活动中，阐释"为人之道"。教育人类学告诉我们，人是矛盾的动物，人生总是充满着各种各样的问题，没有问题的人生是不完满的，"为人的"教育旨在引导人们关注生活世界中的诸多问题并予以妥善解决，而这一发现问题、解决问题的过程就是"为人""成人"的过程。马克思指出："主要的困难不是答案，而是问题……问题就是公开的、无畏的、左右一切个人的时代声音。问题就是时代的口号，是它表现自己精神状态的最实际的呼声。"[①]胡适认为，"一切思考是以考虑一个困惑的问题或情况开始的"，"问题是一切知识学问的来源，活的学问、活的知识都是为了解答实际上的困难或理论上的困难而得来的"。[②]据此，教育研究不啻一种旨在解决时代问题的行为活动，教育研究话语作为时代的产物，大多是对当代、当时、当地教育实践中的突出问题与主要矛盾的"表达""阐释"或"言说"。福柯说："话语产生于矛盾，话语正是为表现和克服矛盾才开始讲话的。"[③]可见，教育研究话语的产生或创造起源于教育问题的发现、思考与解决，教育问题是一切教育研究话语的活的源泉，是其生命力之所在，教育研究话语只有在存有各式各样问题的教育生活世界中，才是现实的、深刻的、接地气的，才能获得生存、生长与繁荣发展的空间。

作为教育研究话语的打开方式，教育问题不能简单地理解为关于教育的问题而应聚焦在教育学理的根源上，它源于教育生活，生根于教育实践，最终指向人的生成、发展与完善，锚定自身特定的问题。精确认识教

---

① 中共中央马克思恩格斯列宁斯大林著作编译局主编：《马克思恩格斯全集（第40卷）》，人民出版社1982年版，第289—290页。

② 胡适著：《容忍与自由：胡适演讲集》，中国画报出版社2013年版，第150、1页。

③ ［法］米歇尔·福柯著，谢强等译：《知识考古学》，生活·读书·新知三联书店2013年版，第67—68页。

育问题，需要规避两种误区。一是将教育问题泛化为普通的社会问题。作为社会的子系统，教育问题自然是一种社会问题，社会中出现的问题也难免会在教育系统中显现，但我们不能简单将其与其他社会问题混为一谈，并试图通过教育的方法或手段来解决这些问题。对于教育而言，这些社会问题尽管同教育相关，但究其根本却并非真正的教育问题，抑或是虚假的教育问题，单凭教育之术无法解决。项贤明指出，中国教育改革之所以陷入困局、僵持不下，很大程度上在于"用错误的方法去解决虚假的问题"①。社会问题（甚至同教育相关的问题）的产生、发展与演变自有命数，教育研究者并非其得以妥善解决的主要力量，理当"有所为，有所不为"并以此框定真正属于教育研究的问题。"教育研究者不可能包打'教育的天下'，也不可能治理'天下的教育'。"②关注一切教育现象，穷尽所有教育事件，把一切同教育相关的社会问题纳入教育研究的范畴，既不可能，也不应该。二是将教育问题简化为教育话题。教育问题归属于学术研究与文化实践的领域，遵循学科立场与学术逻辑，通过研究的专门化、学科化和科学化得以阐释。而教育话题则归属于社会民生与大众娱乐的领域，遵循社会立场（可能是行政立场、经济立场等）与"时用"逻辑，通过教育研究的普及化、民众化与世俗化得以传播。时下的教育研究呈现出群众运动式的特点，社会问题与教育问题混淆，教育话题与教育问题纠缠，研究话语自然呈现出程式化、官僚化、单一化与流俗化的样态。所以教育家刘道玉诚言在先："群众运动式的研究，只能导致浮夸和粗制滥造。"③

（本文原载于《江苏高教》2022年第12期，有删改。）

---

① 项贤明：《教育改革为何陷入困局》，于"2021年中国教育三十人论坛第八届年会·中国教育大变革"发表的讲话。

② 巴战龙：《我心目中的教育学》，载《教育科学研究》2009年第8期。

③ 刘道玉：《学术研究可以慢下来》，载《光明日报》2017年3月30日。

第四节　语言所构筑的高等教育世界

语言渗透于教育的所有环节，并外在地塑造着高等教育，具体表现为教育运行以语言为媒介展开，教育质量依赖语言进行甄别，语言运用也会影响到教育生态。高等教育与语言的紧密关联，分别体现于两者间的历史同向性、知识关联性和功能契合性。而今，体制话语和技术表述双重助推促成了语言至上的趋势。一方面，纵向贯通且资源富集的教育体制在实践中形成了以教育政令为表现形式的强势话语；另一方面，日新月异的技术对教育学术话语的横向渗透和机巧性替代，使得高等教育在走向现代化的过程中被技术语言冲击和捆绑。高等教育在多重力量的裹挟下形成了"表述重于本质"的行为倾向，教育过程出现了"概念与本质""名与人、事之实"的割裂现象。由于真实的人与事持续隐退于教育场域之中，因之形成了"言甚于实"的教育标榜生态。未来，高质量发展的高等教育需要理性调适语言的定位，教育评价的原点应从人为的语言转向关注完整的人，教育的价值取向应从注重"表述"回归到"人事"本身，教育生态的逻辑应从语言竞争走向语言悠游。

教育史实与人类社会相伴而生，可以回溯至上古时期，初始形态仅仅依靠口耳相传，并无文字记载，属"无痕之教"。文字衍生以后，教育活动在语言的助推下得以迅猛发展，到了中世纪，经由复杂多变的人类语言变换，直接促进了多元化知识的产生，带动了专门化学术及学问机构的成长，其后，大学作为高等教育的组织形态应运而生。再历经千年，无论从事实形态上观察，还是从语言形态上衡量，高等教育系统已然成为现代世界中枢体系的重要组成部分，在不同国家复杂的政治、经济、文化生态中扮演着不可替代的角色并承载着文化传承、科技创新和人才培养的重大使命。而今，当我们从另一个侧面去解析高等教育发展逻辑的时候，惊愕地发现繁衍于现代社会中的教育系统整体上已经被语言所构筑起来的天罗地网笼罩，语言中的教育与事实上的教育已浑然一体、难以分辨。教育必须借助语言作为工具方能有效实施，语言对教育的重要性不言而喻。因此，从语言的角度来观察教育，就会有不一样的发现。教育发展绝对离不开语言，语言反过来可以介入、渗透、强化、转化、分解，甚至异化教育。

古往今来，关于"语言是什么"的辩驳从未休止，矛盾不外乎工具论与本体论之争。自现代以来，"人被语言用"的语言本体论逐渐占据上风，海德格尔（Heidegger M.）就认为，"语言是存在之家，人居住在语言的寓所中"[①]，"人之为人，只是由于人接受语言之允诺，只是由于人为语言所用"[②]，"语言才是人的主人"[③]。进入教育场域，语言不仅被教育作为工具使用，而且成了建构教育的重要本体，甚至将超越传统意义上人之于教育的重要性，正因如此，现代教育家格特·比斯塔（Biesta G.）极力重申主体教育的重要性[④]，但他却试图通过主体创造"教育的新语言"来力证人对于教育的永恒意义，终究未能走出语言的圈子。在亚里士多德（Aristotle）那里，按照"质料–形式""潜能–现实"的哲学范畴来理解，语言应是工具性与本体性统一的实体，因为"所有事物都是由它们的功能决定的，而每一

① ［德］马丁·海德格尔著，孙周兴译：《路标》，商务印书馆2001年版，第366页。
② ［德］马丁·海德格尔著，孙周兴译：《在通向语言的途中》，商务印书馆2004年版，第189页。
③ ［德］马丁·海德格尔著，孙周兴译：《演讲与论文集》，生活·读书·新知三联书店2005年版，第153页。
④ 赵康：《为什么当下要重申主体教育？——格特·比斯塔"主体化"教育理论的境脉、生成与意义》，载《全球教育展望》2023年第7期。

事物的真正存在都在于它执行其特定功能的能力，例如，眼睛存在于它的看的能力；如果它不能发挥它的功能，那它仅是名义上的那个东西，就像一个死人或一个人的石像。"①显然，语言也正是在被教育当作工具使用的过程中，通过自身的功能实现，才逐渐确立起对教育的本体地位。即使是按照"四因说"来理解，语言作为一种质料因，教育在使用它时提供了某种目的因、形式因和动力因，使之最终实现"集四因为一体"的实在，进而方能在某种程度上对教育产生功用。

本节试图深入其间，解析现象，探究真相。

一、语言与高等教育相携共长

回溯历史，自然是先有人类，后有语言；而在漫长的发展阶段中，语言与事实交替演化、同生共长。而今，语言的表述俄而先于语言所指代的事实，在教育过程、教育评价和教育生态之中，不同程度地存在着"语言至上"的征兆。本该灵动而充满变数的教育科研活动常常被操作性、技术化并具有工具理性特征的语言所指代，逐步失去对事实、人性、意义、文化的关切和引领，被笼罩在一种无根、无人、无实的概念所建构的虚幻语境之下。与此同时，高等教育质量的甄别体系逐渐被绩点、分数和论文等数字语言和文字语言控制，由语言概念所框定的质量标准迅速渗透到高级专门人才培养的过程之中。时光荏苒，语言及其表达范式已然大幅度异化了高等教育生态，学校、教师和学生卷入其间，言行内耗，本真渐失。

（一）教育运行以语言为媒介展开

语言是教师、学生和教学内容间交流的核心媒介，尤其是师生在教学科研活动中的显在互动几乎都必须借助语言，其重要性尽人皆知。人们总是将充满语言妙趣的教学视为上品，而排斥缄默、少言、无声的课堂。教师运用语言来理解并传授知识，学生则在"言-听"中将语言所承载的知识

---

① ARISTOTLE，*Meteorologica*，Harvard University Press，1952：370-373.

内化于心以促进自我发展。佩雷拉（Perera K.）认为语言是教授学校学科的媒介，也是学生学习所有学科的媒介。[①]教育依赖语言传播知识，因为每个学科正是凭借差异性的语言表述来建构自身的学科知识，由此获得学科自身的独特性，并且需要在教育过程中将各学科的独特术语体系和表述特征等语义特征传递给学生，使其获得对学科知识语言的理解和表达能力。语言不仅承载着传授学科知识的教育目标，还内含着"道"的终极旨归，即所谓"文以载道"。高等教育需要在教育过程中借助语言将人引向世界、历史、文化、宇宙，建立超越时空的永恒性及深层次联系，促成个体生命与"道"的切近和碰撞，从而使个体求得安身立命之基础和源源不断的生长力量。然而，伴随着时代交流方式的急剧变化，教育也有可能沦为一种快速、表浅、零碎的学科知识语言驯化场域。教育或科研活动一旦漠视了学科知识语言之外的人、意、情、物、事，陷入字、词、句的机械记忆、复制、模仿、推演的闭门造车和自我欺骗，则会束缚和矮化人和学术的本真，形成静态知识搬运及灌输的套路，最终背离语言的根本宗旨。

（二）教育质量依赖语言进行甄别

语言渗透于高等教育质量评价体系之中，可简单分为文字语言和数字语言两种类型，表现为定性的描绘评估及定量的绩点、分数、论文、项目、奖级等，从不同角度定义着教育的质量。教育评价本应落脚于培养全面发展的人，而目前对人才的甄别和筛选却过度地依凭数字和文字。如在大学人才培养过程中，不同层次均具有对应的课程分数、绩点和论文要求。高考分数即可裁定学生能否跨入本科门槛，而本科阶段的课程和论文分数又组合成毕业指标，课程绩点提供了保研升学硬指标，而考研分数则直接决定了进一步深造的可能性。在硕士阶段，课程成绩和学位论文分数是获得硕士学位证书的前提，甚至有高校要求硕士生必须在省级及以上刊物上发表一篇论文；英语分数和论文发表数量在"申请–审核"博士招生制

---

① SPOLSKY B，*Concise Encyclopedia of Educational Linguistics*，Elsevier Science Ltd，1999：17–20.

度下是"硬门槛"。进入博士阶段，虽然有"破五唯"的呼声，但绝大多数高校依然将发表CSSCI来源期刊论文与获得学位直接挂钩。钱颖一认为学生受学分绩（GPA）导向，因为它可度量、可比较、易操作，各种评奖、推荐读研、找工作，都很难逃避学分绩，无论怎么努力纠正这种导向，效果都甚微。[①]"到了大学，把所有的激励都变成了一个数，这个神奇的数叫作学分绩，所有东西到大学都变成了学分绩，一切都可以用学分绩进行比较"[②]，"转系、推研、出国交换、找工作都看学分绩"[③]。因此，整个高等教育将课程分数、外语分数和论文分数作为优秀人才的衡量指标，完全依赖于"语言"所指代的信号向学校、社会和大众公示并推荐出"合格"毕业生。如此情势之下，学生们忙于刷学分、造论文，漠然于学理并漠视语言指征以外的好奇心、批判性、想象力以及情感认知和价值取向，成为能说会道的"语言达人"，甚至出现"通识教育少文化""专业教育少认同""应用教育缺技术"以及"技术教育缺实践"等微妙现象。

（三）教育学术落入语言表述陷阱

论文和著作一向被视为评判高等教育学术创新能力的重要指标。如今，高等教育的"述"与"作"也不可避免地被卷入表述的潮流。古圣先贤"述而不作"之风已然退隐，而今俱是"即述即作""神述快作"。有学者认为，"衡量教育研究者职业资质的主要标准首先是通过语言的技术来呈现的"[④]。由此，我国高等教育的科研论文发表数量呈爆炸式增长，2021年论文收录数量超过美国成为第一，SCI论文发表数量自2012年至2021年已连续10年居世界第二；截至2022年9月，近两年的发文量占世界总量的

---

① 钱颖一：《清华学生的七种现象和七个权衡》，https：//new.qq.com/rain/a/20211231A01UHY00。

② 钱颖一：《大学的改革（第四卷）》，中信出版社2021年版，第65页。

③ 钱颖一：《大学的改革（第四卷）》，中信出版社2021年版，第338页。

④ 李政涛：《教育研究中的四种语言学取向——兼论通向语言的教育学之路》，载《教育研究与实验》2006年第6期。

41.7%，在数量上排名第一。①然而，许多论文和著作闭门造车、言甚于实，与生活事实及社会现象脱钩，疏离人性，鲜有突破。与此相应，各种学术造假乱象频出、论文抄袭撤稿事件不断，与"语言学术"相匹配的科研评价同步而生，当越来越多的项目耗费了大量资金后，其中一些却落得个成果转化率为零的结果。无数师生被裹挟进语言竞技之中，正如尼采描述的那样："匆忙而虚荣的创作，无耻的图书炮制，完全的无风格，表达的粗糙、无特性或可悲的矫揉造作，审美标准的丧失，对混乱无序的沉溺。"②许多学者耗时费力，倾心投入不过是在为"内卷"式的竞赛做"分母"和"陪跑"，即使幸运地获得一两次"比赛资格"，其最终的成果大多数难以卓然于群，而投身其间的学术热情不久也会颓然凋谢。"极为少数的人现在还会认识到，在成千上万人之中也许只有一人能以文学闻名，而所有其他甘冒风险一试的人，都会受到真正有判断力之人的荷马式的嘲笑，以作为对其所印刷出来的每一句话的奖赏。"③

毫不夸张地说，语言表述之风已然融入当下高等教育的生命。一些高校都不得已要用各种项目、称号、平台、排行榜及相应的名次来标注自身的办学实力和教研优绩，各种政策文本、评价体系、项目申报、人才工程、评奖评优都需要经由语言描绘来充实和支撑"材料"。高等学府中师生相携、平等对话和学术交锋的人与人生命交往的教育生态，逐渐被各自忙于制作各种申报材料及其间程式化的语言套路所割裂。大学里有考编考研的身姿，却少有研读经典、辩论博弈的身影。选读书要算成绩，听讲座要打考勤，参加研讨要记学分，与他人或同窗交流开放性的学术问题被视为浪费时间，学生热衷于"表演式的学习"，积极参加各种竞赛活动，捧回各种大奖，忙碌于编撰综测材料，却把专业化的探究视为负担。教师

---

① 张渺：《我国高水平国际期刊论文数量世界第一》，载《中国青年报》2023年1月9日。

②③〔德〕尼采著，彭正梅译：《论我们教育机构的未来》，商务印书馆2019年版，第42页。

在教育教学活动之外的临时任务无序叠加，日常需要撰写各种各样申报项目和评奖活动所需的开题报告、中期检查材料、结题成果凝练和经费报销的理由。大家都在"非升即走"或"非升即降"的考评中铆足了劲地进行语言的再造和加工，削减了课堂教学的精力，削弱了学术探究的激情，难以聚精会神于教育生命的锻造及教育学术的创新。事实上，说得好才是真的好。好学生、好教师、好学校必须通过语言表述材料才能确证自身的价值，甚至于欠佳的教育学术表现亦会因为良好的材料加工而获得新生。正如卡尔·雅斯贝尔斯所言："人可以借助语言的表达把人整个地歪曲了。"[①]由此，高等教育在语言"内卷"中实现了"概念与本质""名与人、事之实"的相互割裂。

二、高等教育与语言的内在关联

教育与语言密不可分。语言之于教育的本体价值毋庸置疑，而现实中的教育之所以会被语言裹挟，盖因语言的工具价值过度彰显。就学理而论，高等教育与语言存在着历史同向性、知识关联性以及功能契合性。知识语言与人的取向愈发紧密地黏合在一起，使得语言在知识传授、社会功能和个体成长的功用层面效应倍增，进而影响并持续改变着高等教育的生态。

（一）高等教育与语言的历史同向性

人们通常会从经济、政治、文化三个层面切入，进而再聚焦到教育的维度上来理解高等教育，尤其注重研究市场、政府、知识、教育自身的规律等要素对高等教育发展所产生的影响，却在一定程度上忽视了语言在系统间的运动效应。事实上，教育史上的所有重要转向无不伴随着语言的革命。从西方高等教育的发展历程看，中世纪大学产生的前身是修道院，当

---

①［德］卡尔·雅斯贝尔斯著，邹进译：《什么是教育》，生活·读书·新知三联书店1991年版，第87页。

修女或牧师一起研习并试图理解《圣经》时，需要学习希伯来文、古希腊文、拉丁文等古典语言。这些古典语言所承载的文明是通往过去文化世界的桥梁。中世纪后期，古典语言的重要地位被社会领域中各行当所需要的操作性、实用性和工具性的语言替代，随之而来的是基于一系列与实用专业知识相关的语言体系所构成的教育大厦，促成了中世纪大学的诞生并左右着它的发展，以至于今天西方高等教育普遍强调实用性和工具性的专业知识，而古典语言、古典教育往往保留在老牌的大学中，以通识教育的方式存在于学府之内，处境并不乐观。从中国近现代教育的发展历程看，起初是通过"废科举"和"兴学堂"，全盘引进西方学校制度和学科话语体系，在1912年《普通教育暂行办法》规定"小学读经科一律废止"，《普通教育暂行课程标准》要求初等小学校、高等小学校、中学校一概废止读经，1919年"新文化运动""提倡白话文，反对文言文"后，几乎摒弃了以"文言文"这种语言形式建构的中国传统教育，汇入了现代语言所构筑的教育世界。

（二）高等教育与语言的知识关联性

高等教育与语言之间凭借知识得以紧密关联。知识以语言为载体，在知识表层之下是整个语言构成的世界。高等教育以知识传授达成对师生的塑造和对知识本身的再造，在知识传授过程中其实就是借助语言的传递来对师生的"知情意"进行塑造，使其获得对语言指向的事物的理解——关于世界、宇宙、文化、科学等，获得通过语言来表述自身和改造世界的能力。

知识的传承和创新是高等教育的重要任务之一。随着规模的持续扩张和对效率的普遍追求，高等教育迫不及待地将教育简化为与知识相关的概念、命题、判断、结论的语言传输活动，试图让学生凭靠对语言的理解和记忆来尽快获取知识，并期望更多的人能够迅速将其转化成有用的、有效的或者出新的教育成果。学生获得一套关于知识的语言技艺后，再凭借其去社会上博取最大可能的地位和金钱回报。在某种意义上，高等教育正在成为关于知识的语言技艺训练场。各个学科通过自身积淀而成的一整套概念、命题、表述的语言范畴和语言规则，组成了庞大的语料库。学生在这个场所中接受的专业学习无非博取关于该学科的一套语言技艺，即一系列的概念、命题、范畴，由此获得关于事物的内涵、特征、本质、原则以及事物之间的关联，表现为意义、作用等的知识，这些知识最终依赖语言这一媒介得以转化和实现。

（三）高等教育与语言的功能契合性

高等教育与语言在功能上存在高度的契合性，一是促进人的发展，二是实现人的社会阶层分化与流动。

高等教育通过传承人类文明、创造新知来促进人的社会化发展，而语言具有促进个体思维、心理和理智发展，知识建构，文化延续等功能。李政涛提出语言与教育同样都赋予人的生命以可能性，同样产生人、创造人。[①]威廉·冯·洪堡特（Humboldt H.）认为，语言与人的最内在的本性结合在一起，构成了激励精神力量的生动原则，语言和精神力量是智能的同一不可分割的活动。[②]威尔金斯（Wilkins A.D.）认为语言的使用是人类经验的核心，人类所有的交往都是通过语言进行的，人的思想和情感通过语言被表达出来。[③]佩雷拉（Perera K.）认为本国语言学习是儿童发展自己的文化认同和分享自己的文化遗产的关键方式。[④]

同时，高等教育有助于实现人的社会分化与流动，与语言自身的"社会阶层性"有着高度契合。"读书改变命运"，在20世纪中后期，中国大学

---

① 李政涛：《教育研究中的四种语言学取向——兼论通向语言的教育学之路》，载《教育研究与实验》2006年第6期。

② ［德］威廉·冯·洪堡特著，姚小平译：《论人类语言结构的差异及其对人类精神发展的影响》，商务印书馆1999年版，第47-52页。

③ SPOLSKY B，*Concise Encyclopedia of Educational Linguistics*，Elsevier Science Ltd，1999：6.

④ SPOLSKY B，*Concise Encyclopedia of Educational Linguistics*，Elsevier Science Ltd，1999：18.

实行"包分配"的教育就业制度，社会弱势群体能够通过接受高等教育获得体制内的工作，实现社会阶层的跃升。马茨·特朗德曼（Trondman M.）把通过高等教育实现阶层向上跨越的人称作"阶层旅行者"[①]。现代社会不再秉持家族血缘、贵族式的社会资源分配方式，而是试图通过看起来更加公平民主的"优绩主义"，即通过个人的努力和成绩来分配社会资源并实现阶层融通。高等教育无疑是一个展现人的努力和成绩的场域，因为人可以通过努力被相应的学科语言系统甄别出来，换言之，一个人对学科语言的掌握程度会决定他的社会阶层。布兰科（Blanc M.）认为语言是一个群体的身份及其与社会中其他群体的动态关系的表达、象征和工具。[②]罗伯特·菲利普森和托弗·斯库特纳布·坎加斯（Phillipson R. & Kangas S.T.）认为语言本身具有歧视性，语言本身的形式、词汇和内涵有阶级歧视，个人和群体可能因语言受到歧视——他们如何说话或他们说哪种语言，根据语言证据对阶级背景作出的判断会导致对能力和道德品质的归因以及审美规范和团结感的创造。[③]社会学家伯恩斯坦（Bernstein B.）提出"限制型符码"和"精致型符码"这两种社会语言符码，显示了精英阶层自身的语言系统，深刻揭示了语言的社会分层功能。他认为在教学中存在本质上（至少最初）难以被弱势群体所理解和掌握的符码。[④]精英阶层较早习得了相应的语言符码，更容易在学校教育中掌握相应的学科语言，获得优异的成绩，进而通过教育保持自身的社会阶层。

---

① TRONDMAN M. B，*Disowning Knowledge*：*To Be or Not to Be"the Immigrant"in Sweden*，Ethnic and Racial Studies，2006（3）：432.

② SPOLSKY B，*Concise Encyclopedia of Educational Linguistics*，Elsevier Science Ltd，1999：34.

③ SPOLSKY B，*Concise Encyclopedia of Educational Linguistics*，Elsevier Science Ltd，1999：51.

④ BERNSTEIN B，*Class*，*Codes and Control*：*The Structuring of Pedagogic Discourse*，Routledge，2003：79.

三、体制与技术双重力量成就语言至上的高等教育

事物的发展总是离不开它所处的历史背景。不同的时代际遇为语言与高等教育间的交互作用和相互联系提供了动因和契机。经由体制和技术的双重助推，现今"语言至上"的教育态势越来越明显。一方面自上而下、纵向贯通的教育体制在教育实践中形成了一股强势的力量，构建起以教育政策、教育命令为表现形式的主流话语体系，随之又将主流话语与教育资源进行了整体的捆绑，在此情形之下，各级各类的高校、不同层次的教师和不同阶段的学生都需以主流话语为导引去行动，以主导言辞作为中轴去奋争才能获得相应的发展资源。如此，高等教育发展整体上被置于教育体制所框定的主流语境之下，话语自身即意味着并附着了强大的权力。另一方面，新兴智能技术对传统语言技艺的根本性改造，使语言更具独立性、传播性和创造性，可以最大限度地脱离人和事实存在，形成一股牵动教育主体边缘化和教育事实隐没化的巨大力量，进而使得高等教育在走向技术化和智能化的过程中落入被控制、冲击、塑造和替代的境地，从横向上影响并改变着高等教育。

（一）纵向贯通：自上而下的话语决定了高等教育的潮流走向

教育体制对高等教育的影响已有很多学者关注，其中一些关注教育体制中的行政对学术的干预，比如朱永新和马国川认为要解决中国教育面临的诸多问题，必须重启改革，以教育体制改革为重点，着力解决体制问题。[1]王建华认为教育理论受政治化和意识形态的制约，高等教育改革的体制困境无法突破，完全由政府主导，大学缺乏自主权。[2]深入追问下去，一个较为完整且相对封闭的教育体制究竟又是怎样在一定的时空区间内，通过政治、经济和文化间动态又多重的诱因实施运转的呢？语言作为核心介

---

[1] 朱永新、马国川：《重启教育改革：中国教育改革十八讲》，生活·读书·新知三联书店2014年版，第3页。
[2] 王建华：《重启高等教育改革的理论思考》，载《高等教育研究》2014年第35卷第5期。

质是其间绕不开的关键因素,其在被人们运用时被称为"言语",被人们在特定社会语境中通过文本而展开的沟通活动时被称为"话语"。米歇尔·福柯(Foucault M.)在《话语的秩序》中曾提出"话语即权力"的隐喻和命题,话语是能剥离说话者主体并制约、役使、支配社会实践主体的强大社会力量,权力是支配社会实践主体的政治技术。现行的教育体制自上而下给高等教育创造了一个纵向贯通的一体化生长语境,并在运行过程中依托以语言为载体的教育政策文件上传下达、动员实施,久而久之自然形成显效而强势的主流话语,有力地牵引着高等教育的发展。

任何教育体制都试图通过运用或修改话语来占有相应的知识、权力。话语不仅是教育体制表达(或隐藏)欲望的介质,同时是教育体制欲求的对象;不仅是教育体制转达斗争或统治体系的介质,还是教育体制努力维护并博取的权力。自上而下的教育体制,必然形成一以贯之的语境,其不仅是高等教育改革与发展主导性价值观念的集中表达,而且标注出话语建构的风向标,能够激励教育及学术在语义上的迅速繁荣。上级政策一旦出台,它所表达的话语主旨即通过管理机构层层传达,直接联动实践,相应的行动顺势展开,系统的规定动作相继实施,而学术研究亦快速响应,通过招标立项和评奖活动捆绑联动,积极从中寻找研究问题,"科研"随之掀起新一轮的高潮。比如战略层面的"211""985""双一流""双高"直至"高质量发展""中国式现代化",战术层面的"特色学科""双万计划""课程思政",等等,新词、热词迭出,交叉刺激着教育改革的神经并高效联动教育研究的开展。

由于体制、资源与话语的无缝对接,使话语成为有限教育资源分配的有力杠杆。任何教育实体,只有按照体制的意志行动,才能凭借相关的政策在有限的资源中分得"一杯羹"。"工程""项目""计划""指南""课题""称号""奖项"切分出不同的话语类型及层次,其背后无不对应着等量级的教育资源。事物皆一体两面,高校在博取教育资源和追赶主流话语的同时越来越趋同,在高呼"特色建设"的同时其实放弃了本色坚守,内生动力渐失，主动性削弱，依赖性加强，一旦脱离"主流话语"就出现"失语"现象，找不到真正的问题或有意义的话题，间或失落教育的初心，继而不知所措。

（二）横向渗透：日新月异的技术改变着高等教育的表达技巧

有学者认为，"我们的那些教育者和受教育者则不论在民族危亡的时期还是在'站起来了'的今天，都未见在教育上有什么根本性的突破，唯一不同的是把实用功利的眼光从政治扩大到了技术的层面"[①]。技术在高等教育领域的广泛应用势不可挡，比如多媒体、慕课、智慧课堂、图书资源数字化、行政管理系统智能化等，过去人们一直将技术视为教育手段、媒介，而技术现今已经发展到从依靠人的语言转向可以实现技术语言的自动生成，并依凭强大的语言能力，引发了高等教育界的恐慌和焦虑。技术通过其语言得以成为"类主体"的存在者，它能够构建一个庞大的生成式知识语料库，可代替高等教育完成知识的系统传授。同时，它的语言生成能力可以高效完成特定的科研任务，进而在语言层面冲击并改变现代高等教育，甚至取代传统高等教育的职能和功用。

传统高等教育一直以传授和探究学科专业知识为重点，其知识竞争力的直观体现是馆藏和教师的学术及传授水准。蔡元培认为大学是囊括大典和网罗众家的学府。[②]约翰·S. 布鲁贝克（Brubacher S.J.）认为高深学问是高等教育存在的逻辑起点。[③]当技术语言从初级语言模型升级为生成式语料库，就能够通过语言数据训练迅速更新和不断扩大自身的知识系统，进而取代图书馆的知识储存功能。另外，技术语言能够轻易通过不同种类的语言与个体进行对话，利用自身系统中的知识来帮助个体答疑解惑，进

---

① 邓晓芒：《教育的艺术原理》，载《湖北大学学报（哲学社会科学版）》2003年第2期。

② 高平叔编：《蔡元培全集（第3卷）：1936—1940》，中华书局1989年版，第332页。

③〔美〕约翰·S. 布鲁贝克著，王承旭等译：《高等教育哲学》，浙江教育出版社1987年版，第11页。

而代替教师的传授功能。越理性化、逻辑化、结构化的知识越容易通过技术语言习得，尤其是对数学、物理、化学等自然科学领域基础学科的抽象概念、专业术语和符号等语言体系的掌握极其容易。因此，技术语言在自然科学领域表现得非常出色，比如基于神经网络的人工智能模型AlphaFold（阿尔法折叠）使"预测蛋白质如何折叠"这个困扰人类50年的问题得以解决，[①]有学者采用某语言模型轻而易举地预测了蛋白质的合成。[②]

技术语言具有极强的语言识别、整合和生成功能，能够组合不同学科专业的知识来解决复杂问题，创作绘画、音乐、诗歌、小说并进行论文写作等，据此冲击高校的科研创新和知识生产功能，加剧高等教育的语言"内卷"状态。当科研人员还在为语言表述的不确定性饱受煎熬时，专门进行语言表述的生成式人工智能技术已然登场。它不仅可以给学习者提供某一主题的论文框架、思路、方法和参考文献，还可以通过学习者提供的与主题相关的语词来生成和优化语言表述。有调查显示，89%的美国大学生用生成式人工智能技术ChatGPT（聊天生成预训练转换器）写作业，53%的学生用它写论文，48%的学生用它来完成考试。另外，技术语言的语言表述能力不仅停留在文字性的表述上，而且能将文字转换为图像、视频、音频、文本编码、创建算法等模型，实现多语言模态的互转生成。更值得注意的是，技术语言一方面可表述事物的真实或本质，另一方面也能够无视和脱离事实和本质来进行语言表述，只需符合语言表述的规则，任何高效、快捷的表述均可以便捷地完成，而无须对虚假、谎言、编造等行为负责。因此，它不仅加速了语言表述的迭代速度，实现了多种语言表述方式的互换转化，还极有可能在未来通过语言表述建构一个与真实和本质相背

---

① JUMPER J, EVANS R, PRITZEL A, et al., *Highly Accurate Protein Structure Prediction with AlphaFold*, Nature, 2021, 596（8）: 583-589.

② MADANI A, KRAUSE B, GREENE E. R, et al., *Large Language Models Generate Functional Protein Sequences Across Diverse Families*, Nature Biotechnology, 2023, 41（8）: 1099-1106.

离的教育世界。

四、基于语言反思的高等教育未来

语言本是一种工具，是建立在生活形式之上的概念游戏，因人类沟通的需要而在交流过程中逐步形成。从《逻辑哲学论》到《哲学研究》，维特根斯坦（Wittgenstein L.）的思想发生了大幅度的转变。一开始，语言、思想和逻辑于他是同构的。所谓"我的语言的界限意味着我的世界的界限"[①]，即我们不能不用语言进行清晰的思考，否则我们就无法思考。而到了后期，他却认为日常的自然语言太丰富了，并不存在一套可以解释世界、解释一切的语言，因为随着生活的改变，语言也会变。其早期的"语言图式说"将语言和世界紧密关联，明确了"可以言说"的内容，后来又把语言和行为融合在一起，称之为"语言的游戏"。他认为，对语言意义的探索，不应该从单一的静态的视角看，而要采用更多元化的视角，从语言不同的用法中去体会语言的意义。

时代不停地演进，作为社会有机组成部分的高等教育系统自身不可能简单地通过改变体制和忽视技术来规避"语言至上"的风险，而只能采取理性的态度和温良的策略来缓解相应的危机，即保持对语言两面性的警醒和节制。面向未来，高等教育有必要重估语言对自身发展所带来的实际影响，积极接纳语言之于人的发展所产生的独特价值，均衡语言的工具性和本体性功能，从根本上重塑教育发展的健康语境，并因之而推动相应的教育变革。如此，方有利于促进高等教育从根本上及语义上的"双重新生"。

（一）高等教育的评价原点：从人为的语言到完整的人

海德格尔曾说："语言是存在之家。人以语言之家为家。"语言使世界成其为所是，使万物成其为所是。人难以离开语言而存在，语言是人的高

---

① ［奥］路德维希·维特根斯坦著，郭英译：《逻辑哲学论》，商务印书馆1985年版，第79页。

级智能的表达方式之一，是人的理性思维的结晶，被看作人区别于动物的本质所在。知识需要借助语言表征、传授和创新。但是如果简单将语言和人、知识紧密关联，甚至等同起来，那么高等教育要培养人和传授、创新知识就不可避免地受制于语言的枷锁。很明显，语言也有自身的局限，它无法概述所有的知识，因为有的知识是无言的。它也不能彻底代表、衡量和定义一个优秀的人，即使人们认为语言是人之为人的最贴切表达，但绝不能仅凭这点就对一个完整的人及其价值做出简单的评判。高等教育要恪守品质，一方面，有必要厘清那些形形色色、五花八门的虚浮用语，恪守教育世界的真实边界，从而使教育表述既能够有效地服务于教育实践，又不会凌驾于教育事实之上；另一方面，语言本身也是有界限的，经由语言亦可限制世界。界限之外的世界，语言也无法涵盖和涉及，所以维特根斯坦才说，"确实有不能讲述的东西。这是自己表明出来的；这就是神秘的东西"，"一个人对于不能谈的事情就应当沉默"。①老子讲"道可道，非常道；名可名，非常名"②，庄子讲"道不可言，言而非也"③，能用语言表述出来的道已非本道。佛曰"手指明月，指非月"，真理如天上的明月，语言只是指月的手，手指可标示月亮之所在，但手指并非月亮，看月也不一定必须通过手指。世人皆知"文以载道"，但事实上"道不在文"。世上诸如自我、伦理、善恶、艺术的审美、世界的存在、人生的意义等无法真正地用语言表述和传递，甚至在逻辑上都无法说清，即使是有逻辑地表述出来，对个体而言也仅是一种词语的释义。语言不仅是关于对象的表达，而且是要按照一定规则来使用的活动，一旦在复杂多变的具体情境中使用，语言试图达成的普遍定义及其后所指涉的实在对象就会因主体和情境发生不同程度的"失语"。因此，语言的局限性在于它只能表述人和世界的一

---

① 〔奥〕路德维希·维特根斯坦著，郭英译：《逻辑哲学论》，商务印书馆1985年版，第97页。

② 〔春秋〕老子著，饶尚宽译注：《道德经》，中华书局2007年版，第2页。

③ 杨柳桥：《庄子译注》，上海古籍出版社2007年版，第257页。

部分，难以应对实践情境的多变性。高等教育要培养完整的人，就不应该将绩点、分数、论文数量、课题项目、排行座次等各种各样的数字或文字作为主导标准去揣度、评量和制衡，而必须给语言无法涉足的部分留出余地。换言之，完整的人需要摆脱人为语言的桎梏。

（二）高等教育的价值取向：从可见的表述回归人事本身

我们通常按照维特根斯坦的"语言图式说"来理解语言、人事与世界的关系，认为世界是一切事实的总和，而语言是命题的总和，命题是事实的图像，因而语言能够表述事实和揭示世界的本质。然而，我们往往忽视了语言在表述事实和世界时的语境，或者说事物本身所处的时空境遇。在某个时代带有抽象化、普遍意义的语言概念会随着时空流转发生相应的改变，可能无法适用于另一个历史瞬间。所以，语言表述的事实和揭示的本质不过是呈现实体在某时的境域中的某种存在样态。语言可以表述人事的事实，却无法表述人事所有的事实，更无法替代人事的事实本身。庄子讲"名者，实之宾也"，高等教育需要警惕可见表述对人事及教育事实本身的僭越。当我们对某校、某学科、某老师、某学生评头论足之时，总是以可视化材料中的数字和形容词作为依据，总是通过成文的表述来对教育主体做出优劣评判，这恰恰存在着以偏概全、以名掩实的问题，在很大程度上遮蔽了作为教育主体自身的存在意义，更不用说这些机巧性的表述在人工智能语境下是可以轻松制作或伪造的。高等教育不能成为一个在语言游戏中评判、筛选人的网格化空间，而应该成为注重给人的有限生命历程增添活力和体验感的文化场域。极端点说，高等教育的意义并不需要依赖于外在的表述，只需要进行着、存在着和行动着就已足够。当今的高等教育，忙着说事的大有人在，而热心做实事的人却相对减少；忙于彰显自我的人到处都有，但是闭关修炼的学者日渐稀少；有的人只会说不会做，有的人甚至只说不做，学府内外不乏语言与自身的学理、情意和行动相剥离直至风马牛不相及的人。就这一点而言，前辈学者对人间世道的理解和表达相对质朴。因为传统的价值观内在于求道，而当今的价值观外显于言表。健康向上的高等教育少不了真切的生命体验，在人、事、理、情、行的相互作用间积蓄能量，绝不可以在封闭的语言范畴间驻足流连，甚至自鸣得意。"一大堆空洞无物、歪曲原意的语言控制住人类：人就让这种语言操纵着，而忘记真正的自我和周围实在的世界。"[①]高等教育的主体——教师、学生会说会写，通过论文、成绩和材料展现出高超的语言技艺，但要时刻警惕不能将论文异化为各种语言要素——概念、命题、观点及论据的堆积、模仿和删减的结果，陷入狂热的"语言游戏"或者"语言买卖"。科研活动的组织实施，必须出于对社会发展现象及内在矛盾的好奇与关切，发自对社会道义的使命担当。教师借助语言传授被称为真理或规律的知识，引领学生探究其间相关的内涵、特征、地位、作用及关联等。学生通过语言获得对事物的学理性认知，不能无意识地滞留于由语言编织的世界而忽略了事物本身。有鉴于此，高质量发展的高等教育就要果断摆脱"唯表述"的工具性倾向，警惕技术对现实语境的机巧性替代，重归教育场域中的人事和生命本身，超越"言传"，回归"身教"。

（三）高等教育的生态逻辑：从语言竞争到语言悠游

高等教育的迅猛发展被现代文明基于求新的进步主义思想引导，演化成一种行动的通则和普遍的认知，普遍认为只有新的才是好的，新的代表着先进和进步，而唯有不停地奔跑才可能持续地创新。如此语境之下，传承、巩固、维护和坚守渐渐失去了言行认同的根基。仅从校园建筑的变迁即可发现，几百年前牛津大学的校园建筑样态到今天几乎没有太大改变，而我们的一些高校却在不断"拆旧建新"中改头换面。这种"逐新"的倾向在科研方面带来的刺激是显而易见的，一部分教育科研陷入了激烈的语言竞争中，铆足劲地创制"新论文、新著作、新技术"来彰显自身的实力，以应对"季度""年度"或三年一周期、五年一轮次的阶段性绩效考评。就人文学科而言，论文数量过百、著作等身的学者层出不穷，可是能

---

① [德]卡尔·雅斯贝尔斯著，邹进译：《什么是教育》，生活·读书·新知三联书店1991年版，第87页。

够在学术界或学科内产生实质性影响的学者却寥寥无几。一些教师为了绩效、职称、奖金、结题，在激烈的语言竞争中源源不断地生产出一批又一批的论文和著作，已然抛弃了"十年磨一剑"、言为心声、惜字如金的文人传统，遑论一流的思想和原创性的科学研究。高等教育要实现高质量发展，首先必须改变这种以"语言竞争"为核心的畸形生态，要努力为新生代的生长和多样态的学术成果孕育创设出一种悠游的语言时空，使徜徉其间的师生再也不被语言所标榜的概念束缚，能够达到孔子所称"志于道，据于德，依于仁，游于艺"①的境界。语言悠游是教育主体对语言的基本态度或者是一种源于心灵的自觉，是自我与外物的交互状态，彰显着自我存在的本真与自由，是一种悠然自在、闲适自得的境界。主体唯有保持悠游的状态，才能在运用语言时，达到化语言于己、在"六经注我"与"我注六经"中自在往返，走向语言朝向的"万物之所终始""万物之祖""物之初"的境界，而不至于被语言所困、所累、所蔽和矮化。教育可以改变世界，但需要先解放自己。当今的高等教育，唯有立足自身，对语言竞争保持警惕，对繁华的语言保持审慎和节制，逐渐认同、接纳和践行语言悠游的理念，才有可能跳出语言所构筑的藩篱，进而重塑高等教育的生态，实现高质量发展的目标。

（本文原载于《教育科学》2024年第4期，有删改。）

---

① 杨伯峻：《论语译注》，中华书局2006年版，第76页。

第五节 大学本质的"特修斯之船"悖论及其解释

大学本质不等于大学本质之表现，但过往的一些探讨却混淆了两者的区别，以至于该问题陷入"特修斯之船"悖论。从亚里士多德"四因论"的形式逻辑来看，决定大学"存在之为存在"的最根本因素不是学术人、特定的场所或高深学问，乃是人类的理性与良知。尽管理性与良知"有而不在"，但正是其聚形着大学，引领人类社会朝着"真、善、美"的共存境界发展。

谈论大学，就不可避免地要谈论大学本质。一方面，谈大学而不谈论大学本质就如同"入庙而不识佛"；另一方面，大学失去了本质就难以区别于中学、小学等教育机构，也难以区别于政府、企业等其他社会组织。正是大学的本质让大学是它自身而不是别的东西。但问题的关键是：大学的本质是什么？为什么大学的本质是此物而不是彼物？大学的本质与大学本质之表现是同一种"存在"吗？对此，无数教育家、教育理论家甚至普通民众都有自己的回答，尽管这些答案都拥有自己的理论和逻辑，但它们一方面似乎都不足以解释大学的本质，另一方面各种理论与逻辑之间在某种程度上呈现出相互矛盾、悖论重重的尴尬局面。

一、重提大学本质问题的必要性

在全球高等教育竞争日趋激烈的今天，虽然不少关心大学及大学发展的人把重新回归大学本质当作高等教育的进步，但大学本质究竟是什么的问题却被遗忘很久了。人们想当然地认为自己无须再对大学本质展开探讨。然而，关于"大学本质是什么"的问题绝不是"无关紧要"的问题，它曾使得无数教育家为之殚精竭虑。尽管先辈们赢得的东西也曾被后人以形形色色的"偏离"或"润色"有所保留和继承，但对大学本质的专门探讨和研究似乎日渐式微，甚至变得"人迹罕至"。科学实证主义的逻辑几乎风靡于人类生活的每一个角落，理性主义的思辨在诸事以价值为导向的今天还有价值吗？即使是在教育研究的专门领域，那些曾经以思的至高努力从"教育应当为社会服务"那里争得的东西，虽说是那么零散、那么初级，也早已被弄得琐屑不足道了。[①]

在不少诸如主张"教育应当市场化"一类的人眼里，对大学本质问题的追问不仅是多余的，而且会耽搁大学的发展。他们会说，大学本质是空洞乏味的概念，而且它本身就不言自明，每个人都清楚大学存在的本质和意义。于是，那个曾使大学发展史上无数教育先驱筚路蓝缕、不得安宁的晦蔽者竟成为不言而喻的东西，乃至于谁要是追问大学本质是什么，就被指责为在方法上有所失误。[②]然而，当我们今天谈到大学本质时，令我们困惑不安的是，我们依然不知道大学本质究竟意指什么。更为遗憾的是，尽管我们常常对自己的不知道感到困惑，却很少有人对不知道自己不知道而心存此感。鉴于此，本节有必要对"大学本质"与"大学本质之表现"进行界定，以期厘清上述两个概念，这也是重提大学本质问题的意义所在。

"无论一个人于存在者处把握到的是什么，这种把握总已经包含了对存在的某种领会……如果存在者在概念上是依照类和种属来区分和联系的话，那么'存在'并不是对存在者的最高领域的界定。存在的普遍性超乎

---

① ［德］马丁·海德格尔著，陈嘉映、王庆节译：《存在与时间》，生活·读书·新知三联书店2014年版，第3页。

② ［德］马丁·海德格尔著，陈嘉映、王庆节译：《存在与时间》，生活·读书·新知三联书店2014年版，第3-4页。

一切族类上的普遍性。"①诚然，自中世纪大学初创以来，关于大学本质的探讨已远远超越了大学本身的存在，但正是这些探讨使得人们很容易混淆大学本质与大学本质之表现，以至于人们常把大学本质之表现当作大学本质，但这种误解始终不能从根本上回答"大学本质是什么"的问题。

在哲学上，本质指的是事物的内部联系，是事物存在的根据。它是关于事物"存在之为存在"的回答，"你是什么，就你的本性而言，乃是你的本质"②。因此，大学本质是对大学本性是什么的回答。而本质之表现是本质的外部显现，它是一般的、局部的、个别的，本质之表现不等于本质自身。正如黑格尔在《哲学史讲演录》中所言："一般乃是一个贫乏的概念，每个人都知道一般，却不知道本质的一般。"与此类似，黑格尔在《小逻辑》中举过一个例子③——此例能更好地阐明这一点——"如我们指着某一特定的动物说：这是一个动物。动物本身是不能指出的，能指出的只是一个特定的动物。动物本身并不存在，它是个别动物的普遍性，而每一个存在着的动物是一个远为具体的特定的东西，一个特殊的东西。但既是一个动物，则此一动物必从属其类，从属其共性之下，而此类或共性即构成其特定的本质。"④换言之，若把本质仅看成事物在某一方面的规定或将事物之本质在多方面的表现看作事物之本质，实际上都是在否认"本质的同一性"或承认事物具有多个本质。这也意味着，大学本质之表现不过是大学本质在外部呈现出的多方面对于大学本质的不同规定，它不等同于大学本质。

不管有意或无意，人们对大学本质之表现展开的论述不在少数，比如，雅斯贝尔斯有一个被广为引用的经典论断，即"大学是研究和传授科

---

① [德] 马丁·海德格尔著，陈嘉映、王庆节译：《存在与时间》，生活·读书·新知三联书店2014年版，第4页。

② [英] 尼古拉斯·布宁著，余纪编著：《西方哲学英汉对照词典》，人民出版社2001年版，第322页。

③ [德] 黑格尔著，贺麟译：《小逻辑》，商务印书馆1980年版，第80页。

④ [德] 黑格尔著，贺麟译：《小逻辑》，商务印书馆1980年版，第80页。

学的殿堂，是教育新人成长的世界，是个体之间富有生命的交往，是学术勃发的世界"①，这是雅斯贝尔斯关于大学之任务的界定。又如，蔡元培就任北京大学校长时曾说："大学为纯粹研究学问之机关，不可视为养成资格之所，亦不可视为贩卖知识之所。"②这是蔡元培关于大学之功用的界定。再如，梅贻琦有言，"所谓大学者，非谓有大楼之谓也，有大师之谓也"③，此乃梅贻琦对大学之存在方式的论断。换言之，雅斯贝尔斯、蔡元培及梅贻琦对大学的界定都只是对大学本质之表现的界定，当然，他们也并不曾认为这种界定就是对大学本质的界定。但在探讨大学本质时，有人理所当然地将以上论述当作大学的本质。后来者的论述中，又有人进一步阐述纽曼关于大学理念的论断，认为大学的本质乃是"研究高深学问"，或是"培养人才"为社会服务。然而，将大学本质之表现归属于大学本质并不能使大学本质得到规定。因为大学作为一种特定的文化机构，当然具有研究高深学问以及培养人才的本质表现，这就好比谁都知道"人是需要吃饭的""人总是要死的"，等等，但这些并非人的本质。也就是说，假若大学存在的目的和大学发展的理念是大学本质，倒不如说大学本质是最清楚的概念，再也不必对其展开进一步的探讨了。

以上讨论使我们清楚地认识到，对大学本质的追问不仅尚无答案，甚至对大学本质这一基本概念依然迷雾重重。所以，今天重提大学本质问题仍然具有重要意义。

①［德］卡尔·雅斯贝尔斯著，邹进译：《什么是教育》，生活·读书·新知三联书店1991年版，第150页。

②蔡元培：《就任北京大学校长之演说》，见中华书局编《蔡元培选集》，中华书局1959年版，第23页。

③梅贻琦：《梅贻琦谈教育》，辽宁人民出版社2015年版，第8页。

二、大学本质的"特修斯之船"悖论

（一）"特修斯之船"悖论

"特修斯之船"悖论是关于事物跨时间同一性及本质性争论的经典难题，它被称作"特修斯之船"（The ship of Theseus）或"特修斯之谜"。作为一项古老的思想实验，其最早可见于罗马帝国时期哲学家普鲁塔克（Plutarchus）的著作。公元1世纪，普鲁塔克提出这样一个问题：如果特修斯之船在航行过程中，其本身的木头被人们逐渐用新的木头替换，直到构成船只的所有木头都不是原来的木头，那这艘船还是不是原来的那艘船？这一问题引起了许多哲学家的争论，有人认为还是原来的那艘船，有人则持反对意见。后来，英国哲学家托马斯·霍布斯（Thomas Hobbes）又对这一问题进行了延伸，他提问：如果用从特修斯之船上拆下来的木头重新组建一艘船，那么，两艘船中哪一艘才是真正意义上的特修斯之船？于是，关于这一系列问题的争论便被人们称作"特修斯之船"问题，尽管这些争论矛盾重重，可看起来都极其合理。

对这些问题的解答主要呈现以下四种观点。[①]

第一种观点认为，经历过逐渐更新的原来的特修斯之船才是真正的特修斯之船。因为其每次更新都是小规模的更新，并没有影响特修斯之船的本质属性，而且每次更新之后人们都把这艘船看作特修斯之船，那些被拆下的木头的重新组装，与原始的特修斯之船并没有直接联系。

第二种观点认为，重新组装的特修斯之船才是真正的特修斯之船。因为事情很清楚，重新组装的船就相当于把原先的特修斯之船全部拆散之后，再按照原来的样子重新组装起来，那不还是同一个东西吗？它的本质怎么会改变呢？

第三种观点认为，这两艘船都是真正的特修斯之船，不过是把特修斯

---

① 黄牧怡：《走出思维的迷宫——中外著名哲学悖论解析》，金城出版社2009年版，第29-30页。

之船的本体一分为二了，所以两艘船都具备同样的本体，就好比同一模具造出的两个螺钉，或者说是一对同卵双胞胎。两艘船的差异太小以至可以忽略不计，两者本质上是同一艘船。

第四种观点认为，这两艘船都不是真正的特修斯之船，原来的特修斯之船本体已经随着时间的变迁而消失了。对于前一艘船来说，不停地更换其组成部件使得其本体逐渐受损以致消失；对于后一艘船来说，它用前一艘船的木头重新组装后所获得的本体与原先的特修斯之船也截然不同。那么，原来的特修斯之船究竟去了哪里？

（二）"特修斯之船"悖论的解释路径

关于"特修斯之船"悖论，哲学、量子力学、数学等领域都尝试对其进行过解释。

从数学集合论的角度而言，如果把特修斯之船当作一个集合，那么船上的木头等所有部件都是这个集合的元素。当船上的部件发生置换，则特修斯之船这一集合的元素发生了改变，比如，假设原来特修斯之船上的部件有木板w（1）、木板w（2）……一直到木板w（26），它们都是特修斯之船这一集合的元素；在特修斯之船的航行过程中，人们将木板w（1）换成了木板w（a），将木板w（2）换成了木板w（b）……如此一直继续，直到木板w（26）也被替换成木板w（z），即特修斯之船这一集合内的所有元素全部替换成其他元素。那么此时，依据数学集合论的逻辑，特修斯之船这一集合的定义就改变了，特修斯之船也因此不存在了。这种解释看起来很合理，但问题是特修斯之船的称谓未曾改变。换言之，特修斯之船的结构和形式不变，我们就不能说它不是特修斯之船。

从量子力学的角度而言，量子力学全同性原理认为，同类的粒子之间本质上没有区别，其性质是完全相同的。比如，有两个氧原子A与B，我们用氧原子A去替换了水分子中的氧原子B，这个水分子的性质并没有任何改变。但问题是，这种替换一方面忽略了事物的时空连续性，另一方面也与数学集合论的解释路径相同，即事物的同一性不由组成事物的元素决定，

而是由事物内部各元素之间的关系——元素的形成结构以及此事物的时空
连续性来决定。从哲学的角度看，除亚里士多德的"四因论"之外，齐硕
姆的部分学理论也被用来解释此悖论。齐硕姆的部分学本质主义原理[①]认
为，对于任何整体x而言，若x有y作为它的一部分，则y在每一个x存在的可
能世界中都是x的一部分。也就是说，若y是x的一部分，那么只要x存在，
y就必然是x的一部分。因此，齐硕姆认为，特修斯之船在每一个时刻都存
在着，两艘特修斯之船具有同一性，因为构成它的那些部分的集合一直存
在。但这一解释路径同样不能从哲学的严格意义上论证前后两艘特修斯之
船就是同一艘特修斯之船。仅从部分学本质主义原理的角度来看，齐硕姆
的解释是基于其引入的"句子殊性"和"句子类型"两个词项而言的，即
句子"A是B"与句子"A等同于B"属于同一个句子类型，但从严格的哲学
意义来说，句子"A是B"与句子"A等同于B"又具备不同的句子殊性。这
就意味着，在松散和通俗的意义上，前后两艘特修斯之船在类型上是相同
的，但从严格的哲学意义上来讲，前后两艘船都具备了各自的特殊性。如
此一来，"特修斯之船在本质上具有同一性"的论证也就不攻自破了。

（三）大学本质探讨的"特修斯之船"悖论

回望大学的发展史，从其诞生之初走到今天，人们关于"大学本质究
竟是什么"的争论始终没有定局。大学这艘航行了近千年的大船恰似特修
斯之船一般，其存在的本质之表现也随着时空的推移而不断更新、变革和
发展。与此同时，大学本质变得越发扑朔迷离，由此引发的探讨也是悖论
不断。历数大学本质的传统阐述，最具代表性的有：认为大学本质是"培
养人才"；认为大学本质是"研究高深学问"的"学术共同体"；还有认
为大学本质是"保存和传承知识的文化机构"等。随着社会的演进，大学
本质被赋予新的界定，如大学本质是"为社会服务"的社会组织；也有人
认为大学作为一类市场参与主体，其本质属于社会的公共财产等。毋庸置

① 邹志勇、李似珍：《齐硕姆的部分学的本质主义理论》，载《中南大学学报（社
会科学版）》2016年第22卷第3期。

疑，大学并非孤立的存在，作为大学存在之根本的大学本质赋予大学本质之表现的丰富性。因此，大学本质之表现必会随着大学的发展呈现不同的外在形式。对人类文明而言，大学本质表现为充当人类优秀知识的"保存者"及先进知识的"缔造者"；对大学的师生而言，大学本质表现为学术研究的"共同体"；对国家和社会而言，大学本质表现为培养和输送"合格的建设者和继承者"；对市场而言，大学本质表现为市场经济活动的"参与者"和"竞争者"。大学本质如此之多，似乎又彼此矛盾，它们真的是大学本质吗？假若以上论述皆属于大学本质，毋宁说大学根本不存在本质之说———因为本质具有唯一性。

倘若不否认大学具有本质，且承认大学本质与其他事物之本质一样具有唯一性，那么人们不禁要问：大学本质是什么？今天的大学本质和从前的大学本质依然相同吗？若今天的大学本质与从前的大学本质不是同一个大学本质，那么，从前的大学本质又去了哪里？

三、基于"四因论"的大学本质探讨

如前所述，虽然"特修斯之船"悖论激起的讨论和解释涉及众多层面，但这些论证逻辑都经不住哲学严格意义上的推敲。然而，如果从亚里士多德"四因论"的角度切入，"特修斯之船"悖论的难题即可迎刃而解。

（一）"四因论"及其对"特修斯之船"悖论的解释

"四因论"是古希腊哲学家亚里士多德哲学的核心内容之一。在亚里士多德看来，哲学存在的中心任务就是去探索实体以及事物之存在与变化的原因，所以"四因论"是亚里士多德关于事物最高原则或存在本质的思考。"四因"分别指代的是质料因、动力因、形式因及目的因。具体而言，质料因探讨的是事物的组成质料，亦即探讨事物是由什么东西组成的。比如，就桌子、板凳而言，组成桌子或板凳的材料——木头就是质料因。动力因又被称作启动因，它指的是启动并完成某种事物的事物，它能使被动者运动，引起变化者变化。桌子或板凳在具备了木头的质料因后，还必须

有使其成为桌子或板凳的推动者,即动力因。形式因(或聚形因)指的是事物的"原型亦即表达出本质的定义",它是关于事物如何聚合而成形的描述及解释,形式因从本质上决定了事物是什么。桌子或板凳在具备了质料、动力之后,还应当具有让这些质料成为桌子或板凳的形式结构(设计和形式),即形式因。目的因(或终态因)是对事物的最终存在状态的描述和解释,是事物"最善的终结"。桌子或板凳为什么要形成呢?这就需要一定的目的,这也就是目的因。总之,亚里士多德的"四因"适用于某种事物的在场者、启动、聚形和终态,"四者都是一开始就开启某种东西并自始至终指定它的东西,亦即都是它的始定"[①]。需要指出的是,亚里士多德的"四因"并非近现代科学主义者认为的机械或力学层面的"原因","四因"乃是一个事物之所以成为这个事物的根本原因。

亚里士多德认为,关于事物存在的"四因论"可以用来解答"特修斯之船"悖论。基于聚形因,特修斯之船依然是原来的特修斯之船,因为尽管组成船只的质料变了,但船只的设计和形式——聚形因——并没有改变,聚形因又恰恰决定了事物的本质;而且,从目的因的角度而言,特修斯之船存在的目的也并未改变。由此,特修之船依然是特修斯之船,"特修斯之船"悖论迎刃而解。

(二)"四因论"对大学本质悖论的解释

大学作为一种"存在物",其本质亦可用亚里士多德的"四因论"来解释。

总的来说,大学包含三个要素——学术人(主要指教师和学生)、特定的场所、高深学问,这些即形成大学的质料因。缺乏了这三种质料,大学就不可能有存在的根基;然而,仅有学术人、特定的场所、高深学问三种质料,大学也不能成为大学。正如海德格尔在《技术的追问》中运用"四因论"对圣餐杯进行分析一样,圣餐杯的质料是银子,但仅有银子还

---

① 李章印:《亚里士多德"四因说"的当代意义》,载《河北学刊》2015年第35卷第6期。

不能成为圣餐杯，还需要一个启动因——杯子的制作者，即银匠——来对银子进行打磨与制作。同样，将学术人员、特定场所、高深学问三种质料组成大学也需要一个启动因，这个启动因就是政府或国家。大学自诞生以来一直避免不了政府或国家（教皇在当时实质上就是国家的控制力量）的干预。政府或国家通过教育政策、教育经费等直接或间接地对大学进行管控，大学的形成与发展离不开政府或国家这一启动因。除此之外，银匠要将银子制作成圣餐杯而不是制作成银针、银环、银镯子或者别的东西，需要一个最根本的制作逻辑，即圣餐杯用于"祭礼"的逻辑，也就是"祭礼"的特殊性使得银子聚形成圣餐杯。对于大学而言，"学术人、特定的场所、高深学问"要成为大学，就需要一个最根本的逻辑来对其进行聚形，这个聚形就是人类的理性与良知。人类始终存在于时间和空间之中，有限的生命不可避免地会消亡。在有限的生命历程中，善与恶的博弈、美与丑的较量、生与死的交锋，冲突与战争、进化与淘汰、隔离与共生总是伴随着我们。所以，人类势必要在无限的时间及空间之外找到一种永恒不变的东西作为其存在之精神依托。这个东西就是深藏于人性深处并极力渴求"真、善、美"的理性与良知。正是有了理性与良知，学术人、特定的场所、高深学问才能在人类对无限的时间与空间的探索之中聚集，进而在与其他因素的合力下聚形，成为追求人类存在之终极意义的大学。同样，在理性与良知的引领下，对于人类存在之终极意义的终极探索也使得大学从根本上区别于其他任何社会组织。这就解释了为什么一些宗教团体或教会组织等虽然曾在理性与良知的引领下充当过人类社会"真、善、美"之守护者或探求者，但终究没有聚形成大学。最后，银子、银匠及祭礼的特殊性决定了圣餐杯的终态因——祭祀。对于大学而言，理性与良知的聚形因决定了其目的因就是帮助每一个人做到"真、善、美"，继而助力人类社会摆脱蛮荒和暴力，朝着"真、善、美"的终态运转。所以雅斯贝尔斯才会说，我们要"用一棵树去摇动另一棵树，用一朵云去推动另一朵云，用一个灵魂去唤醒另一个灵魂"；文辅相才会说，大学"要探究高深学术，要培养高级人才，要传播高雅文化"①。

生于社会又长于社会的大学，无论何时都不可能游离于社会之外，大学存在的终极目的势必要求其通过理性与良知去探寻人类社会的"真"，去保存个体人性深处的"善"并引导和培养人类社会最广泛的"善"，继而谋得人类生而为人都会希冀获得的幸福"美"满；它的存在本质可以随着时空的演进表现在不同的"阶段性目的"之上，比如"育人"，比如"保存知识"，比如"为社会服务"，又比如培养不同类型的"接班人"，如此种种。但所有的阶段性目的都是实现人类社会之持久且良性的发展，这种良性发展的前提就是通过培养和保存每个人的"真、善、美"，从而实现人类终极的"真、善、美"。也正是因为有了这一终极的存在目的，大学才会担负探索自然、宇宙、社会、人生之重担，才会将对真理的追寻当作其运行与发展的生命而甘当"为人间盗火的普罗米修斯"。

有人说，人类通往幸福的道路有千万条，但人们幸福的样子都相似。社会的发展，科技的进步，文明的保存，知识的传递……所有这些都不过是人们用来获取幸福的手段，但拥有了获取幸福的手段并不等于拥有了幸福。随着人类社会的不断发展，大学必将背负更多的阶段性目的，必将被社会赋予更多"盗火"之外的责任。它的身上，除了要肩负"探寻宇宙真理"的重任，还会担负人类"追求经济利益"和"追逐政治权力"的责任，但大学必须恪守其存在的根本目的，即对人类社会朝着"真、善、美"不断发展的终极追求的关切。当然，这也就需要大学在某种程度上具备一定的排他性。如同人类要超越其动物性而将社会性作为人与动物的本质区别一样，大学在对外界拆掉其"有形的墙"，变得包容、广博、大度并心甘情愿地褪去其偶尔的自我陶醉与孤芳自赏的同时，更需要为自己构筑一道"无形的墙"，去守护其"存在之为存在"的本质与"存在之为何存在"的根本目的。这就意味着，它的存在与发展必须"建立在对历史长河

① 文辅相：《大学的学术性与中国大学的改造》，载《高等工程教育研究》2009年第3期。

中的人类的命运的真实信念之上；建立在关于善与恶以及如何区分善恶、关于真理以及区别真理与谬误的认识之上"[1]。同样，只有在这道似乎有些"排他性"特质的"无形的墙"的守护之下，大学方能实现其存在的意义与价值，即指引人类超越不同地区、不同文化、不同种族的冲突与战争，在融合中走向"各美其美、美人之美、美美与共、天下大同"[2]的人类共存境界。

四、结语

在科学技术日新月异的今天，科学与实证已然成为几乎所有学科存在之合理与否的试金石。从事教育学研究的学者们在面红耳赤地争论着"教育学"这一学科究竟属于社会科学还是人文科学之时，还要提心吊胆地担心着教育学这一学科会不会被正统的自然科学排斥为非科学。更为讽刺的是，在科学的合围之下，许多致力于哲学研究的学者竟不约而同地走上了"哲学是不是科学"的论证之路。这些现象，在以实证为主导的近现代自然科学统治的今天，似乎一点都不为过。

同样，本节试图从形式逻辑的角度解构大学本质的方法，也不可避免地被认为是掉进了"被实证证明是行不通的"逻辑深渊。自不待言，从近现代自然科学的角度来说，要谈事物的本质，就应当将人与事物主客二分。然而，从形式逻辑的角度来谈论大学本质的意义就在于，它告诉我们，自然科学只是人的一种特殊生存方式，除此之外，人还应当拥有其他的生存方式。[3]人类并非处于真空之中，我们与周围事物的关系不可能总是主客二分的，周围的事物也不可能是"脱己的"（present-at-hand）东

---

[1] ［美］约翰·S.布鲁贝克著，王承绪等译：《高等教育哲学》，浙江教育出版社1998年版，第140页。

[2] 费孝通：《论文化与文化自觉》，群言出版社2005年版，第204页。

[3] ［德］马丁·海德格尔著，陈嘉映、王庆节译：《存在与时间》，生活·读书·新知三联书店2014年版，第32-33页。

西，反而总是"随己的"（ready-to-hand）存在着，[1]大学与人类的关系正是如此。从哲学的严格意义上讲，任何为大学本质下定义的做法，包括本节从"四因论"的角度去解构大学"存在之为存在"及尝试为大学本质悖论寻找出路的做法都已经让大学本质有"脱己的"危险了。因为理性与良知作为大学存在之本质，它本身没有形状，亦不存在大小，它不能被捕捉，甚至不可被言说。它本身就流淌在大学人"个体间富有生命的交往"中，活跃在大学人"探究宇宙真理""促进学术勃发"的行为中，根植于大学助力人类对于人生目的之"真、善、美"的终极追求中。然而，大学本质的这种特殊存在方式并不意味着人们可以否认作为大学本质之理性与良知的存在。它看似神秘，但绝不属于神秘主义的范畴；它看似空洞，但绝不是毫无意义的东西。对于大学本质的感知，有时就如同圣·奥古斯丁在谈及自己的"上帝体验"时说的那样：你不叩问我时，上帝就在那里，它清晰可辨。你一旦发问，它就变得模糊起来，而且，你越是叩问，它就越是模糊。从这个角度而言，我们亦可以模仿"教育就是教育"的句子类型说：大学本质就是大学本身，它真真切切地有，但又的的确确地"有而不在"[2]。它如水之灵动，又如气之自由，它就是大学之"道"，无形却弥漫于大学之中。

（本文原载于《高等教育研究》2017年第9期，有删改。）

---

① 汪子嵩、范明生等：《希腊哲学史（第三卷·上）》，人民出版社第2003年版，第401-406页。

② 君实：《冯友兰——"人类精神的反思"的不断求索者》，见李振霞编著《当代中国十哲》，华夏出版社1991年版，第215页。

第六节 大学高水平建设：一种新框架和路径

"高水平大学"这一概念的提出，不仅是一种高等教育发展理念的转变，也被认为是大学内涵式发展的方式转换。而要深究一所大学是不是高水平大学，就要看它能不能在现有基础上生产和再生产出能充分满足大学生、大学教师等主体发展需要的社会资本或发展资本。高水平大学的创建还需从大学的高水平建设着手，为此就可以基于社会资本生产的特点，从认知、关系、结构三个维度出发，建构大学高水平建设的框架和基本路径。

一、引言：从"重点大学"到"高水平大学"

大学的高水平建设，就是如何发展成为"高水平大学"的问题。无论是1993年国家教委根据《关于重点建设一批高等学校和重点学科点的若干意见》确定的"211工程"大学，还是1998年后教育部根据《面向21世纪教育振兴行动计划》先后确立的39所"985工程"大学，都延续了1954年开始一直到20世纪90年代初期圈定和确认"重点大学"的建设思路和逻辑，那就是国家集中有限的资源，以期扶持少部分高校达到"世界较高水平"或"世界先进水平"的目标。换句话来讲，所谓高水平是将世界一流大学作为对象进行对比的，"高水平"就是世界一流水平，"高水平大学"就是世界一流大学。

以上这种"高水平大学"建设的思路和路径显然都是基于政府行动的，即通过强有力的国家意志，运用自上而下的管理策略来达到治理目的。在这一过程中，有两个显著的特征：其一，通过顶层设计对大学进行区别对待。如"985工程"大学的诞生和发展过程，就是在政府行动的主导决策模式下，通过工程项目、规划纲要这样制度化的方式对大学进行有区别的资源配置。至于地方政府，也基本上是按照中央政府治理高等教育的逻辑，将所属高校分为省属重点大学、省属一般大学和市属大学。而对具体的某一所大学来讲，虽然高校也受到所在地域以及经济发展水平的影响，但是政府的影响是起主导作用的并且是至关重要的。它决定着一所高校的办学性质和办学地位，甚至决定着一所高校的专业设置，并通过本科专业、硕士点、博士点的集中管控，从而将一所大学的发展限定在政府的框架之中。其二，以身份认定为杠杆。无论是早期的"重点大学"，还是后来的"211工程"大学和"985工程"大学，都是政府对大学的一种身份的认定，即它们都是依靠行政手段制定的。这就如同有学者所认为的那样，所谓的"211工程"大学、"985工程"大学并不是通过学术、教学上的相互竞争、"狭路相逢勇者胜"决出来的，而是在一轮又一轮项目认定的基础上，通过"资源配置的剪刀差"形成的。[①]

以上这种基于政府行动的高等教育治理，在国内形成了一批明显在办学实力方面优于其他高校的大学，也被认为是缩小了与世界一流大学的差距，但是，不可否认的是，这样做的负面效应也是很明显的，以至于目前我们采取的许多补救性措施都难见成效。如对整个国家高等教育系统来讲，形成了难以改变的"差序格局"，而这又使不同区域的高等教育、不同的大学之间的"马太效应"愈来愈明显。其最终的结果就是，那些处在高等教育系统"金字塔"顶端的大学永远无后者能迎头赶上的后顾之忧，而处在低端的地方高校则几乎没有任何可能通过自身的努力来改变自己的处境。此外，它还造成地方政府在区域高等教育发展中的主动性和积极性受

---

① 徐永：《区域高等教育非均衡发展的形成机制及其检视：一个"国家行动"的解释框架》，载《教育发展研究》2013年第19期。

到压制的局面。^①更为负面的是，这种做法也使大学依附于政府的倾向更加鲜明，导致作为发展主体的大学缺乏办学的自主性和能动性，从而降低了大学进行自我变革的可能性。

正是在这种背景下，一些再也无望进入国家重点大学建设行列的大学（主要是地方高校）便趁着国家开始重视本科教学质量、开始筹划对高校进行分类管理、分类评估之机，提出将建设"高水平大学"作为自己的发展目标，并赋予"高水平大学"新的含义，即其比较的对象并不是世界一流大学，而是在一个特定的区域或特定的一类大学范围内，即许多地方高校定位的"区域内的高水平大学"。这时，"高水平"就不是"世界一流"，也不是基于后发战略追赶那些"211工程"大学或"985工程"大学。那么，什么是"高水平大学"呢？这一问题的回答，既涉及国内的绝大部分高校能不能实现自我救赎以建成高水平大学的问题，也关涉它们如何建设高水平大学的问题。

有鉴于此，本节力图在当前我国教育尤其是高等教育改革与发展的大背景下，通过搭建一个阐释框架，既要深层次地解释"高水平大学"的内涵，又要把"高水平大学"这个概念转变成深具解释力的概念工具，以唤起有关各方对高水平大学的重新考量，校正现实大学高水平建设实践中存在的误区和偏差。

二、"高水平大学"：一个值得追问的概念

作为一个时常出现的媒体话语以及学术核心概念，"高水平大学"的提出，不仅是一种高等教育发展理念的转变，也是一种大学发展路径及方式的大转换。作为大学高水平建设问题研究话语体系的基石，"高水平大学"必定是一个绕不开的、需要继续深究的概念。

---

① 徐永：《区域高等教育非均衡发展的形成机制及其检视：一个"国家行动"的解释框架》，载《教育发展研究》2013年第19期。

（一）"高水平大学"的已有解释

应该说，"高水平大学"是一个产生于中国政治话语环境中的特有词语，并于2000年以来被社会媒体、高教界和学界普遍沿用。[①]但是，对于什么是"高水平大学"，从收集的文献来看，无论是学界、高教界，还是像《中国教育报》这样的主流社会媒体，其看法很不统一。如根据卡内基分类法和美国联邦政府教育部采用的"四分法"，[②]认为研究型大学就是高水平大学；[③]或凭借大学排行榜，认为排在前列的就是高水平大学；[④]或是以得到公认的世界一流大学为参照，认为接近或达到世界一流大学水平的大学就是高水平大学。除了以上三种比较有代表性的说法之外，还有一些更具中国特色的说法，如认为中央部委所属的大学或中央管理高校就是高水平大学，或认为"985工程"建设高校为高水平大学，或认为设有研究生院的高校（即56所被批准设立研究生院的高校）为高水平大学。而对于被划定为"高水平大学"范围内的高校的水平或实力高低的比较，则以拥有多少个国家重点学科、有多少个国家重点实验室、有多少名院士、有多少个博士点、获国家级科研奖多少项、年科研经费多少等指标来衡量。

从以上所列举的有关"高水平大学"的各种认定标准来看，都从某一角度出发突出了"高水平大学"的某一或某些特征，体现了其在办学水平方面的成就。但是，都存在某种程度的局限性，甚至有些认定标准根本就没有触及事物的本质。如有学者在谈及"重点实验室"这一"高水平大

---

① 如基于CNKI（检索时间为2015年3月30日），以"高水平+大学"为题名关键词，共检索相关文献834条。其中，1984年首次出现1条；1984—1999年合计37条；1985年、1987—1989年无相关文献；2000年以后开始增多。

② 卡内基分类法，即六分法：博士/研究型大学、硕士学位授予院校、学士学位授予院校、副学士学位授予院校、专门院校、部族大学和学院；美国联邦政府教育部普遍采用的"四分法"：博士类、综合类、普通本科类和专门学院类。在国内，比较有代表性的则有"中国大学评价"课题组的两步（类）法、三分法、四分法等。

③ 付八军：《高等教育与区域经济的相关性探寻——欠发达地区建设高水平大学的视角》，载《黑龙江高教研究》2009年第8期。

④ 顾秉林：《一流大学建设若干热点问题探析》，载《清华大学教育研究》2007年第1期。

学"的主要衡量指标时，就认为："如果在一定时期内无法通过该实验室研发出有影响的科研成果、不能培养出有影响的人才，那它的作用就名存实亡，它的存在就代表不了学校的水平，它只是成为一个招牌。"①

事实上，对于一所大学时常标榜的院士、重点学科、重点实验室、科研论文的数量，无论是社会，还是学生和家长，都不会给予太多的关注。因为那些都是"中介性"指标或"中间产品"（服务供给的主体结构和形式），他们关注的应该是"最终产品"，即他们从大学得到或感受到的服务水平与质量。对此，有学者认为："（这种）数字本身不能代表大学任何东西，它只是过去成绩的总结和今后工作的起始点，它本身不能代表一流的大学、一流的教学。学生更需要的是高水平、高质量的教学，能找到好的工作和获得较好的社会回报……"②

以上对"高水平大学"的认定标准都是从大学的层次、类型或人为规定的重要程度出发对大学的一种类别划分，因此具有很强的排他性。于是，按照这种标准，"高水平大学"在我国就成了那些全国重点大学、"211工程"大学或"985工程"大学的另一种称呼。

那么，到底什么是"高水平大学"呢？近年来，国内也有一些学者发现"高水平大学"这一概念应该有不同于诸如"世界一流大学"、"研究型大学"、"重点大学"、"211工程"大学、"985工程"大学等概念的独特之处，并力图对其作出解释，但只是对其作模糊化的处理，无明确的内涵和外延。如有论者就是这样界定"高水平大学"的："所谓高水平大学，可以认为是在某一方面达到相当高度的大学……高水平大学相对于一般的大学而言可以是整体水平很高的大学，也可以是某一或某些方面的水平很高。"③

以上这一解释用"水平"来解释"水平"，相当于用概念来解释概念，

① 赵庆年：《高水平大学高在何处》，载《中国教育报》2005年5月21日。
② 李海：《大学实行目标管理的有限性分析》，载《高教探索》2013年第6期。
③ 胡永新：《论高校文化传承创新与有特色高水平大学建设的逻辑关系》，载《南昌大学学报（人文社会科学版）》2012年第6期。

用尺子来度量尺子。这就难免存在一种循环解释、往复论证的问题，从而让我们无法理解什么是"高水平"，当然也无从了解什么是"高水平大学"。针对这一困惑，有学者就很无奈地认为："高水平大学是依据水平高低对大学所进行的一种层次区分，它既没有精确的边界，元素与集合也不存在绝对的隶属关系。"①

（二）"高水平大学"的深层阐释

那么，如何认识"高水平大学"呢？首先我们看什么是"水平"。水平，最早出自《管子·侈靡》的"水平而不流"，意指水面平静。后来大多指古代测定水平面的器具，也指水位。目前大多指在某一方面达到的高度，如文化水平、科技水平。基于这一解释，高水平大学可以初步理解为在某一方面达到相当高度的大学。这也就是说，高水平大学是一个具有比较意义的相对概念，即在某一方面达到的高度比一般的大学要高。那么问题是，这个"某一方面"到底是指哪一方面？其"高"之所在或"高"之所依又是什么呢？

大学的"某一方面"，无论是指其重点学科的数量，还是其拥有一流师资的数量，都只能指代大学的一个部分，而不能概括出大学的全部和整体的水平。作为一个社会的存在物，大学必须履行其特定的社会职能，这一社会职能，经过高等教育界的一些标杆人物、众多的经典作家以及一些政治人物的概括，无论是"人才培养"这一根本性职能，还是"人才培养""科学研究"以及"社会服务"三大被世界公认的基本职能，抑或是后来被添加的"文化传播"职能，都是社会基于自身长期发展需要对大学这种社会组织的一种信托或需求。对此，大学应该在体现其社会职能方面达到一定的高度。而这个"高"应该是一所大学的职能实现的程度比较高。换句话来说，只要其办学职能得到充分体现，那么这所大学就是高水平大学。还需要补充说明的是，"高水平大学"不是大学的一种类型，也不是一种办学层次，而是从大学的办学水平，即其职能实现的程度出发来衡量一

---

① 翟亚军、王战军：《解析高水平大学》，载《复旦教育论坛》2010年第2期。

所大学。其基本要义如下：其一，与世界一流大学、研究型大学等诸概念不同，高水平大学至少不具有排他性，任何类型的大学都有向高水平大学发展的可能性，都可以办成高水平大学；其二，高水平应是所有大学追求的一种目标和境界，只有更高，没有最高，不存在到达终点而不需要再发展的高水平大学；其三，高水平是一个动态的概念和办学标准，体现为大学在一个新的起点上不断完善、不断追求更高水平的过程。

以上对"高水平大学"的解释虽然点出了它与其他大学分类的区别，即它是根据大学社会职能的体现程度来作为评判标准的，但是这一解释仍然很模糊，无法说明大学社会职能体现程度强弱的判断标准是什么。为了进一步解释"高水平大学"的内涵，这一判断标准可以看成大学能否充分满足相关方的需要。需要是否满足以及在何种程度上满足，就是衡量大学发展与否的标准、尺度。这也就是说，一所大学办学水平的高低跟其能满足相关方需要的充分程度呈正向关系。如果一所大学能充分满足相关方的需要，那么其办学职能就能得到充分体现，其办学质量就是高的，其必然也是高水平大学。那么，接下来的问题是：

其一，满足什么需要？马克思把人的需要分为生存需要、享受需要和发展需要三个层次。大学作为一个稀缺性的、从事最高等级教育的社会机构，主要提供给人类的应该是发展需要。如对大学生来讲，其发展需要就是个体自我发展和完善的需要，包括学业上求发展的需要、素质上求提高的需要以及人格上求完美的需要。一方面，发展需要是可持续性的，即这种需要不仅是现实的、短期的需要，更是长远的、未来的发展需要；另一方面，这种发展需要也是多元的，既有功利性的需要，也有价值性的需要。与此同时，这种需要不但关注结果本身的客观物理标准，还包括了来自主体在使用过程中个体体验的主观感知。

其二，满足谁的需要？如上所述，满足的自然是作为主体的人的需要，即使是满足社会的需要，也是通过满足人的需要来实现的。对大学来讲，其职能的实现过程就是满足不同主体需要的过程。大学作为一个异常复杂的、有不同利益相关者的社会组织，其主体可以分为两大类：一类是制度主体。他们是正式制度的代理人，如中国大学的校党委书记代表着国家、执政党，也代表着政府、社会管理整所大学，大学校长则是大学的法人代表，并在校党委书记的领导下从事着整个高校的行政管理工作；另一类是生活主体，是以校园为主要活动空间的、日常生活中的人们，如某一大学教师、大学生、家长等，他们是具体民情、校情的承载者和建构者，他们不仅对自己的生活方式、诉求拥有一定的认知、情感和行为倾向，也具有依情势而产生的相应的行动能力。以上两类主体有着不同的活动逻辑和活动方式，但是在现实活动中，作为具体的行动者，制度主体往往同时也是生活的主体，产生并生活于具体的习惯法和校情、民情之中。

其三，以什么来满足需要？对一所高水平大学来讲，为了满足主体的发展需要，就应该不断生产或创造满足他们身心发展所需要的各种资源。这之中的资源既包括有形资源，如师资、生源、科研设备等，也包括无形资源，如社会的情感性支持、文化氛围等。由于大学所拥有的资源具有异质性和非完全流动性的特征，不同大学之间可能会存在很大的差异性，并且这种差异还有可能长期存在。大学与大学之间办学水平的高低，往往就体现在大学拥有的资源在高等教育系统内存在差异上。在这里，满足主体发展需要的资源已经突破了一般资源的范畴，它不仅是一种具有使用价值的物化的自然存在物，也是一种具有精神愉悦以及激励效应的无形的文化要素，还是某些可以借助或依赖的对象，同时能在满足各方发展需要的过程中再生产出更多的资源。这也就是说，资源已具有了资本的内涵，为了与马克思哲学中体现资本家对工人的剥削关系的"资本"以及经济学意义上的作为生产要素的"资本"相区别，我们将高水平大学能产生或创造的、能满足主体发展需要的资本称为"社会资本"或"发展资本"。[①]

---

① 在社会资本理论中，社会资本是与物力资本、人力资本、文化资本相对应的一个概念。本节中的"社会资本"，无论是在外延上还是在内涵上，都超出已有文献对"社会资本"的理解，在某些方面也包含了物力资本、人力资本、文化资本中的某些要素。

以上分析为我们重新审视大学尤其是高水平大学提供了一个好的契机，那就是，判断一所大学是不是高水平大学，就要看它能不能在现有基础上（在已有存量资源的基础上），生产和再生产出能满足两类主体发展需要的社会资本。换句话说，一所大学，如果它的发展指向是高水平大学，那么这所大学的应然状态就是，大学能生产且能不断生产社会资本，与这所大学相关的各方也能很便捷地、无阻碍地获得他们各自发展所需的社会资本。

三、大学高水平建设：框架与路径

"高水平大学"是一个不具有排他性的发展指向，也是一个办学目标。但要实现这一目标，则会面临如何实现大学的高水平建设这一更具过程性、实践性的问题。基于以上对"高水平大学"这一概念的分析，所谓大学的高水平建设，就是要探讨如何生产、再生产出能充分满足主体发展需要的社会资本。有鉴于此，我们尝试提出一种以"认知-关系-结构"为核心概念的阐释框架，以期为这种探索提供一种新的思路和好的借鉴。

（一）大学高水平建设的分析框架

不管是站在院校的角度（集体），还是从某一个体出发，大学的内、外部关系中都存在着不同的、占有一定资源的行动者。就其资源来讲，院校拥有大学教师、大学生、校友等主体所希望占有的教育、声誉等资源，以使其自身价值得到提升和获得发展机会。而大学教师、大学生、校友等却拥有院校所希望占有的知识、财力、物力、信息和社会影响力等资源，以使其在学科、办学资金等方面获得可持续的竞争力；就行动者来讲，既包括大学党委书记、大学校长、院长、系主任等有一定职务、代表某一组织利益的制度性主体，也有生活在大学校园的大学教师、大学生以及分散在社会不同角落的校友等这些生活主体。他们共同组成一个类似于学者林南所描述的社会网络关系结构。

　　基于此，高水平大学创建最需要做的就是不断地维护、整合、建构这些现实的以及潜在的资源，以使其能成为满足主体发展需要的社会资本。但这种资源的维护、整合及建构则需要各个行动者来完成，那么问题是，行动者如何才能得到动员从而生产、再生产出各方发展所需的社会资本呢？这不仅是一般社会资本理论中需要回答的重要问题，也相应成为大学高水平建设最核心的问题。

　　对于这一问题的回答，一些研究社会资本理论、群体动员理论的学者已提出了一些颇具启发性和建设性的分析框架。如林南认为，社会资本应包括资源、社会结构（一种社会关系网络）和个体行动三个方面的内容。①李六在其博士毕业论文中使用态度和结构两个维度对社会资本的生存和作用机制进行了分析。②钱海梅在其博士论文中则建立了基于行动者、行动、结构三个维度的分析框架，以探讨城郊村级治理中如何运作社会资本。③

　　针对大学高水平建设的特殊性（涉及个人、组织、社会乃至整个国家的利益）以及大学组织的复杂性（如涉及两大类行动者），我们在以上论述的基础上，提出含有认知、关系、结构三个维度④的大学高水平建设的分析框架。（如图1所示）

　　① LIN N，*Social Capital：A Theory of Social Structure and Action*，Carnbridge University Press，2001.

　　② 李六：《社会资本：形成机制与作用机制研究》，复旦大学2010年博士学位论文。

　　③ 钱海梅：《城郊村级治理与社会资本的运作——对上海市嘉定区江桥镇T村的实证研究》，上海大学2008年博士学位论文。

　　④ 早在一项经济学的研究中就有学者分析了社会资本与企业发展等之间的关系，并将企业社会资本分为结构、关系和认知等三个维度。我们借鉴了这一框架，但在具体的解释上却有所不同。关系只是各节点之间的链接；信用、规范并不是社会资本本身，也不只是关系的产物，而是结构、关系和认知三个维度综合作用的结果。参见：NAHAPIET J，GHOSHAL S，*Social Capital，Intellectual Capital，and the Organizational Advantage*，Academy of Management Review，1998（23）.

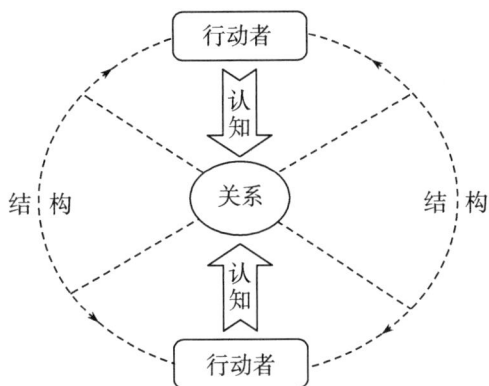

图1　高水平大学创建的分析框架

　　维度1：认知。它是指大学两类主体在内、外关系的长期交往过程中习得或积淀下来的、对其关系状况及行动所持有的情感和态度倾向。它不仅有利于有关行动者形成彼此拥有的共同语言和共同愿景，而且能够促进各行动者对群体愿景和行为的共同理解和支持，从而可以把分散的、自私自利的个体结合在一起，形成一种大家相互认可的共同价值规范和行为准则。

　　维度2：关系。它是指大学教师、大学生、行政管理者等有关行动者在内、外部反复互动所形成的相互关系。它既包括整体上院校与另一社会组织的关系，也包括个体与个体之间的关系（如一位大学教师与另一位大学教师之间的关系）。社会资本是通过关系发生和运行的，没有关系，大学内、外部的社会资本也就无从谈起。关系越强，大学内、外部的既有或潜在资源就越有可能转化为各方希望占有的社会资本。

　　维度3：结构。它是指关系连接可使用的场所和通道，也包括关系维护所需要的组织、规范、通道和情境氛围。有价值的资源都嵌入在结构中。①没有组织、场所、规范以及一定的情境氛围，各方之间也就无法形成且维系所需的关系，各方所拥有的既有或潜在的资源也就无法转化为他们所需要

---

　　① 刘少杰：《以行动与结构互动为基础的社会资本研究——评林南社会资本理论的方法原则和理论视野》，载《国外社会科学》2004年第2期。

的社会资本。而就某一行动者来讲，他（她）拥有的组织、场所越多，规范越完备，所处的情境氛围越浓厚，社会资本的流动性就越大，就越容易获得更多或更好的社会资本。社会资本是流动的、动态的。作为大学内、外关系中的资源，它不是一成不变的，行动者可以利用社会资本的流动性，发挥对社会资本的建构和选择作用，获得新的或更多的社会资本。

概而言之，大学高水平建设可以看成有关主体把各种类别、状态的相关资源转化为能满足有关各方发展需要的社会资本的过程，大学高水平建设的结果则可以看成大学有关各方都能充分且能持续占有满足自身发展需要的社会资本。在以上三个维度中，认知维是其内在精神联结，认知的接近性和一致性使它决定着其社会资本的行进方向和特点；关系维是其载体，关系的广度与强度决定着有关资本量的空间分布及可能存量；结构维是其外在保障，结构的完备性决定着社会资本能否被激活以及获得的方式、获取量的多少。三者互为条件，缺一不可。

（二）大学高水平建设的基本路径

如上所述，在大学高水平建设所需的社会资本中，一部分是先赋的（存量资源），另一部分是后致的（增量资源）。我们所要探讨的中心问题是，大学如何在已有存量资源的基础上，通过一定的建设路径动员相关行动者，从而将现存或潜藏在内外部关系中的资源转化为满足各方发展需要的社会资本？接下来将依据以上分析框架，探寻大学高水平建设的基本路径。

1.认知维：持续性沟通

在认知维层面，就需要大学在治理过程中，引导行动者做出正确的理性的价值判断，影响和改变其潜在的价值观念，以形成他们开放的心态、共同的语言、共同的愿景以及更高层次的信用，从而形成有利于发展资本生成的行动者相互认可的共同价值规范和行为准则。但是，以上这些都是在互动中产生的，行动者之间的交往越频繁、联系越紧密、彼此间共识越多，共同的语言和共同的愿景就越有可能产生且越持久。为此，就需要为行动者多方创造持续性沟通的机会。

其一，通过持续性沟通以利于行动者形成共同语言。共同语言为行动者互惠和交换提供了可能，为资源的整合和共享提供了一个共同的概念基础，否则关系中行动者彼此的接触和沟通会受到限制。如Kogut和Zander两位学者在研究企业间合作问题时就认为，企业作为致力于知识创造与交流的社会团体来对外开展活动，既需要关于成员动机和对外合作选择的更明确说明，也需要成员与外部单位和个人之间存在（共同）社会知识基础和对共同知识的理解。[①]这种论点也可适用于大学这种组织，即大学需要为相关行动者创造沟通的机会，从而在互动中形成彼此都能够理解的共同语言。

其二，通过持续性沟通以利于行动者形成共同愿景。在大学内外关系中，各行动者之间往往具有彼此区别的语言，例如教学管理部门通行的是教学方面的技术语言，而财务部门则通常会使用会计方面的专业术语，这些相互区别的语言或编码经常会阻碍大学内部不同部门之间的交流，造成大学内部不同部门之间的隔阂，诱导行动者只关注本部门的利益，从而抑制资源的共享。所以，当资源在这些部门之间共享时，就需要存在一系列超越部门利益和部门观点的共同愿景，这些共同愿景能够作为一种机制来促使行动者尽最大努力把行动语言及方式转化为（编码为）彼此可以理解的形式。这也就是说，当行动者拥有共同愿景的时候，他们就能够知悉彼此的行为，减少沟通中的误解，增加资源交换、整合的机会，从而增进社会资本的生产。

此外，通过持续性的沟通，还有利于行动者形成开放的心态，并形成相互的义务与信用关系。就前者来讲，开放的心态一方面能使行动者更乐于在各种场合下交换意见，避免不必要的误解，有更多的机会自由交换信息等资源，进而形成良好的关系；另一方面也能够加速社会资本的流动和扩散，形成良好的共享氛围。就后者来讲，行动者之间的义务与信用关系可以促进彼此的长期交往和紧密联系，缓解对彼此合作中机会主义行事的

---

① KOGUT B，ZANDER U：*Knowledge of the Firm，Combinative Capabilities，and the Replication of Technology*，Organization Science，1992，3（3）.

担心，能够鼓励对合作的更积极的态度以及更高水平的合作。为了创造更多的社会资本，就需要为各行动者创造进行持续性沟通的机会，因为只有这样，才能使他们以开放的心态在互动中维持共同遵守的规范，即便在复杂、多变的环境中也能保持长期的义务与信用关系。

2. 关系维：关系项目拓展

大学本身就是各种关系的结合体，即关系网络。大学正是通过关系网络谋求社会资本（如各种物质、信息、情感等）支持。在大学的高水平建设中，关系与资源密不可分。建立各种关系的过程既是获取新资源的过程，也是对已有资源进行整合的过程。大学要从内、外部关系网络中不断寻求自身发展需要的有价值的资源，并将这些资源转化为自身能够利用的资源。为此，就需要不断拓展各种关系项目，以获取更多、质量更高的资源。

其一，以学科为"结点"建立各行动者之间的关系。大学最基本的要素无疑是知识，而知识的载体是学科，所以大学应以学科为"结点"在行动者之间建立关系。对于学科，科研要保存、提炼、完善和创造它；教学要传播它；社会服务要应用它。无论是大学组织内部关系，还是外部关系，其产生、形成乃至起作用，都与学科紧密相关。如果说企业的内外部关系常常是与人力、物力、财力、业缘等联系在一起，家庭社会关系一般是以血缘、地缘、亲缘等联系在一起，那么大学的内、外部关系常常是因"学科"结缘，因"学科"往来，因"学科"获利，因"学科"发展。为此，学科不仅是大学组织的基本学术单位，也是大学内外部关系网络的"结点"。之所以这样讲，是因为学科是大学各种资源的聚合体，因而其聚集资源的成分决定了学科的地位和水平，其聚集资源的规模决定了学科的范围和边界，其聚集资源的稳定性决定了学科的稳定性，其聚集资源的结构决定了学科的发展，其聚集资源的质量决定了学科的质量。这样看来，优秀的学科常常具备学术资源的各种要素，薄弱的学科常常缺乏一些学术资源要素。①

---

① 侯志军：《社会资本与大学发展研究》，华中科技大学2008年博士论文。

其二，建立各种类别的关系项目。对立志于成为高水平大学的大学来讲，就要围绕学科这个基本节点在大学的内、外部，在个人与个人、个人与组织、组织与组织之间以"合作项目"为基本形式建立各种关系，即关系项目。如果说关系是发展资本实现的载体，那么关系项目则是关系形成及维持的纽带。若站在院校这个组织层面，关系可以从横和纵两个层面进行分类：从纵的层面来讲，是指学校与上级管理机构、政府部门以及下属部门所形成的各种关系。拥有这种纵向关系网络，目的是从"上"和从"下"获取资源；从横的层面来讲，是指学校与其他学校、科研院所、企业、媒体、政府部门、金融机构、中介组织等的联系。这种横向关系网络越宽广，其获取资源的可选择性和体量就越大。与此同时，还可以从内、外两个层面将关系网络划分为两大类：一是学校内部关系网络，如教师-教师关系、教师-学生关系、学生-学生关系等；二是学校外部关系网络，如学校与学校、政府、校友、社区、家庭、企业、社会教育机构、科研院所、军队以及兄弟学校等其他组织间的关系等。

但凡高水平大学，都应有种类丰富的关系项目。这些关系项目为发展资本的生产提供了多样的载体，满足了不同人群的发展需要。如就"学科-企业关系项目"来讲，这一项目将大学的某一学科与某一企业链接在一起，从而为双方资源交换和整合带来了可能。对大学来讲，凭借自身拥有的课程、科研等资源在关系项目的推进中，不仅使教师获得了科研经费、取得了科研成果，也使学生得到了实践、实习的机会，提升了能力。对企业来讲，凭借自身在新产品开发、技术改革方面拥有的资源，解决了生产技术难题，培养了研发人才，从而为企业提供持续发展动力。对大学和企业双方来讲，这种关系项目突破了传统的大学传授知识、企业实践培训的人才培养方式。这一方面倒逼大学建立更为灵活的学制和考核评价机制，使培养对象（大学生）有更多的选择权和职业发展预见性；另一方面也使企业成为人才培养计划制订、人才培养过程实施、人才培养考核评价和人才培养成效验收的真正主体，从而更好地实现大学教育与企业发展、学历教育与在职培训的有机结合。①

3. 结构维：结构建立与维护

在一定的空间范围内，各类行动者以及每一类行动者中的各种成员，由于其角色以及拥有资源的不同，都处在不同的网络位置上，这时就需要一定的结构安排作为介质，打破相关行动者之间的壁垒和边界，并将其关系"联结"起来，使之为共同的目标而行动。在大学的高水平建设中，结构是社会资本生产的外在保障，是指关系连接以及维护所要使用的组织、场所、规范、通道以及情境氛围。离开了一定的结构，社会资本也就无从谈起。

其一，提供行动者交往的场所。拥有行动者交往的场所是发展资本产生的物理空间。一些观点认为我国大学只是一个承载"教学"与"科研"的场所，偏重对学生和教师的管理、管制，学生和教师的学习与生活大多遵循着"三点一线"的规律，他们的生活、工作和学习都被梳理得清清楚楚甚至相互独立。这种明确的功能划分似乎能提高效率，却忽略了各种活动之间的过渡和融合，不利于有关人群的互动交往（如知识交往、信息交流、网络交往、餐饮交往、社会交往、娱乐运动交往、休闲活动交往，等等），信息等资源的流动也受到了阻碍。为此，提供充分的、网络化的场所，以诱发多样化的诸如自由交流、课外休闲、思考互动、洽谈合作等交往活动，在促进发展资本流动的同时使有关主体获得所需的发展资本。与此同时，这种场所的建立不仅要着眼于校内，还要放眼于校外。

其二，建立能便捷到达交往场所的多种链接通道。在大学高水平建设过程中，既需要信息等资源得以顺畅地传播，也需要各行动者都能比较自由地流动。为此，就需要为资源以及人员的顺畅、自由流动建立各种链接通道。如在校内，打破人事流动的壁垒，解除学科限制、系别限制、学院限制，以促进多学科的交叉融合，实现学科、专业、院系之间的学术协同

① 张爽：《以攻关项目为纽带：校企合作培养人才的新模式》，载《教育发展研究》2013年第19期。

发展效应。在校外，要以有关行动者（如大学教师、在校大学生、校友）为中心，综合利用网络、报刊、电视等社会媒体建立信息沟通的渠道，一方面可以扩大和增强大学学科文化辐射的范围和力度，另一方面也可以有效加强相关主体成员的互动和交流。

要使以上这种场所和通道能够真正发挥其生产、再生产社会资本的效用，还应从以下几个方面着手：其一，建立有利于关系维持和发展的组织。大学除应有的维持型组织（如教学、科研、人事管理机构）之外，还应为各种关系的形成以及维护建立各种正式和非正式组织，同时要鼓励校内人员以某种方式加入或参与校外的有关组织。更为重要的是，要建立跨单位、跨学科、跨地域的协调性组织，以积极协调不同部门之间、机构之间的关系，化解它们之间的矛盾和冲突。这种组织可以根据行动者的需求以及关系项目的性质和特征的不同，采取不同的组织运作模式，如针对"学科－企业关系项目"所设立的类似"协同创新平台"的组织就是一个能促进发展资本生产、流动和共享的组织模式。其二，建立完备的规范（如合同、组织规则等），让它能够以契约的形式使松散或之前从不来往的行动者组成优势互补、共担责任和风险的联合体，促进双方或多方之间的信用与合作，节约信息搜集、谈判签约和交易监督的费用。与此同时，它还能够增加彼此合作的频率，并从中增加异质性资源在行动者之间流动和交换的机会。其三，营造情境氛围[①]。要以行动者的需求和心理为依据，赋予每一关系及其行动特定的意义，并让这些意义通过话语载体（语言、文本等）传递给关系中的各个行动者，从而让行动者在进入这个关系空间时，能通过自己的感知、认识定义这个关系，进而使相关行动者被吸引或者主动地走入关系空间，体会交往活动的魅力与美好，在产生对该空间的认同

---

① 所谓情境氛围，简单地说就是指具有感情的情境空间，它能引导行动者的心理、行为，激发情感。在大学高水平建设中，情境氛围也属于大学文化的范畴，但是由于大学文化需要长时间的努力才能培育而成，其范围又太大，涉及方方面面，管理者往往无从着手，为此也可以把对具体某一情境氛围的营造作为培育大学文化的一种基本方式。

感、归属感以及组织支持感的同时，产生出能使行动者与他人交往的强烈期待及其交往行为。

四、结语

以上为对高水平大学及其创建所搭建的阐释框架，除可为其后续的系统研究提供必要的研究思路和研究路径之外，更重要的是还提出了一个需要我们集中思考的问题：作为处在当前发展境遇下的我国大学（尤其是那些排除在国家重点大学建设行列外的大学），如何在已有的基础上进行高水平建设？就解决这一难题而言，这一框架其实已为我们设置了三个清晰且重要的议题，那就是在大学内、外部关系中，如何在各个行动者之间建立最大限度的共识，以形成开放的心态、共同的语言、共同的愿景以及相互的义务和信任关系？如何建立供各方交换、整合、生产资源的各种关系项目？又如何维护和发展这种关系项目？

总而言之，大学高水平建设的关键就在于以上三个重要议题在实践中的有效运作及恰当解决。当然，本节更多的只是从宏观性的框架和路径层面提出了问题，一些问题在进入大学治理实践层面后还会变得更为复杂，为此希望能引起今后学界对这一问题的更深层次的探讨和研究。

（本文原载于《高等教育研究》2015年第6期，有删改。）

第二章

教育生发的时运纠结

教育由个体生命、课程、设施、环境、组织、结构、方法、手段、制度、政策、文化、时空搅合而成。孰大孰小，相对方知。

高精尖人才的生成并非学校教育的直接结果，而是教育生活及其后的社会化进程中发生的奇妙整合现象，看似偶然，实则必然。

天才不被羁绊，弱者不被轻视，人人各适其性。如此，则教育大同。

第一节　高质量发展教育的因果逻辑

　　高质量发展的时代诉求为中国教育改革与实践带来了新的发展契机。从古至今，学校教育所取得的人才培养成就和科学创造业绩，无不是遵循人文和科学内在因果逻辑的必然结果。而今往后，高质量发展的教育必须反思并矫正教育实践和学校运行中存在的因果错位现象，切实遵循并把握教育愿景与实践成果相携共长的深层逻辑，以"法无定法"的教育方略激发个体生命的活力，以自由自主的学术模式促进科学研究的持续创新，以弹性灵活的管理机制提振学校组织的管理效能，以开放包容的办学理念去创设教育发展的生态，以稳定的政策保障维护教育学术的生长周期。如此，才能从根本上调适教育生存与发展的因果逻辑，促使各级各类学校以更加健康的姿态去谋求新时代教育发展的最优道路。

　　"十四五"期间，普惠性学前教育要求全面提高保教质量，义务教育优质均衡发展成为一项系统工程，普通高中教育要求实现高水平普及，高等教育旨在分类建设一流大学和一流学科……在新一轮的话语体系中，"高质量发展"已然成为各级各类教育共同关注的关键词。短时间内，业界反应神速，院校各出奇招，关于体制机制改革的说法再次刷新，关乎新模式、新方法、新技术、新手段的表述层出不穷，关注教育理念、教育内涵、教育主体及教育品质的探讨也同步扩展开来。教育系统内外无不以"高质量发展"武装自己，而且迫不及待，大有即将兑现之势。然而，教育毕竟是百年大计，无法一蹴而就，作为一个牵涉千家万户切身利益以及国家未来的文化系统，教育的内涵及品质的提升不可能在短时间内发生突变。毕竟，教育事业有着与政治、经济所不同的运行规律和生长周期，终究要落实于不同生命个体的幸福成长。高质量发展的教育尤须建立在教育自身的发展演化规律基础之上。作为教育主体及教育对象的人，是地球上最复杂的生物之一；作为与社会、经济、政治、文化发展具有千丝万缕关系的教育机构，学校是世界上最复杂的组织系统之一；作为以文化传承和科学创造为主体展开的学术事业，教育是人类社会演进至今最灵动鲜活的社会活动之一。由表及里，与高质量发展相适应的教育内涵建设及教育品质诉求断然离不开教育生长、发育、壮大的内在规律，而纵观教育史上的辉煌篇章，无论是偏宏观的体制机制运行成就，还是偏微观的人才培养和科学创造业绩，无不是遵循人文和科学内在因果逻辑的必然结果。因此，当我们以高质量发展为标的去替代过去任何一轮概念性教育改革词汇并相应展开教育实践活动的时候，极有必要倒推能够成就高质量发展的合理动因及适当缘由，以"逆归因、正实践"的逻辑线索去探寻新时代教育发展的最优道路。

一、种瓜得豆：教育因果的错位现象

古人有云："种瓜得瓜，种豆得豆。"果然是三岁小儿都知道，而八十老翁行不得。当我们言必称哈佛、耶鲁的时候，有没有注意到哈佛、耶鲁追求卓越的行动逻辑？当我们细数名士风流、大师风范的时候，有没有关注到他们各自的成长轨迹？当我们显摆学科创新、科技发明的时候，有没有同步认可这些成就业绩获得之前迈出的每一个踏步以及背后相互关联的要素成因？远观历史，近看现实，无论是"缘木求鱼"还是"刻舟求剑"，无不是因果脱节的必然结局。值得反省的是，说者继续振振有词，而行者依旧渐行渐远。

（一）整齐划一的教育目标难以造就多姿多彩的人才

当今，人才与发展的关系愈发明朗，无论在校际、省域间还是国家之间，人才吸纳或抢夺均呈现出白热化征候。而教育作为人才孕育生长的核心系统，理当成为不同的人潜心学问、快乐成长、个性张扬的开放空间，以使得徜徉其间的师生能够各谋生境、各展其长、各显神通，实现"万类霜天竞自由"的教育理想。但是，现实中各级各类的教育却亦步亦趋，在整齐划一的框架下走出了"千校一面"的姿态。

不得不承认，当下一些学校的教育培养目标表征多元但内涵僵化。从理论上说，各级各类学校完全可以有不同的教育目标选定，然而大家却不约而同地选择了同级同类、同义反复的话语表达方式，于是造就了诸多看似一校一策实则"异曲同工"的培养方案。校校都希望培育出"既有这样，又有那样"品质的学生，训练出"既能够干这个，也能够干那个"的综合能力，打造出"既能服务这里，又能效力那里"或者"立足这里，走向别处，辐射到处"的"复合型""创新型""高级专门"人才……联合国教科文组织指出："在当今不断变化的世界中，关于教育和学习的讨论都应超越关于习得、认证和运用知识的过程，还必须解决创造知识和控制知识等根本性问题。"[①]人才培养的目的绝非千方百计把A变成B，而是要努力把A变成更好的A。回到眼前，教育目标是否能够达成，最现实的衡量标准又聚焦于受教育个体的职业选择及其生存状态。从基础教育到高等教育，单纯的职业稳固及收入水准成为求学者普遍的价值诉求，而残酷的就业竞争又使得学校的专业教育与社会的岗位需求之间的裂痕越来越大，在校生所习得的专业认同感在非专业性的就业选拔考试面前不堪一击。人们对教育成功的社会化解读越来越狭隘，受教育个体的多样性表达明显受限。当学校把"人"的培养目标定位于宽泛的价值表述及狭窄的技能本位时，"才"的综合蕴含难免被割裂或拦腰截断，培养目标的规格化或同质化取向使得教

[①] 联合国教科文组织编，联合国教科文组织总部中文科译：《反思教育：向"全球共同利益"的理念转变？》，教育科学出版社2017年版，第71页。

育研习与学术探究的灵动受到钳制。当所有人都朝向一致的"优秀"时，快乐的读书人会越来越少，自主学习与自由思考的空间会同步萎缩，而厌学倦怠、缺乏想象、"内卷躺平"、僵化平庸的人则会递增。

不同学校、不同类型、不同专业、不同阶段的教育各自专心于自身的价值建构，从而造就出千姿百态的教育生命，天经地义。复合型、创新型人才的生成并非学校教育的直接结果，而是教育生活社会化进程中发生的奇妙整合现象，看似偶然，实则必然。人类教育及科学发展史上的无数案例可以证明。如果说培养目标的表达可以有共同点的话，无非"开放、包容与多样性"，舍此无他。

（二）同质化的学术探究模式难以产出创新超越的科研成果

科学思维的养成、科学猜想的迸发以及创造力的极大凸显是我们对高质量教育发展的美好期待和执着追求。古往今来，由教育养育而达成科学创造的人们无不遵循着有效传承与迭代创新的双重使命，杰出者从不墨守成规、故步自封，而大都善于出新、敢于突破、勇于超越。环顾现实，教育系统中到处高扬"创新"的旗帜，但具体到学术探究的场景中却言行不一。个性鲜明的师生容易遭遇常理的规训，而具有创造潜质的师生总被成规羁绊。

整体趋同的教育学术建构模式经过几十年的迭代之后已经被人们习以为常。"教育学术研究中'理论框架'运用存在'形式主义的套用''浅层的适切性论证''两张皮式的分析'三类常见问题。"[1]不可否认，借鉴与模仿在个体学术发展中具有重要作用，尤其在起步阶段，但现实的问题在于不加筛选、盲目移植的教育学术探究模式的泛滥。更严重的是对教育理论框架囫囵吞枣式的滥用和误用，使得教育及学术在实践中形神两分，流俗之作泛滥，既难以促进实践品质的稳步攀升，更鲜见于与教育发展规模相适应的独特性、超越性理论成果。

---

[1] 殷玉新、楚婷：《教育学术研究中的"理论框架"运用问题及其建构》，载《全球教育展望》2022年第51卷第1期。

更何况，关于"学术探索空间"的前置性认同在主客观夹击下形成的条条框框多年以来有增无减。学术生发必须具有广袤的空间，而"科学无禁区"则是近代以来在世界范围内形成的广泛共识。科学创造往往表现为求异的举动而非求同的作为；学术创新的土壤有时候比种子更重要，再好的苗子缺乏良好的土壤环境也不可能长大成材。如若科学研究的主体任务只是围绕"项目指南"展开，有意无意，甚至于陶醉在商业或行政"订单"表格之中的话，学科创新与科学探究的宽度及价值也就值得怀疑了。"项目指南"当然没有错，错在某些学校只把"项目指南"视作唯一的生命线和作战前沿。在学术章程规定、研究任务框架、教学内容规范愈加严格的情形之下，学术圈养态势必然滋生蔓延。大量研究者以其承接的各级各类课题作为自身科研能力的培养皿，生产出大量研究旨趣之外的"学术"产品，而"走上这条道路的人很快就会牺牲他的科学价值观念，取而代之的是商业的或社会的价值观念"[1]。如此，学术探究终将走向异化之路，最终与真实的创新渴望渐行渐远。沈从文称："我一生从事文学创作，从不知道什么叫'创新'和'突破'，我只知道'完成'，……克服困难去'完成'。"[2]现如今，一些同质化的、相似的、循环的、重复的思想充斥于教育学术或学科研究报告之中，在瞬息万变的学术世界里，以标榜的方式彰显出来且自以为是的学术价值最终必将湮没于浅薄贫乏的知识流变中。

（三）形式主义的管理作风难以提振学校组织效能

教育管理以效益提升为目的，必然要求精兵简政、减少环节、降低成本、激励师生、提高效率。早在半个多世纪以前，许多管理学大师即从不同的侧面指明了管理的艺术就是简化的艺术以及管理必要力戒官僚主义、规避形式主义的道理。

---

① ［美］亚伯拉罕·弗莱克斯纳著，徐辉、陈晓菲译：《现代大学论——美英德大学研究》，浙江教育出版社2001年版，第297页。

② 黄永玉：《比我老的老头》，上海文艺出版社2020年版，第128页。

第二章
教育生发的时运纠结

很显然，学校内部的管理关系错综复杂，而且不断有阶段性的、间接的管理指令或要素介入其间，各方力量综合左右着学校组织的运行。上至学校决策、校长选聘，中至学院发展、学科取舍，下至课堂教学、教材甄别，如此一来，狭义的教育教学权利与广义的教育教学权力之间形成了博弈和冲突，继而使得学校这个"混沌而有序"的教育组织越来越难以捉摸，愈加难以控制，因此而左右为难、进退维谷。在这一进程中，"管理"的形式愈发周全浩大，环节不断叠加，运行成本势必大幅度递增，而教育本身的效能感则相对旁移，教育管理效率亦将同步下降。"当前，教育行政部门存在对学校管得过多、过细、过严等问题，导致学校在管理中丧失了主体性与主动性，只是被动地执行'上级'下达的文件与指示。"[1]消极"躺平"的拒斥心态，层层加码的无效内容，使得教育管理效率的意愿和实情严重脱节。长此以往，原本聚焦于教育生长和学术探究的学校组织功能泛化，形式主义作风蔓延，管理行动趋于浅表，各种展示性、口号性的诉求把教育管理的理想性奉为圭臬，但实际状况却浮于表面，与教育本身的价值背道而驰。

（四）朝令夕改的政策或行动难以保障持续进步的教育生长周期

任何事物的发展变化无不遵循其内在的发展规律，"十年树木，百年树人"，教育的生长自有周期和漫长的孵化过程。有了安静的环境和安稳的制度保障，方能安心地教书育人。高质量发展教育追求教育正向而稳定的发展，但教育实践周期却往往被行政或市场周期干预切割。

在发展中，教育过程的波动在所难免。如何教、教什么，如何学、学什么，如何评价、评价什么，如何管理、管理什么等都有详细的条款规定。"一项政策实施后，如果能够有效地发挥作用，必须引起环境的某种变化。"[2]这种变化表现出明显的波动性，"这种波动性具有整体性的特征，

---

① 孙雪连、李刚：《参与民主：学校管理方式的转变》，载《华东师范大学学报（教育科学版）》2018年第1期。

② 袁振国：《教育政策学》，江苏教育出版社2000年版，第373页。

而不仅是某个方面的波动。特别是对于教育管理和教育教学来说，这种波动性对于教育发展本身所需要的稳定性与持续性是非常不利的，甚至是有害的。"①同时，部分政策"强调政治本位和经济本位的话语模式，客观上造成了教育领域的被动性和依附性，特别是在作为个体的人的自由全面发展上，存有误区和局限"②。教育一旦失去稳定性，就难以保持系统的平衡生态，更无法导向真实且高品质的教育成果。

（五）高大上的教育姿态难以支撑真、善、美的教育理想

"如果人的本性的使命就是追求至善，那么他的诸认识能力的尺度，尤其是这些能力相互之间的比例关系，也必须被假定为是适合于这一目的的。"③人的意识、行动等都是为实现这一美的理想准备的，但教育实践似乎并非总是如此。

有时候，"理想"这个词会成为伪善的掩饰品。"教育本应具有最为冷静的理性思考，然而，社会上有多浮躁，它也有多浮躁，社会的盲点在教育领域几乎都可以找到。"④教育物质化、功利化后，教育精神的真敷衍与伪虔诚就不足为怪了。"在高调的理想主义中，其实已经蕴含着犬儒主义的种子，以元叙事的方式来表达与实现理想主义，这种高调的理想主义由于其抽象性、独断性与强制性，将导致理想主义的自相矛盾并向其反面转化。"⑤

环顾教育现实，人们疑惑为何"孩子、家长、老师、社会、国家都如此重视学习、如此努力，可孩子仍没法如国家、家长和老师所期望的

① 谢维和、陈超：《中国教育改革发展的政策走向分析——20世纪80年代中期以来中国教育政策数量变化研究》，载《清华大学教育研究》2006年第3期。
② 朱美霞、王举：《理想教育政策的逻辑体系探究——实践共同体的视野》，载《长江师范学院学报》2022年第5期。
③ ［德］康德著，刘晓芒译：《康德三大批判合集（下）》，人民出版社2020年版，第157页。
④ 张楚廷：《教育哲学》，教育科学出版社2006年版，第162页。
⑤ 贺来：《超越理想主义与犬儒主义的"辩证法"——对当代中国人精神生活的分析》，载《学术月刊》2014年第1期。

'好'"①。在高大上的教育愿景之下，竞争低龄化倾向越来越明显，教育"内卷"现象越来越严重，规范训练的手段和方法越来越普及。一部分小学生迎合父母、迎合分数，一部分大学生迎合考级、迎合排名，大家在"好教育"的幌子下描绘并追逐着心目中完美的教育姿态。在这一过程中，学生个性成长需求及身心发展规律被搁置一边，教育的语境使得教育的生命主体不得不舍弃了原初最真实的愿景。正如黑格尔伪善三重形态中的"信仰的诡辩"，它把自我行为意图及行为本身都称为善，②"'伪善教育'所营造的过于美好和虚幻的假象世界使得个体在将现实世界与前者进行对比时产生巨大的失落感，继而对现实产生一种普遍性的怀疑和拒斥的消极态度"③。

在教育理想的虚化与教育现实的伪善的双重夹击之下，教育业绩及言行的虚浮表演成为主流，人们对教育之真、善、美理想的欲求在严酷的现实面前逐渐土崩瓦解。

二、顺藤摸瓜：教育愿景与实践果报相携共长的深层逻辑

每一代人都渴望接受他们心目中的高质量教育，而且能够从中获得相应的价值及自我实现，但现行的一部分教育总是出人预料，与美好的愿望渐行渐远，抑或呈现出种瓜得豆的错位现象。深究其理，盖因教育实践并未遵循教育发展自身的因果规律，换言之，教育的健康发展皆离不开教育底层的因果逻辑。这一因果逻辑并非经验的浅层积累或是简单的"应当如何"，它跳出了休谟纯经验主义立场，具有客观性、普遍性和必然性，④事

---

① 孙玉红：《亚里士多德公民教育思想及其当代启示研究》，南京师范大学2020博士学位论文。

② 沈宝钢：《黑格尔论伪善的三重形态——兼与儒家乡愿比较》，载《江苏科技大学学报（社会科学版）》2020年第1期。

③ 宋以国：《现时代教育中的犬儒主义批判及其超越》，山东师范大学2020年硕士学位论文。

④ 李立：《试论休谟、康德和玻姆的因果观》，四川师范大学2017年硕士学位论文。

实上贯穿于整个教育生长的动态过程之中。

（一）面向生命的教育离不开个体生长的因果逻辑

无论教育的形式如何变化，其最终都要落实到个体生命的成长上。而人的生长乃是循序渐进的，不可能一蹴而就。"因果性"乃人性之本有，"在事情按照必然的因果关系产生变化的过程中，我们所采取的行动和所受到的影响乃是非常基本的因素"①。人通过认知、判断、思辨来保持个体活性，激发生命活力，形成独一无二的个体生命状态，呈现截然不同的宇宙实体，演化复杂的高阶思维，从而推动人类本身的持续进步。

首先，人脑具有独特的认知结构。从神经生理学来看，人通过自动归因，形成认知链。现代神经科学研究发现，大脑启动思想的过程，采用的是由下而上的因果方式，它完全是确定的。②即人本身就处于因果运行机制之中，大脑会对结果进行自动归因，这是人独特的思维特点，也是人进行认知的重要方式。这使得人在认识与其相关的万事万物时形成因果分析的思维逻辑，并进行"因果校验"，而"因果校验"是比直接表象更加内在的知觉模式，对人的影响更加深刻。如此达成认知的迭代和经验的积累，不断丰富个体知识储存体系。

其次，人的理解与判断能力具有差异性。从心理学来看，人通过主动归因，形成解释与判断，而归因方式却各不相同。"在人类发展的早期，人们就已经有问'为什么'的欲望，并且具备寻找因果解释的能力。"③人会对个人成败或行为结果进行主动归因。当个体在面临成败时会把原因归结为"能力强弱、努力程度、任务难易、运气好坏、身心状况和其他（除前五种因素外的外部因素影响，如别人的帮助、教师的教学水平、评分是

---

① ［英］怀特海著，赵晓晴、张鑫毅译：《教育的目的》，上海人民出版社2018年版，第56页。

② ［美］迈克尔·加扎尼加著，闾佳译：《谁说了算？自由意志的心理学解读》，浙江人民出版社2013年版，前言。

③ ［美］朱迪亚·珀尔著，刘礼等译：《因果论：模型、推理和推断》，机械工业出版社2022年版，第427页。

否公正等）"①。在寻求行为结果原因时，除个体自身原因外，环境也是重要方面，它由内部原因（努力、能力、个性、品质、动机、心情和态度等）和外部原因（任务难度、他人影响、运气等）共同组成。②在现实中正是由于人归因求果的能力，才能形成理解、规避或借鉴的逻辑判断能力。

再者，人具有深度演化的思维理性。人无不通过因果分析保持理性，更新思维并适应生存环境。康德指出："虽然每个在现象中的结果固然需要按照经验性的原因性规律与其原因相联结，然而这个经验性的原因性本身有可能丝毫也不中断它与自然原因的关联，却仍然并非经验性的原因性的结果，而是理智的原因性的结果。"③即人的思维具有理智的因果性。思维因果的分析分为两种类型，实际因果分析（实际事件间的因果关系）和类型因果分析（关于性质之间的或者关于事件类之间的因果联系）④。对于前者，黑格尔强调"只有在效果里，原因才是现实的，不是（推论的）原因"⑤，后者更加强调因果的反事实情况，康德称其为"先验综合判断"，它超越现象本身，上升为更高层次的因果判断，更加注重其间的机制与律则，达到理性。

概而言之，作为理性的教育者，我们不得不承认的事实是：快乐生长且各不相同的个体原来是美好教育孕化的结果而非"造作"的结果，杰出人才的冒尖和创新思想的迸发其实是开放环境间接促进的结果而非直接规训的结果。

（二）关乎学科的教育离不开学术繁衍的因果逻辑

因果分析并非简单的相关关系，"它不仅推断静态条件下事件的似然性，还要推断条件变化下事件发生的动态"⑥，即因果分析是一个立体动态

① 张大均：《教育心理学》，人民教育出版社2015年版，第150页。
② 熊良斌、周志娟：《归因方式理论概述》，载《安徽文学（下半月）》2009年第6期。
③〔德〕康德著，刘晓芒译：《康德三大批判合集》，人民出版社2020年版，第384页。
④ 裘江杰：《实际因果的形式化模型》，载《科学技术哲学研究》2021年第6期。
⑤〔德〕黑格尔著，贺麟译：《小逻辑》，上海人民出版社2008年版，第293页。
⑥〔美〕朱迪亚·珀尔著，刘礼等译：《因果论：模型、推理和推断》，机械工业出版社2022年版，第352页。

过程。学术繁荣建立在学科演化的基础之上，不同学科的存续价值及生态环境决定了其生命周期及生长活力。仅以教育学科为例，"学科的理论化、系统化逐步产生了明晰化、精确化的发展驱动力，于是，作为'科学'的教育学才逐渐成为教育学界的一种相当普遍的吁求"[①]。

毫无疑问，不同学科的发展演进必有其自在、内生的规律。教育利用自身的因果性促进学科的存在与发展。"在教育过程和教化过程中包含着三种因果性，即教育的因果性、教化的因果性和方法的因果性。"[②]教育的因果性使得人被教化，教化的因果性使得人的思维和认识的事物发生改变，方法的因果性使得人持续学习。教育的可接受、可塑造、可衍生，才使得人的教育发展成为可能。同时，基于因果关系视角的演绎论证是教育学科的重要方法，正如信息化时代背景下，"大数据-因果推断"成为教育政策评估的新路径。[③]在比较教育领域，过程追踪法成为因果机制研究的一种新式质性实证方法，它"通过持续追踪比较教育个案的因果机制、深入剖析教育实体的因果痕迹，科学验证教育情境的因果规律，既能为解释不同国别特定教育现象提供多种灵活的理论机制，又能推动教育规律因果分析的科学化发展"[④]。可见，人们越来越渴望用因果逻辑来模拟教育运行的规则，推动学校教育的进步。

进一步看，教育情境中相互联系的学科群的演化复杂多样且变化无常。因果性成为多学科研究的共同维度，教育所处的社会科学领域正利用因果逻辑，寻求更高效的问题解决模式，促进多学科发展。数据驱动的自主行动者建模（Agent-based modeling，ABM）成为研究因果机制特别是

---

① 项贤明：《作为科目、学科和科学的教育学》，载《教育研究》2019年第09期。

② ［德］迪特里希·本纳，彭韬：《教育行动中的三种因果性及其对实践、理论和研究的意义》，载《教育研究》2022年第5期。

③ 郭娇、吴寒天：《大数据时代的因果推断——教育政策评估的新路径》，载《重庆高教研究》2022年第4期。

④ 高进、张家贺：《因果有痕：比较教育研究中的过程追踪法》，载《比较教育研究》2022年第9期。

纵向因果机制的重要方法。它通过自下而上（bottom up）的方式，在一个研究者设计出的世界中，令研究者设定的自主行动者们在一个给定的起点处，观察他们在什么样的规则作用下，最后如何演化出宏观的社会现象。[1]卡西尼（Casini）基于此进行了深入的探索，他将因果、社会机制和模拟方法三者结合起来，并就如何基于计算主体的模型证明因果推断提供了一个系统的讨论。[2]社会学教授格罗斯（Gross）指出社会科学研究将受益于因果链具有结构的事实，他考察了由行动者、机制和背景因素组成的链，这些因素是导致社会生活中因果关系的载体，他提出了一种理解因果链的启发式方法并用这种方法来思考因果链变化的关键维度。[3]

再扩展开来分析，学术研究及学科发展所指向的是广阔的未知领域。人们充分利用因果预见性，来促进未来学术研究发展。联合国教科文组织未来研究主席苏哈尔·伊那亚图拉（Sohail Inayatullah）及其团队提出了六支柱框架，致力于从现实出发对未来进行因果推导，为未来研究提供了新方法，其利用因果分层分析（Causal Layered Analysis，CLA）来解开和深化未来，包含四个层面，首先是日常现象，人们普遍接受的关于事物的实然状态或应然状态，在这个层面解决问题的办法通常是短期的；第二个层面更加深入，是文化制度原因（Systemic Causes），关注问题的社会、经济、政治原因；第三个层面是世界观，这是一个大的图景，这个范式告诉我们什么是真实的，什么是不真实的，是我们用来理解和塑造世界的认知透镜；第四个层面是神话或隐喻，这是深层无意识的叙述。[4]可见，在广泛的学术领域，人们已经致力于用因果逻辑来解决未来理论或实践问题，拓展研究的深度与广度。

---

[1] 梁玉成、贾小双：《数据驱动下的自主行动者建模》，载《贵州师范大学学报：社会科学版》2016年第6期。

[2] 贾小双：《社会科学中的因果分析——潜在结果模型、因果网络模型与ABM》，载《社会研究方法评论》2022年第1期。

[3] GROSS N, *The Structure of Causal Chains*, Sociological Theory，2018.

[4] INAYATULLAH S，*Six Pillars：Futures Thinking for Transforming*，Foresight，2008.

由此可见，学术因果连接着过去、现在、未来，当下标签化、概念化、数字化的学科发展现象遮蔽了学科学术得以衍生繁荣的根本缘由，使得学科生长的周期性规律时不时被外力牵引或拦腰截断，从而制约了部分学科品质稳步提升的进程，造成了外在繁荣、内里空虚的学科生态。

（三）涉及学校的发展离不开组织进步的因果逻辑

"世界由大量自主的、不变的联系或机制组成，每一个联系或机制都对应一个物理过程，这个过程约束一组相对较少的变量集合的行动。"[①]在社会关系中，我们一般称这一变量集合为组织或团体。长久以来，人们对组织管理高效运转方式的探讨从未停止，从科层管理理论，到科学管理实践，再到矩阵式或扁平化的管理架构，目的都在于以最少的组织环节、最便捷的组织结构构建起最有效的管理体系。学校是教育系统中最基本的组织单元，是教育学术活动的组织载体，其发展壮大绝对离不开组织演进的因果逻辑。

一方面，教育组织的进步有赖于高效的管理方式。"组织管理是通过有效地配置机构的资源，按照一定的规则和程序而构成的一种责权结构和人事安排，其目标在于以最高的效率实现组织目标。"[②]换言之，组织进步的终极表现是效能的提高。而学校运行的高效能离不开对教育管理具体行为的正确因果把控，这意味着"它能够从意向性理解出发，恰当地认识这一行为的外在过程和动机，以及它们之间的相互关系"[③]。同时，"如果将社会组织的生存发展，视为其在我国后总体性社会中与政府、市场等诸多主体（或行动者）互动的动机或意图，那么，在方法论层面就应该从因果妥当性和意义妥当性的角度来对社会组织为了生存和发展有关的行为进行分

---

① ［美］朱迪亚·珀尔著，刘礼等译：《因果论：模型、推理和推断》，机械工业出版社2022年版，第241页。

② 沈欣忆、王晓梅、郑勤华等：《我国远程高等学历教育第三方质量监测——"组织管理"维度的分析》，载《现代远距离教育》2018年第5期。

③ ［德］马克斯·韦伯著，胡景北译：《社会学的基本概念》，上海人民出版社2020年版，第17页。

析和理解"①。当教育管理行为的多方关系得以厘清，高效的教育学术管理方可顺理成章地实现。

另一方面，教育组织的进步始终不能放弃对精减思维及简化模式的追求。因果性逆向追问是弄清楚简化管理思维逻辑的重要线索。"当环境中的某些条件发生变化时，通常只有少数的因果机制受到变化的影响，其余机制仍然没有变化。"②换言之，外在形式的变化对内在因果的影响是极小的。老子早在两千多年前就提出"治大国，若烹小鲜"的治理韬略，一语道破简约管理的重要性。奥卡姆剃刀原则指出"如无必要，勿增实体"，是对组织简化最精妙的论断。"由于人类不能把所有潜在的决策树精确地存储在大脑中，因此必须假定评估可以从决策和机会事件知识的简约表示中推导出来，因果关系可以被看作构造决策树的简约表示之一。"③学校管理的目的无不是以最小的成本达成最大的效率，而因果律则有助于揭示出院校运行中最精约的逻辑关系，符合人类认识的"思维经济性"。

（四）形而上的茫然必然联动形而下的慌张

《易经·系辞上》有言："形而上者谓之道，形而下者谓之器。""道"是对知识及理性的抽象概括，指向无形的思想层面；"器"是事物存在的客观现实，指向实践层面。在近些年来的教育改革与发展实践中，人们越来越倾向于通过浅层概率关系来揣摩事物发展的可能走向，疲于对标、引入、增加、修改、矫正……无形中淡漠并摒弃了对教育文化深层次因果逻辑的形而上求索，造成文化理想虚浮、教育理念矮化、竞争观念俗套、认同价值模糊、教育的因与教育的果两相分离的局面。

首先，教育促进知行合一是为因果之必然。五百年以前，王阳明提出

---

① 刘江：《从制度—结构视角和行动者视角到社会因果机制分析——我国社会组织发展研究的视角转向》，载《社会工作》2019年第6期。
② ［美］朱迪亚·珀尔著，刘礼等译：《因果论：模型、推理和推断》，机械工业出版社2022年版，第33页。
③ ［美］朱迪亚·珀尔著，刘礼等译：《因果论：模型、推理和推断》，机械工业出版社2022年版，第411页。

了"知行合一"学说，主张回归良知良能的知行本体，即"意识的认知与身体的行动皆应基于心之本体，如此，'行'方具有先天的自明性，'知'方具有本原的能动性"[①]。而今，教育思想的普遍缺位以及对形而上逻辑的普遍漠视使得学校及教育个体的认知失去了远见，这必然导致教育实践的短视追逐和功利取向；反之，教育实践业绩的虚假关联又使得现实变动不居、难以把控，必然引发教育思想的混乱和价值观模糊。说到底，知行合一并非概率关系，而是因果关系，作为教育中动态而长久的真实状态，它"比相应的概率关系更稳定，这种认识超过了他们基本的本体论—认识论之间的差异"[②]。

其次，教育达成形神统一亦属因果之必然。中医学典籍《素问·上古天真论》中有言："故能形与神俱，而尽终其天年，度百岁乃去。"肯定形为神之舍，神为形之主，充分证明了形神统一对人生命绵延的重要性。对于以关注生命发展为目的教育事业来说更是如此。教育存续的"形"为各种教育实体，在学校中无非人力、物力和财力，外加校园环境等一系列不可或缺的硬件设施；而"神"为精神气节、文化品质，在教育中无非办学思想、院校文化和价值追求，少了这些形而上的内涵，学校教育就会成为"有体无魂"的存在。教育实体滋养教育精神，教育精神统率教育实体，二者相依相持，教育才能内外合一，持续进步。教育对"形"的巧取豪夺必然造成对"神"的消磨涣散；反之，"神"的空虚必然联动"形"的失调。

三、种瓜得瓜：因果和谐的教育何以可能

万事万物互即互入，因缘和合，世上并无孤立的存在。一个人优秀，必有其因；一种产品优秀，必有其因；一件事物优秀，必有其因；一个学

---

① 龚晓康：《"知行合一"：复归本体的明觉与能动》，载《南昌大学学报（人文社会科学版）》2022年第5期。

② ［美］朱迪亚·珀尔著，刘礼等译：《因果论：模型、推理和推断》，机械工业出版社2022年版，第26页。

科优秀，必有其因；一所学校优秀，必有其因。若仅简单以所谓"业绩"的指标相对应，教育难免陷入缘木求鱼的困境，而如果知行两分，脱离了因果链，教育亦会步入南辕北辙的误区。无论从宏观还是微观的角度，不管是用现在还是未来的度量方式，高质量发展的教育绝非无本之木、无源之水，教育系统无时无刻不处于因果大循环之中。通过"逆归因，正实践"的认知与行动，遵循教育生长、个体发育、学校壮大的内在逻辑，则有可能达至因果和谐的境地，真正实现教育的高质量发展。

（一）开放的"因"造就多姿的"果"：法无定法的教育方略

首先，要设立开放的教育培养目标体系。"大学是民族灵魂的反映，那么期望大学适应一种单一的模式是很荒谬的。"[①]无论是作为教育主体的人抑或院校实践所获得的经验都是独一无二、不可替代的。人的基因千差万别，促进人的发展就需要"因材施教"，而院校的类型和历史积淀各有不同，促进学校的发展就需要"因校制宜"。以封闭性的培养标准去甄别并规制开放的教育势必落入误区。因此，要开放教育教学及学科探究的天花板，释放教育主体生长的个性和多样性，允许各级各类学校在服务国家发展大局和遵循教育规律的前提下各谋其途、各得其所。"运用之妙，存乎一心。"通过不同的实施路径，不同的创新突围，不同的培养策略，不同的时机选择，再辅之以多元立体的教育质量保障体系，就能够形成灵活机动的教育培养模式，继而达成"百家争鸣"的教育局面。

其次，要重拾人们对教育内在价值的信心。教育信念、教育理想、教育情怀聚合成教育发展的核心动力。长久以来，这些看不见摸不着的动力要素大都被冠之以"虚无"之名而在教育改革与发展的现实中被搁置一旁。教育外显的、务实的价值被放大，与此相应，短视的、功利的、自私的、内卷的竞争等等经由物质利益引发的矮化、异化情形在教育界比比皆是，教育综合的、无形的价值空间被大幅压缩，浅层零碎的价值表象遮蔽

---

① ［美］亚伯拉罕·弗莱克斯纳著，徐辉、陈晓菲译：《现代大学论——美英德大学研究》，浙江教育出版社2001年版，第2页。

了越来越多的人的双眼。教育是精神与物质并重的事业，具有务虚的价值，但并非虚妄的存在，因为"无论是单纯的信息获取，还是具体的技能和才干的发展，都不能给予我们维持文明社会所必需的广泛的思想基础"①。教育要脚踏实地，更要胸怀天下、虚实并举，才能够获取精神与物质的双丰收。

（二）求异的"因"达成创新之"果"：自主自由的学术招式

一方面，全面倡导教育个体的理性自由。和而不同，自由自主的学术招式才能促成更多创新超越的科研成果，因为"通往智慧的唯一道路是在知识面前保持自由"②。在教育中，"如果认为人本自由，教育也就应为保障人的自由而存在和发展；如果认为自由即创造，那么，在我们关注创造教育的进修时，应优先关注学生和教师的自由……"③师生的自由解放是达成教育自由解放以及科学创新最重要的前置条件。哈佛大学前校长艾略特指出，教育"最重要的是，它应该是自由的。自由的微风应该吹拂到校园的各个角落。自由的飓风能够扫走一切阴霾。理智自由的氛围是文学和科学赖以生存的空气"④。理性自由比起知性自由具有更长久的稳定性，成为个体在处理问题时形成的稳定思维能力，它绝不会造成混乱，相反，它是自由秩序的基本遵循者和维护者，更接近社会和教育的理想状态。

另一方面，整体还原教育组织的自主权益。在教育学术中，"我们有理由创造最为有利的条件——有利于个性发展，有利于建设性的交往，有利于进行合作，有利于维护学术标准"⑤。而这种有利的条件绝非严格控制能

---

① 哈佛委员会著，李曼丽译：《哈佛通识教育红皮书》，北京大学出版社2010年版，第4页。

② ［英］怀特海著，赵晓晴、张鑫毅译：《教育的目的》，上海人民出版社2018年版，第6页。

③ 张楚廷：《教育哲学》，教育科学出版社2006年版，第229页。

④ 王一军：《哈佛课程改革与学术文化的耦合》，载《江苏高教》2020年第01期。

⑤ ［美］亚伯拉罕·弗莱克斯纳著，徐辉、陈晓菲译：《现代大学论——美英德大学研究》，浙江教育出版社2001年版，第157页。

够达到，它必须在内部形成能够流动的差异性，这首先要求教育机构能自主决策。不能自主岂能自觉，更无法自立自强。因为"大学的章程是相对灵活的，这意味着高等教育机构在追求大学地位（如教学学院转型为研究型大学）方面不受限制，在研究生培养项目的范围上不受限制，在研究任务的强度上也不受限制"①。如此，学科、学校的发展才能够摆脱由外在控制引发的学术价值坍缩，教育创新和学术创造才有真正的空间。

（三）简化归"因"实现效率之"果"：弹性灵活的管理机制

首先，需要屏蔽外部干预，精减内部管理。以合因果、顺天意为原则，明确教育管理的微观目的是为人的发展服务，其中心任务是立德树人；坚定教育组织发展的宏观目的是承担社会责任，其存在价值就在于推动社会的发展和创新。术有专攻，业有边界，那些与教书育人无关或与学科学术无关的冗余任务、重叠机构、低效环节或大量无意义耗时耗力的管理或评比事务皆应该大幅度删减。社会组织各有其职能分工，作为教育文化及科学探究的专属机构，各级各类学校要最大限度地避免因"赶时髦""凑热闹"而被卷入非教育场域的复杂游戏之中，轻装上阵，从而专心致志，降低成本，有效提高组织管理的综合效能。

其次，需要削弱刚性规制，实现弹性管理。学校兼有政治、经济和文化的属性，但根本上类属于文化组织。因此，不同于公务系统的科层体系管制，不同于企业组织的严苛利益规则，文化组织具有先天的柔韧性，正是这种柔韧性决定了学校组织的开放、多元和创新性特质。对于学校而言，弹性管理是释放教育生命力的首要原则。而弹性与自由度相关，在学校里，教师不是简单的被管理对象，学生也不是单纯的被教育对象。②管理者及师生的自由度决定着其思想的包容性与行动的创新性。教育管理弹性化对工作质量、效率与效果、积极性等都有显著的促进意义，更为重要的

---

① FERNANDEZ F, BAKER D P, FU Y C, et al., *A Symbiosis of Access：Proliferating STEM Ph. D. Training in the U.S. from 1920—2010*, Minerva, 2021（59）.

② 董云川：《找回大学精神（第四版）》，云南人民出版社2011年版，第101-105页。

是它能把教育生产力从严格的管控之中解脱出来，使得自身价值具有多向度发展的可能性。同时，弹性管理减少了外部约束，简化了人们不必要的精力消耗，更有利于解决整体协同管理过程中出现的矛盾。"大学管理体制改革应根据大学自身发展的需要整体上推动校、院、系改革，改革的重心应放在院系，根据院系的特点和要求革新上层管理体制，其权力的重心应适当下移。"①基层运转越灵活，组织效率就越高，还能规避僵化，继而顺理成章地达成高效教育管理的目标。

（四）安定之"因"促成稳定之"果"：高质量发展的政策保障

教育政策的连续性是教育稳步发展的前提。1963年，美国气象学家爱德华·洛伦兹提出了蝴蝶效应，指出"任何事物发展均存在从量变到质变的过程，事物在发展过程中存在着不可测的'变数'，任何一个微小的变化都能影响事物的发展进程，证实了事物发展过程中的复杂性"②。面对复杂多变的教育系统，任何政令的实施一方面会产生短期的推动效应，另一方面也存有微妙间接而且不可把握的后续效应。现如今，大数据、人工智能等技术信息更新迭代不断加速，更加剧了这种变数的复杂度。然而，无论时代如何变化，教育实践历经千年延绵至今，人的认知规律及教育的生发规律是可知且稳定的。新形势对教育决策的准确性与科学性提出了更高要求，教育决策必须契合教育自身发展的规律，而教育的高质量发展断然离不开教育决策的连续性和稳定性。

与此相应，要时刻警惕和规避那些为了满足短期业绩考核需要，通过"条块分割"的方式，假以改革的名义推行的、朝令夕改的教育政策。现实中的教育改革并非总是利大于弊，而教育的弊病也少不了是社会系统病变的反映，必须内外兼顾，实施综合治理，技巧层面的修修补补无济于

---

① 吴景松：《哈佛、伦敦和筑波大学管理体制变革重点之比较和借鉴》，载《辽宁教育研究》2003年第10期。
② 王亚丹：《创新意识拓宽就业领域的蝴蝶效应分析》，载《湖北第二师范学院学报》2021年第11期。

事。零敲碎打的教育改革总是把教育本身弄得支离破碎，继而又不得不强制性把这些"教改"的碎片粘连起来。健康的教育生长需要多方力量的维系，不得不进行的改革需要理性研判，锚定症结，力避治标不治本的作为。唯有善治才能够促进教育的高质量发展。

说到底，教育卓越的表现是外显的结果，而致使其卓越的原因才理当成为政策改良和诉诸行动的重点。前者可以拿来炫耀、标榜和"说事儿"，后者才应该拿来学习、效仿和贯彻落实！

（本文原载于《教育科学》2023年第2期，有删改。）

第二节　样板的悖误：兼论教育的"特殊"与"一般"

在教育世界里，树样板，学榜样，育英才，抓典型，促先进，创一流蔚然成风。样板有价值，典范有意义，然过犹不及。因为教育是惠泽民生、孕育人才、创新科技的公共事业，不能偏执一端，偏废一面。"样板"是教育的特殊样态，而"一般"才是教育的正常形态。教育关注一般群体的健康发展具有哲理上的必然性，而教育树立特殊样板的褒扬标的具有实践上的偶然性。面向未来，高质量发展的教育务须兼顾不同院校及师生和谐共生的生长诉求，努力创设不同学科和学问相得益彰的教育天地，褒奖公平，均衡资源，让天才不被羁绊，弱者不被轻视，人人各适其性。如此，则"美美与共"，教育大同。

　　榜样崇拜，自古有之，以灵魂为中心的宗教崇拜现象在史前社会就已出现，包括自然崇拜、动植物崇拜、图腾崇拜、祖先崇拜等。模仿在史前教育或社会中占有重要地位，[1]教育模仿对传递生产劳动经验、激励人的正向发展具有不可替代的作用。然而，万物有度，过犹不及。近年来，人们过度关注榜样所取得的成就及名誉，无论个体、群体或社会，大都以榜样作为前进的动力及目标，朝向同一方向努力，"灯塔效应"彰显无遗。在教育领域，评先进、树典型、抓重点、学榜样、创一流曾热闹纷呈，原初，树立样板的目的旨在引导人们积极进取、努力精进，但作为特殊形态的榜样，一旦形成资源、能量、褒奖的过度聚焦效应，必将致使教育中普遍生命存在的价值被削弱轻待，教育的价值求索从目标到过程再到结果亦会因之而越来越窄闭，人才培养的开放性及多元化特征也会同步流失，继而导致美好的教育意愿利弊失衡。本节在充分肯定教育样板之正面效应的前提之下，针对现行教育中某些过多过滥的标榜行为进行反思诘问，旨在唤起学校教育对于普遍生命的关切。

一、教育样板的误会

　　榜样有益，亦会偏颇。样板确立需满足几个条件：首先，从数量上看是存在的少数；其次，从质量上看要优于一般、不寻常；再次，从性质上看要具有首创性和特殊性。榜样教育在院校情境中有极其重要的作用。著名教育家陶行知先生提出"德高为师，身正为范"，这里的"师"与"范"指的就是教育者的样板。阿尔伯特·班杜拉指出："影响儿童道德学习的因素很多，但是，其中起决定性作用的是行为主体的观察或对榜样的模仿。"[2]于是，榜样示范法成为教育中常用的方法，在学校体系中，优质典型学校、标杆示范学校、一流校园环境的选立也在影响着系统的运转效

---

[1] 张斌贤：《外国教育史》，教育科学出版社2015年版，第13—19页。
[2] 王道俊、郭文安：《教育学》，人民教育出版社2016年版，第272页。

率。更为重要的是，人们对优质教育的需求与判断，影响到整体的社会价值取向，决定了群体的思维方式，牵引着教育研究的理论与实践，这对激发个体积极性，促进教育高质量发展具有重要作用。

然而，教育是一项面对群体生命的事业，一旦所选立的样板脱离了促使它成功的相关条件、成长的特殊环境以及不可复制的生存发展要素，其正向的引导作用就会失去依托进而产生偏误，亦难免与原初的教育意愿失之交臂。

（一）天才偶成误导人才塑造

天才的出现本属可能与现实的一种偶遇，而"一切偶然的东西都有一个原因"[①]，即天才之所以能够冒尖，自有其背后的因果机制。黑格尔指出："偶然的东西因为它是偶然的，所以没有根据；同样也因为它是偶然的，所以有一个根据。"[②]"没有根据"缘于它直接就是一种现实，正如有些人生来就可以是天才，只是显示的时机迟早而已；"有一个根据"的意思是说天才以一般大众作为参照系而存在的时候是一种特例，群体无论怎样努力都无法企及。教育是有目的、有计划、有组织地培养人的活动，人具有可教性及能动性，而天才是否可以培养却从未达成共识。细数人类史上有名的天才，音乐家莫扎特、文学家福楼拜、科学家爱因斯坦、艺术家卓别林、大导演伍迪·艾伦以及21世纪以来耳熟能详的比尔·盖茨、乔布斯、艾隆·马斯克……他们显然都不是体制化教育打造的样板人物。在自以为是的学校教育中，他们从不是优秀的，许多直接就不合格。教育本属一项给大多数人带来福祉的事业，然而，现实教育的功能逐渐被神化了，正如"人们最终希望能按照计划创造出超人，无论是以生物学的方式，还是通过创造有利的生存条件。然而，这些计划根本不可能实现，尤其是受到我们知识与能力的限制，它们只会在实际的尝试中化为

[①]［德］康德著，刘晓芒译：《康德三大批判合集（上）》，人民出版社2020年版，第193页。

[②]［德］黑格尔著，杨一之译：《逻辑学（下卷）》，商务印书馆2020年版，第197页。

泡影"①。

令人担忧的是,天才膜拜促使普通个体在心理上处于较低层级,诱导现实的人才培养走入明显的误区:把一个人培养成为无限接近天才的相同的人,有且只有一条路径是可选择且正确的。越是存在身边的榜样,成为他的需求就越强烈,而这种"成为"是极其盲目的,因为它忽略了作为自己的"我"到底需要什么。于是人才塑造的强迫性便产生了,"有些教育者相信他们自己的教育是完美的,他们可能会试图把一套自认为正确的信念和价值观强加给孩子。不可避免地,这样的'教育'变成了一种压迫与操纵的教育学——一种成年人对孩子的独裁统治"②。强迫教育导致个体主动性瘫痪,人成为无血肉的形象,精神极度紧绷,"以任何方式将我们的整个此在纳入任何有违本性的计划之中,同样是令人难以承受的。因为这些计划并没有将自身限制在真正可计划的事物中,反而吞噬了属于人的自由"③。相应地,被动、厌学、焦虑、抑郁现象随之而生。

事实上,"只有导向自我克服的强迫才会对教育产生作用,其他任何一种外在强迫都不具有教育作用,反而只会将学生引向对世俗实用的追求。在学习中,唯有被灵魂接纳的事物才能成为自身的财富,其他的一切都仍停留在心灵之外,无法获得真正的理解"④。同时,"人只能作为独立的个体改变自身,由此或许可以唤醒其他人。但这一过程若有丝毫强迫之感,其效果就会消失殆尽。世界状况的改观有赖于理性在其范围内以及个人在

①〔德〕卡尔·雅斯贝尔斯著,童可依译:《什么是教育》,生活·读书·新知三联书店2021年版,第23页。

②〔加〕马克斯·范梅南、李树英著,李树英译:《教育的情调》,教育科学出版社2019年版,第21页。

③〔德〕卡尔·雅斯贝尔斯著,童可依译:《什么是教育》,生活·读书·新知三联书店2021年版,第25页。

④〔德〕卡尔·雅斯贝尔斯著,童可依译:《什么是教育》,生活·读书·新知三联书店2021年版,第4页。

其影响力之内所能做到的程度"①。在现实教育生活中，并非校校都要去关心天才的培育，亦非人人都要成为出类拔萃的精英。静心反省，专心孕育乐观积极、能够适应社会发展需要、可以快乐生活的普通人或许才是健康教育的真实目的。

（二）个体模式直接迁移为群体模型

优质的教育存在是群体的效仿对象，一所优质学校背后有模式、方法、经验等以及各种或有形或无形的条件支撑。人们往往希望以类推的方式把作为一种特殊现象存在的某个院校组织框架、模式及经验等直接移植、拷贝到其他的学校中，以为这样就能推动其他教育组织办学效益的同步提升。不可否认，类推是认识事物、了解相同模式运行规则的良好方法，但值得怀疑的是"在类推的推论里，我们由某类事物具有某种特质，而推论到同类的别的事物也会具有同样的特质"②。照此推测，依照相同的办学模式、办学理念、办学条件与环境，所有学校的教育水平就会如样板般杰出。这种可能性当然有，更大的可能却在于因"基因排异"，移植后水土不服，而生成事与愿违的结局。其实，盖因教育组织的运转及教学科研活动充满了主观性及不确定性，其变数之多，过程之复杂，反应之出乎预料，往往殊途且并不同归。

换言之，样板的特殊表现或个体的实践经验不能简单推及教育群体，更不能直接转移为普遍性的教育范式。样板的标杆绝大多数情况下并不适用于群体的丈量，现实政策多变且标准不一，使得学校很难从容应对。特殊个体一旦成为权威，普罗大众往往只能遵从，自觉接受样板标准，自然淡化本身价值，努力靠近榜样。长此以往，"一般"朝向"特殊"的习惯和价值观逐渐形成并得以固化。教育模仿照搬日盛，从框架搭建到内容形式，无不模仿得惟妙惟肖，群体成为个体的投影，大家都竭力在样板之下

---

① ［德］卡尔·雅斯贝尔斯著，童可依译：《什么是教育》，生活·读书·新知三联书店2021年版，第25页。

② ［德］黑格尔著，贺麟译：《小逻辑》，上海人民出版社2008年版，第366页。

搜寻各自存在的意义。

（三）"特殊"一旦被强化，"一般"就会被强求

特殊分为正向特殊与负向特殊，正向特殊指人们期待的特殊，负向特殊指人们规避的特殊。正向特殊在大众意识中拥有绝对地位，超越了一般而成为非一般的存在，使得一般与特殊之间有了鸿沟和距离。现实中针对正向特殊的渴求，如名利、地位等，使得人人都希望作为平凡人的自己也能够拥有成功的前提品质或孵化情境，于是绝对意念便产生了。"名校标签""一流学科""示范基地"以及"别家的孩子"等纷纷以观念的形式直接深嵌入人们的头脑中，紧接着间接而广泛地渗透进教育实践的方方面面，直至演化为院校及教育者的日常诉求及言行。

从教育群体来看，"根据经验动机，我们从直接的被经验之物中推演出未被经验之物；我们进行总的概括，然后我们再把一般认识运用到个别情况中，或者运用分析思维从一般认识之中演绎出新的一般性"[①]。大量从特殊中归纳而成的教育理念遮蔽了教育的领空，教育被要求秉持相同的理念、遵循相同的轨迹、追求相同的价值，这样的意愿促使人们不得不去重复样板所走过的道路。但事实上，以复制的方式达至杰出的案例寥寥无几。

（四）表象之"果"，遮蔽了本质之"因"

当我们言必称哈佛、伊顿的时候，有没有注意到他们追求卓越的行为逻辑——怎样学习，开什么会，做什么事，如何决策？当我们细数名士风流、大师风范的时候，有没有关注到他们各自的生长轨迹——陈独秀进北大，陈寅恪进清华，费孝通进云大？当我们显摆学科创新、科技发明的时候，有没有同步认可这些成就业绩获得之前迈出的每一个踏步以及背后相互关联的要素成因——居里夫人的项目抗争，屠呦呦的孤寂求索？有没有人意识到一流大学的包容度和价值选择从来就不是偶然的？一些优质教育实践的经验在现实中的推广应用呈现出"非优质"的效果，盖因只注意到

---

① ［德］埃德蒙德·胡塞尔著，倪梁康译：《胡塞尔文集——现象学的观念》，商务印书馆2017年版，第17页。

成就之表象，而没有深入探究促使其达成"优异"的思维准备、行动参与、抉择机理及细微而敏锐的时机嗅觉。换言之，对优质教育的有形投入仅是前提而非重点，关键还在于高质量教育运行的内隐机制及要素。简单模仿达至的同化无法在质量水平上达成真正的同一，因为"科学的模式是一个'开放系统'，在这个系统中，陈述的相关性在于'产生思想'及产生其他的陈述和其他的游戏规则。科学中没有转写和评价一切语言的普遍元语言，正是这一点阻止了与系统的同化，最终也阻止了恐怖"①。

同样值得注意的是，"教育研究则往往使用量化的方法，要求研究者置身事外，多用抽象理论的演绎和量化资料的描述代替对鲜活生活体验的关注，试图如自然科学那样追寻客观真理和普遍规律"②。这本身就与教育的目的相悖。亚里士多德有一个著名的三式推论：E-B-A，A-E-B，B-A-E，其中E是个体性，B是特殊性，A是普遍性。黑格尔指出："至于欲寻出命题的哪一种形态，才可以使得我们在格式的推论里推绎出正确的结论，这乃是一种机械的研究，由于这种研究的无概念的机械性和无有内在的意义，理应被人们忘掉。"③我们的教育实践恰恰在大力寻找使一般达至特殊的终极模式和路径，却忽略了教育与其他行业在本质上的区别。

有必要澄清，"本真的科学包括对知识的方法和界限的认识。但是，如果一味信奉科学成果而丝毫不了解其方法，那么，迷信就会在错觉中取代真正的信念"④。而这在教育中将会带来更大的灾难，因为教育是不能试错的。

---

① ［法］让-弗朗索瓦·利奥塔尔著，车槿山译：《后现代状态》，南京大学出版社2011年版，第221页。

② ［加］马克斯·范梅南、李树英著，李树英译：《教育的情调》，教育科学出版社2019年版，第161页。

③ ［德］黑格尔著，贺麟译：《小逻辑》，上海人民出版社2008年版，第332页。

④ ［德］卡尔·雅斯贝尔斯著，童可依译：《什么是教育》，生活·读书·新知三联书店2021年版，第146页。

二、教育焦点指向"特殊"，而教育重点实在"一般"

个别（特殊）与一般之间的关系有三种可能：个别是个别，一般是一般，二者不可替代，不能模仿；个别就是一般的代表，普遍性的特征寓于个体之中，通过个体得以反映出来；部分的个别在独特的前提之下可以联动或转换为一般，当时空条件改变时才会发生相应的改变。特殊与一般的关系在不同社会领域及不同的学科中有不同的耦合方式，教育样板的悖论和误会的根源在于对二者关系的简单化对应和可能性推演，忽视了教育的多变性和复杂性。现实教育中，样板是一种特殊存在的个别，当其价值被过分放大之后，一般的价值就会相应被忽略。

（一）关于个别与一般的学理辩驳

在哲学领域，一般与个别最早的雏形是早期古希腊哲学中对"一"与"多"问题的探讨。个别代表的是单一量、少量，一般代表的是整体量、多量，由量变达至质变并非一般的直接质变，它是一个渐进的过程，当个别量变达到一定程度时，一般的质变才得以产生。苏格拉底明确提出了一般与个别的关系，他以问答法的方式引导人们从经验中归纳总结出一般。亚里士多德提出了"实体"和"共相"的概念，前者指向具体的个别事物，后者指向个别事物的一般种和属。[①]洛克提出"一般观念的一般性完全在乎它适用于或可能适用于种种特殊事物；一般观念作为我们心中的观念，就其本身的存在而言，和其他一切存在的事物是同样特殊的东西"[②]。肯定了一般中存在特殊，特殊中包含一般。黑格尔指出："个别就是从区别出发而在绝对否定性中自身反思的概念。"[③]个别是分离、区分，是寻找特殊的、不同的东西，于是可以分辨其为个别；一般是合并、同一，是寻找

---

① ［英］罗素著，何兆武、李约瑟译：《西方哲学史（上卷）》，商务印书馆1963年版，第207-208页。

② ［英］罗素著，何兆武、李约瑟译：《西方哲学史（下卷）》，商务印书馆1963年版，第152页。

③ ［德］黑格尔著，杨一之译：《逻辑学（下卷）》，商务印书馆2020年版，第267页。

相似的东西，于是可以统一为一般。列宁认为："个别一定与一般相联系而存在，一般只能在个别中存在，只能通过个别而存在。任何个别（不论怎样）都是一般。任何一般都是个别的（一部分，或一方面，或本质），任何一般只是大致地包括一切个别事物。任何个别都不能完全地包括在一般之中，如此等等。"①除此之外，一般是较为平衡稳定的状态，个别也指特殊情况，是不稳定或变异状态。

在教育学领域，知识来源于经验的累积与分化，"经验关注个别化、偶然化的东西，而知识是一般性的东西，教育也就在于引导人们从已知走向未知，从个别走向一般，只有这样，人才算真正学会了某样东西"②。个别指向单一的人、单一的学校，一般指向大众和学校整体。同时，个别指个别经验，而一般指一般知识。此外，个别指教育水平或知识掌握程度、能力等的特殊显现，要么优于常人，要么低于均值，一般则指向整体的平均状态。

在管理学领域，组织与管理最初源于对集体任务进行的劳动分工，以便更有效地利用不同个体的技能，一般与个别指向管理的一般化与个别化。在泰勒提出科学管理原理之前，"早期的企业主正在新兴的工厂体制中学习走路，技术问题与劳动力问题花费了他们如此多的时间，以致他们几乎没有时间来明确地概括管理的一般化"③。此时，"每个行业及其存在的问题都被认为是独特的，因而一位企业主得出的原则被认为不适合于不同的情况"④。管理领域还停留于个别化的、旧式经验积累，员工自觉的主观能动性决定了企业的兴衰，这样的管理是十分艰难的，因为员工的自觉

---

① ［俄］列宁：《列宁全集（第38卷）》，人民出版社1992年版，第409页。

② 卜玉华：《事理意蕴："生命·实践"教育学理据之问》，华东师范大学出版社2014年版，第17页。

③ ［美］丹尼尔·A. 雷恩、阿瑟·G. 贝德安著，孙健敏、黄小勇、李原译：《管理思想史》，中国人民大学出版社2011年版，第57页。

④ ［美］丹尼尔·A. 雷恩、阿瑟·G. 贝德安著，孙健敏、黄小勇、李原译：《管理思想史》，中国人民大学出版社2011年版，第57页。

性难以把控。查尔斯·巴贝奇率先运用了一种科学的管理方法，成为科学管理的始祖，之后，泰勒提出了科学管理原理，成为公认的"科学管理之父"。不同于旧式管理，"在科学管理方式下，员工的主观能动性是可以完全统一获得的，并且比旧的管理方式程度更高"①。它是在个别经验基础上提炼出来的有效的、可以普遍运用的管理方法，"它可以被运用于各种类型的工作，从最基本的工种到最复杂的工种"②。管理由此实现了从个别到一般，从旧式管理向科学管理的转变。

在社会学领域，个别与一般分别指向个体与群体。马克斯·韦伯认为个体行为和群体概念存在着三种关系：第一，由群体构成的组织所指的一般只是实际发生的或思维建构的个别人的社会活动的特定过程，不存在"行为着的"群体人格；第二，那些属于日常思维、法学或其他专业思维的群体概念，是关于比如存在着的或者应当适用的事物的观念，这些观念具有普遍性，指导甚至决定着现实人的行为方式；第三，从整体出发对单个主体及其行为的说明，不仅要把握整体所起的决定作用，更要"理解"个别参与者的行为。③

（二）个别导向的悖误缘由

悖误是悖论与误会的混合表意。为什么说是"误会"——大家都以为是这样，其实未必。为什么说有"悖论"——通行的定义是：从看似可以接受的结论，通过看似合理的论证，推出看似不可以接受的结论。悖论一般包含三个要素：前提、论证和结论。而要消解一个悖论，亦可以有三种方式：通过对前提的考察，拒绝部分前提；通过对论证的考察，否定论证的有效性；接受结论。由此，有助于我们修正不正确的直觉，发现理论中

①［美］弗雷德里克·温斯洛·泰勒著，居励、胡苏云译：《科学管理原理》，四川人民出版社2017年版，第21页。
②［美］弗雷德里克·温斯洛·泰勒著，居励、胡苏云译：《科学管理原理》，四川人民出版社2017年版，第24页。
③［德］马克斯·韦伯著，胡景北译：《社会学的基本概念》，上海人民出版社2020年版，第21-25页。

的漏洞并澄清相应的概念。

教育样板推广存有可能性的误导，类似于直觉的错误。从个别与一般的三种关系来看，一般包含完全的个别或部分的个别，非一般也包含完全的个别或部分的个别，二者的区别在于：一般所包含的完全个别在一般之内，非一般所包含的完全个别在一般之外；同时，一般包含的部分的个别在一般之内，非一般包含的部分的个别在一般之外。特殊即非一般，是一般之外的个别，同时是一般之外的部分个别。样板是非一般的存在，其产生有两种形式。其一为完全的个别，即教育培养完全个别的人，这与教育的社会属性是相悖的，因此，教育不能直接培养出完全特殊的榜样。那么，样板产生走入第二种形式，一般之外的部分个别，即作为个别的人具有一部分一般属性，也有一部分特殊属性，当教育致力于样板塑造时，必然要发挥其特殊性部分。而样板恰恰是教育所培养的人经过了纷繁复杂的社会生活洗礼之后，综合筛选的结果，大多经过了体制化教育之外错综复杂的"化合"过程。事实是，教育意图的刻意叠加不能直接造就特殊人才，我们夸大了程序化教育的功用，从而导致悖误。

以受教育者为例，大体分为普通人和非普通人，非普通人既有天才也有怪才甚至是疯子。人可成为天才，亦可成为普通人，天才的长成有其特性，而普通人缺乏这样的特性，若要把普通人培养成为天才，则要植入天才的某些特性，但是其结果却是未知的——或能成为天才，抑或成为非天才，而非天才又包含着两种可能性，即普通人或非普通人。主观推行的教育有时候亦会走入与天才期待相反的境地。按天才培养的普通人因其具有普通人的特性，因此成为普通人应当是一种必然；若成为天才那也并非异变，而是其特性里存有成为天才的特质。单纯的模仿断然无法使其成为天才；成为非天才似乎有更大的概率，因为其作为普通人却失去了普通人生长的条件，挪入不适宜的、看似标准无缺的天才生长环境，正如需要一条鱼学会在陆地上生存一样，这样对正向变异的期待，其根本上就透着荒诞。普通人的环境去不了，天才的环境被动适应，如此一来，两头不将就，生成怪人亦有可能。

从形式的必然出发，若按自然科学当中的精准配比来看，天才似乎是可以发生的，也可批量生产的；但从实在的必然来看，天才具有规定性和变异性，特别是思维、感知、理解、转化、衍生等的不可控，使得天才培养没有实存的内容，只是一种理想的可能性。"世间没有两个一模一样的孩子，孩子们也不可能用完全相同的方式去体验相同的情境。"[1]每个人的成长都是独一无二、无法复制的，一个人能成为天才，其本身就存在诱发这一结果的因子。

从特殊与一般的演绎逻辑来看，"本质上，推理过程就是从特殊归纳出一般，再由一般演绎出特殊。缺少一般性的推理不成其为推理，缺少具体性的推理则完全没有意义"[2]。可见，真正能由一般推演出的特殊一定存在于一般之内，除此，毫无例外。但这并非指出教育要忽视个别与特殊，而是强调教育要关注一般之内的个别，而非花费大量时间精力去研究或打造非一般的特殊，否则，反而会成为缘木求鱼之举。

（三）教育关注一般的必然性

黑格尔强调："普遍的东西是其差异的总体和原则，差异完全只是由普遍的东西本身规定的。"[3]用以解释关注特殊性和个别性而忽视普遍性的谬误，指出三者之间不是独立的关系，而是相互联系的。当特殊性谬误消亡时，普遍性将不复存在。鉴于教育经验，成功的人一定具有非凡的特性，但教育的追求并不能偏执于此。换言之，教育理想旨在孕育全面发展的人，而不能偏狭于成功的个案。如果仅侧重于把成功的非凡特性聚合起来，也未必就能培养出一个成功的人。一般并非整齐划一的一致，一般也并非单

---

[1]［加］马克斯·范梅南、李树英著，李树英译：《教育的情调》，教育科学出版社2019年版，第12页。

[2]［英］怀特海著，赵晓晴、张鑫毅译：《教育的目的》，上海人民出版社2018年版，第63页。

[3]［德］黑格尔著，杨一之译：《逻辑学（下卷）》，商务印书馆2020年版，第274页。

一的一种，而是真正与我们联系在一起的教育现实，是教育的普遍情形。

人具有复杂性，教育也具有复杂性，但正是因为关注到人可教、可塑、可发展的一般特点，学校教育才得以产生和存续。同时，教育方法与内容必须以群体来设计，才符合受教育者身心发展的一般规律。"中学生经过艰苦努力，从把握个别事实进步到开始理解一般观念；大学生则应该以一般观念为起点，探究他们如何应用于具体情形。"[1]可见，以人的发展来看，一般衔接了人的整个教育过程。由一到百、由点及面是教育发展的愿望，点面在一般领域内可以交叉作用，偶尔可以相互转换，但根本上点还是点，面还是面。教育，特别是学校教育是整体性塑造人的活动，追求群体的高质量发展，让"面上"的教育生命更加美好理当成为未来高质量教育的落脚点和归属。

样板是教育的特殊样态，而一般才是教育的常态。后者理当成为教育设计和关注的重心，也只有后者才能被培养和塑造。"一个事物是可能的还是不可能的，取决于内容，这就是说，取决于现实性的各个环节的全部总和，而现实性在它的开展中表明它自己是必然性。"[2]样板外显的东西是"内容的形式"，而并非"形式的内容"，"内容既具有形式于自身内，同时形式又是一种外在于内容的东西"[3]。当二者返回自身时，形式就是内容，二者高度统一，但当其不返回自身时，形式与内容便是不相干的外在存在。现实教育中形式与内容统一的个体是少数，形式与内容不统一的群体是多数，这就是移植教育模式收效甚微的主要原因。学校组织的发展理念存续于每一位学生与教师的实践中，相较而言，机构形式则是次要的，如果一般学校的生命内容消解了，仅凭榜样的机构形式无法将其挽救。[4]

---

① ［英］怀特海著，赵晓晴、张鑫毅译：《教育的目的》，上海人民出版社2018年版，第32页。

② ［德］黑格尔著，贺麟译：《小逻辑》，上海人民出版社2008年版，第279页。

③ ［德］黑格尔著，贺麟译：《小逻辑》，上海人民出版社2008年版，第261页。

④ ［德］卡尔·雅斯贝尔斯著，童可依译：《什么是教育》，生活·读书·新知三联书店2021年版，第144页。

在具体的教育情境下，样板提供了上线标准，是"他者"，无疑具有点上的诱惑或吸引力，但是大多数人其实对此无感（比如，不在班级前十位的同学绝不会在意，因为与他们无关）；而教育运行的制度规范构成行为底线，关乎每一个人，能够产生面上的推动力，事实上更加有效地作用于整体，能够联动并有效推动群体的前进。

因此，学者们不应该沦为特殊样板的简单注疏者，而应该侧重于探究如何将特殊价值转换为一般营养的可能性。样板有益，但如果过度关注，则容易得不偿失。

三、和谐共生、相得益彰的教育诉求

其实，一般群体才是教育的"重点"，务须认真落实到位、永不懈怠；而教育的特殊成果自会成为众目睽睽的"焦点"，常常被人拿来彰显，是为炫耀的资本。然而，应当如何调适教育对榜样、模范、特例的理想化作用机制，才能更加有效地促进现实中各级各类教育的相携共长并实现各得其所的繁荣局面呢？

（一）人才培养有榜样，但不以榜样为标的

教育样板的确立具有积极的示范效应，但教育的根本指向并不在于把A培养成B，而是要促使受教育者努力在良性的教育环境中成就自己。健康的人才培养系统理当是开放的，徜徉其间，天才不被羁绊，弱者不被轻视，人人各适其性，"美美与共"。

上不设限，让天才有驰骋空间。天才的产生需要机缘，不可强求，而天才的发现既需要慧眼，更需要包容。我们无从知晓历史上曾诞生过多少天才，但可以确定的是许多天才尚未发光就已经被世俗泯灭。秩序一方面维护并推动着人类社会的发展，另一方面，它也是殊相个体的规制者或毁灭者。天才大多言行迥异，可以修成样板，亦可沦为癫狂。理想的教育应尽可能少地采用规制的手段或消磨的伎俩，要最大限度地创设开放空间，倡导并力挺个性化人才的自由生长。正如哈耶克所言："正是由于自由意味

着对直接可知个人努力之措施的否弃，一个自由社会所能使用的知识才会远较最明智的统治者的心智所能想象者为多。"①

下不封底，让弱者可以领受有爱的教育。教育中人千差万别，有强就有弱，有健全者就有残缺者，教育需要以不卑不亢的态度包容之，以公平慈悲的情怀对待之。教育是公平的事业，应为不同的个体提供发展的可能。从某种意义上讲，扶持弱者，使其获得身心全面发展是教育更值得彰显的功德。"我们教育的另一个目的，就是进一步帮助孩子完善他的身体和心智，让孩子可以更好地适应社会生活。"②教育应充满人文关怀，饱含学术温度。

纵横开阔，让不同的人各得其所。教育并非训练整齐划一的队伍，而重在维护个体生命的自由。"自由是人生命的标志，人获得自由的状况即他的生命存在状况，人对自由的把握力即他的生命力。"③教育所形成的独特场域并非作用于对人的掌控，寻求相同的结果，寻找相似的路径，而是要让不同的生命个体徜徉其间，不断地认识自己，转识成智，进而自信地踏步于自己的生命旅程。

（二）学校发展有范式，但不以范式为局限

哈耶克指出："不存在（在自由社会也不可能存在）可以确定不同目标中哪个更重要或不同方法中哪个更合乎需要的唯一标准。或许在任何领域是否可以不断得到可选择的其他方法都没有像在教育领域那么重要，教育领域的任务是使年轻人为不断变化的世界做好准备。"④学校组织发展不能简单以名校、示范校、优质校等为标准，更别以为这些标准是放之四海而

---

① ［奥］哈耶克著，邓正来译：《自由秩序原理（上卷）》，生活·读书·新知三联书店1997年版，第30页。

② ［英］赫伯特·斯宾塞著，甘慧娟译：《斯宾塞的快乐教育》，北京理工大学出版社2020年版，第120页。

③ 张楚廷：《教育哲学》，教育科学出版社2006年版，第228页。

④ ［英］哈耶克著，杨玉生、冯兴元、陈茅等译：《自由宪章》，中国社会科学出版社2012年版，第563—564页。

皆准的。一旦教育主体与教育情境相脱离，在刻意框定的指标引领下产生的教育言行难免会出现南辕北辙的效应。

就学校内部而言，组织发展需要有流通性。内部流通性并非浅层的人事调整、机构增减、教学安排等，而指向更深层的协调，因为"学校最根本的发展机制就是改善和重组自己的建设砖块"[①]。发展的每一步都要关注自身的发展状态，并根据现实情况作出有益的调整。换言之，组织发展是有生命的发展，并非组装的无生命搭建。内生动力的激发应成为学校变革的重点。学校组织发展是主动性的内在涌现，而不是被动性的外在牵引。

就学校外部来看，组织发展需要有流畅性。外部流畅性即各种类型的学校在环境、情境、交流、学习等方面的畅通无阻。样板标准下的外部交流带有引领性和单一性，搞不好就会成为"伪交往"和"假交流"，容易阻滞院校之间平等且多元互动的可能性。长此以往，学校组织的发展方向就会相应收缩，从而失去灵动性。正如一棵树的生长不只需要一条根须，学校组织的发展也需要从四面八方吸收适合自身发展的养分，要充分地利用院校发展中遇到的"意外"，以及无法预测的机动条件，这些机缘是作为个体的个人或组织原本所没有的，它能够促进教育组织发展呈现出生动活泼且健康向上的局面。

就办学条件而论，资源配置要公平。教育是浸润生命的事业，不是竞技比赛。老子在《道德经》中说道："天之道，损有余而补不足。人之道，则不然，损不足以奉有余。"无独有偶，"马太效应"称，在人类社会中通常是"对于少的，就会把他的全部夺过来；对于多的，就会继续给他，让他越多越好"——教育岂能如此？

资源聚集而成的院校或学科样板其实并不能成为有益的范式，因为不同教育组织的发展基础是极不平等的。目前，由于资源富集而上位的样板性建设正在引导教育走向一种误区，一种导致教育机会不均等的误区，一

---

① 卜玉华：《事理意蕴："生命·实践"教育学理据之问》，华东师范大学出版社2014年版，第179页。

种更容易拉大院校差距的误区。与此同时，教书育人的神圣感和科学探究的敬畏心大幅流失。

（三）价值取向要多元，有典型但不求一律

树立多元的群体教育目的观。健全的群体教育目的观不应以少数人的追求来替代多数人的追求，更不能以单一标准来强制要求教育相关各方，要包容不同，尊重各种选择，形成开放的价值体系，实现教育目的在宏观和微观上的和谐统一。

少做无效对比，关注人的发展本身。现行教育的优劣往往来自对比，"……比较视角就等于是外部、结果的视角，而不是内部、过程的视角，虽然有助于一时清楚自己，但却总是站在人家发展的参照系上看自己，这样，就永远找不到自己发展的起点和参照系，也缺乏内生的过程视角，最终找不到自己真正的发展路径。"[1]从人与人、班与班、学科与学科、校与校到区域与区域……教育无时无刻不处于对比之中。对标的积极作用毋庸置疑，而一旦泛滥开来，负面效应也不容小觑。一些科目排序、人人站队使得部分学生处于"负压"之下，厌学被动、消极情绪蔓延；部分班与班的对比使得一些教师压力倍增，职业倦怠，师生关系恶化等问题凸显；部分校与校的对比引发择校热、学区房等社会问题；部分区域与区域的对比导致人才异动，结构性错位，学科发展失衡……样板标识了差异，资源加剧了竞争，"千校一面"的取向更加剧了办学的同质化，如此这般之后，教育的生命感淡漠，教育样板的作用逐渐异化，个性化的人才也并未得到成长。

注重志趣，关注无形的动因。周国平曾强调自学和自我教育才是学习和教育的本质。教育发展的真正动力源于自身，世人皆知有形的动因，而根本的动因往往源自无形。前者容易随波逐流，后者方能静待花开。"一种观念或思想过于明确，就会丧失对教学和研究都很重要的惊奇性这一

---

① 卜玉华：《事理意蕴："生命·实践"教育学理据之问》，华东师范大学出版社2014年版，第108页。

点。"①一旦失去探究知识的乐趣，教育必将变得枯燥无味。就教育的情怀所系及功利取向而言，个体选择与整体选择不可替换，有形动因与无形动因不能混淆。有没有教育情怀是个人的事，制度能否有效地维护整体的情怀才是关键。

（四）实践探索求真谛，勿以指标论英雄

从时空节点来看，教育指标伴随社会发展逐步衍生，指标继而催生了样板。其实，是先有教育，后有指标；学校是教育的组织载体，先有名校，后有名校标准。名校及其教育样板所形成的指标是有限的，而教育实践的变数却是无限的。

从形式来看，教育样板的指标有形，但品质无形；教育的角色有形，但学术无形；教育的制度有形，但思想无形。无论是教育研究还是教育改革实践，树样板是手段，育人才方为归属。专注于"一般"才是教育的常态。教育实践可以着眼于优质教育，却必须着手于普通教育。

样板在前，效仿或借鉴要注意两点：第一，学习样板不是照搬经验、复制做法、拷贝制度、不加甄别、全盘吸收，而是要正确定位、确认价值、辩证吸收、绝不盲崇，更不以指标论英雄；第二，教育研究是对行动理据的研究，即行动的理由、依据及原因。榜样推广并非聚焦于其框架模型、成果数量、具体做法，而是要分析他们如何紧扣自身实际并设定发展内容，如何调配要素关系达到组织内部的精简高效，应对突发情况时各方如何运转以迅速解决问题……换言之，结果彰显但难得效仿，而过程动因才值得推崇借鉴。

同时，实践研究要复归本体。样板先进，但不一定照得见后进者的真问题；蓝本有效，但不一定提供得了解决本真问题的锦囊妙计。普通教育最需要反躬自省，持续关注自我所拥有的生存条件，不断检讨自己的生长定位，努力促使自身发展要素之间的优化和谐，进而更好地成就自己，而

---

① ［美］亚伯拉罕·福莱克斯纳著，徐辉、陈晓菲译：《现代大学论：英美德大学研究》，浙江教育出版社2001年版，第27页。

非成为他者。

事实上，越开放的教育制度体系越有可能孕育出更多的教育样板，但这些异乎寻常、各不相同的教育样板并非因为模仿或再造别的教育样板而产生。世上天才大都接受过不同程度的教育，但基本上都不是格式化教育的结果。样板有力量，但不应成为教育的主体诉求。老子说："智慧出，有大伪。"治校办学理当回复平常心，校园宁静温馨，师生心静如水，学问相携，砥砺共生，才是教育的初心。

（本文原载于《大学教育科学》2023年第5期，有删改。）

第三节　理想与欲望：教育发展的真实动机探究

事物发展的方向、走势及所能够抵达的境界无不与动机息息相关，教育实践活动亦然。教育行为与动机之间的关联不仅影响到教育品质及其持续状态，更关乎教育本身的价值归属，甚至会决定利益相关者在相当一段时期内的思想观念和行动取向。教育之言行动因及联动机制到底是源自理想的牵引还是欲望的策动？依然值得拷问。毋庸置疑，外在的"现实"给教育施加了过大的引力及压力，使得教育发展的正常轨道发生了偏移并严重倾向于近利，教育受本真理想调节的程度越来越小。事实上，远功与近利有时候矛盾对立，有时候相辅相成，唯有二者和谐统一才能构筑起教育高质量发展的真实契机。本节从与众不同的视角揭示了物欲生境和浮躁概念裹挟下的教育动机漂移现象，从动机、人、教育与发展等多个角度深入考证了教育发展动机的生成机理，认为教育不会与理想完全契合，也不会完全落入现实的泥淖，大多会处于现实与理想之间，唯有"动机和谐，动能恒常"才是高质量发展教育动机的正确打开方式。面对未来教育的挑战，只有理想，也许绕不开眼前的矛盾；而失去理想，一定会撞到未来的屏障。

万物运动，自有其缘由，阴极阳生，阳消阴长是为常态。云卷云舒离不开大气洋流的扰动，潮流涌动皆因山川地势的托举。至于由有机物所构成的复杂生命，无论高下，其衍生发展除了外部力量的塑造之功，断然少不了内因的作用及内力的驱动。而自诩为高级动物的人类，或形单影只，或门庭若市，起心动念、躬身实践无不因动机驱使而然。教育是关乎人的、有生命的、神圣的事业，当教育现实中的一切人或事都义无反顾地奔着高大上而去的时候，我们需要反躬自问：教育索求的意义、教育发展的取向以及教育功德的归属到底是什么？当我们努力工作、献身事业、拼命冒进的时候，内在的动因及联动的机制到底是源自理想的牵引还是欲望的策动？

而今，高质量发展成为教育诉求与实践探索的新常态，无论从教育个体出发还是基于整体考量，其意义毋庸置疑，其价值无比彰显，但"现实的教育并非总是具有正向功能，它经常会产生与教育愿望不相吻合甚至完全相悖的作用"①。其中的奥妙就在于达成高质量这一预期结果的动机存在差异，并不只关系到高质量达成的实际效果与持续状态，更关乎教育本身发展的目标价值及方向正误，甚至会影响到社会上的相关利益群体在相当一段时期内的思想观念和行为方式。高质量发展教育是在理想的愿景中逐步成型还是在现实的欲望下恣意生根，有待细细辩驳，认真考量。诚然，教育不会与理想完全契合，也不会完全落入现实的泥淖，大多会处于现实与理想之间。当下的情形是，现实给教育施加了太多引力及压力，使得教

---

① 吴康宁：《教育社会学》，人民教育出版社2019年版，第432页。

育发展的正常轨道发生了偏移，教育受理想调节的程度越来越小，教育几乎彻底为"现实"服务了。

纵观教育发展史，理想与现实有时候脱节，有时候协调一致；远功与近利有时候矛盾对立，有时候相辅相成。唯有二者和谐统一，才能构成教育高质量发展的真实契机。

一、物欲生境和浮躁概念裹挟下的动机漂移

事物发展的方向、走势及所能够抵达的境界无不与动机息息相关。由远而近，教育主体的动机分别肇始于形上的理想、美好的愿景、充沛的情感、浓厚的兴趣、燃眉的需求，直至外力钳制下的"被动"，亦即庄子所称的"不得不"。动机生发的价值维系与强烈程度决定了主体行为的坚韧度和耐受力，继而联动行为主体最终达成各自所谓的"成功目的"。但是反过来，当某个行为主体表现出强烈的发展意愿并相应展开一系列行动的时候，人们却很难从表面上或短时间内简单判断出其动机的缘由，也就是说，当某类人群铆足了劲头，一股劲儿往前冲的时候，既有可能受到了抽象高远之理想的感召，亦有可能是因为现实功利欲望的驱动。

（一）程式化的竞技游戏

近年来，愈演愈烈的教育绩效考核和教与学本真的志趣渐行渐远，大有分道扬镳之势。而由此联动的"内卷"使得学府内外的众生纷纷被裹挟进同质化的竞技游戏，且难以自拔。根本缘由还在于理想与现实的剥离。育人的旨趣以及科研的志趣之起心动念本源于教育及高远的学术理想，而吹糠见米的绩效考核则牵动起强烈的现实欲念。二者之间之所以难以调和，盖因指向长远的教育科研志趣大多无法快速满足短期内的绩效考核目标。这就使得一些学者不得不耗费心力，调整策略，采取应景的方式去完成眼前的指标，以博取丰厚的教育科研绩效。如此一来，教育及科研便不自觉地走上了一条背离教育及学术初心的"业绩"竞技之路。三种困局由此而生：其一，个体不断内耗，热情消减，个体内部因竞技的持存而无法达成真正的合作，难以促进思想的融会贯通；其二，由绩效所激发的速成研究成果良莠不齐，弄虚作假、贪婪短视现象丛生；其三，当教育的形而上价值被形而下的功利欲望逐步替代，教育整体的运动趋势必然向现实需求倾斜，从而导致品质下降，可持续发展的能力被削弱。

个体如此，教育组织概莫能外。当师生个体浸染于欲望之中，作为载体的教育组织自然也被卷入了排名竞技之战。在同质化的教育生态之内，很少有学校或学科组织可以置身事外，因为各种各样的竞技活动所牵引出的利益纠缠、资源倾向直接决定着学校的生存与发展机遇。此时，作为手段的竞技活动及游戏规则已然演变成了教育的真正目标。因为别的学校有，所以我们学校也要有；别人如是，我亦不甘落后。而"一旦头脑因过度敏感而变得盲目，疯癫便出现了"①。当不能进入主流，失去了争抢机会的时候，人人、校校都倍感失落。往后，一轮又一轮的攻坚战自然成为必须，更多的资源被调度，更多的人员会投入，一切都是为了抢占先机，博得政策青睐和资源眷顾，于是，宣传动员，细节规训，环节打磨，专家坐镇，各种鼓舞词汇相继迸发，如"冲刺""抢占""决战""突破"等，"以往被视为盲目的将变为无意识，以往被视为谬误的将变为过失。"②其结果就是校校、人人越来越忙碌，而原初的教育目的已然在奔跑的过程之中被淡化甚至是遗忘了。当所有学校都陷入循环往复并具有同样套路的竞技活动中时，教育发展看似动机强劲，佳绩频传，但品质上却缺乏有意义的突破，鲜有本质的改变。

让人讶异的是，程式化的竞技已然成了教育的常态。大家都习以为常，视之为教育发展理所当然的运行轨迹和进步方向。"本应如此"促使人们按照固定的方式来应对所有的问题和成长的变故，如何在教育竞技中

---

① ［法］米歇尔·福柯著，刘北成、杨远婴译：《疯癫与文明：理性时代的疯癫史》，生活·读书·新知三联书店2019年版，第146页。

② ［法］米歇尔·福柯著，刘北成、杨远婴译：《疯癫与文明：理性时代的疯癫史》，生活·读书·新知三联书店2019年版，第146—147页。

获益成为第一选择，而沉淀格物、厚积致知、周期性地守候大都失去了意义，教育组织及其中的人们无不任凭直接默认的利益准则驱使。"争先恐后"嵌入了个体、群体乃至整个教育事业的潜意识中，直截了当的知识获取，按部就班的行为模式，把教育逐渐推入一种清晰透明的运行法则中，使之可计量、可测算、可透视。与此同时，聚光灯之外、需要面壁十年的高深学问极少有人问津，不确定的、灵动的教育魅力荡然无存。

（二）表演式的话语交流

话语表达是最直观的呈现和沟通方式，适用于任何领域。"语言游戏的效应带来的移位至少在某些限度内是允许的（而且这些限度也是模糊的），这种移位甚至是系统为了改善性能而进行的调节和修正造成的。"[1]教育的艺术性表述深受人们喜爱，这种话语表达是对教育存在的维系，有时通过有效包装或适当失实的方式呈现，抵御外部投射的过分关注和压力，形成一个更为宽松、优越、积极的内部环境，以确保教育场域的纯粹、安静；同时，教育语言表述的适当移位，从某种程度上刺激着教育内部表达方式的迭代。

众所周知，真理之表述常常言之凿凿，但有时候却并非指向真理，而是伪装在真理皮囊之下的实实在在的利益。"语言是疯癫最初的和最终的结构，是疯癫的构成形式。疯癫借以明确表达自身性质的所有演变都基于语言。"[2]当下的教育已经成了一个形容词泛滥的场域，各色表达不论事实，而只论表述（比如所谓的凝练特色），教育的话语表达不断吹嘘夸大，脱离实际，隐藏在各种表达背后的真实形象被不断放大、扭曲，教育的全貌被部分片段的极度扩张的言辞掩盖，其真实状况已经无法辨认。更令人担忧的是这种表演式的话语发酵使得教育长期笼罩于言辞的迷雾之中，从而模

---

① ［法］让-弗朗索瓦·利奥塔尔著，车槿山译：《后现代状态》，南京大学出版社2011年版，第61-62页。

② ［法］米歇尔·福柯著，刘北成、杨远婴译：《疯癫与文明：理性时代的疯癫史》，生活·读书·新知三联书店2019年版，第95页。

糊了教育前进的方向。

如此一来，识时务者皆知"不得不"的作为是为必须，而极少有人还会继续执拗地去坚守"应该"做的事情。"知识的传递似乎不再是为了培养能够在解放之路上引导民族的精英，而是为了向系统提供能够在体制所需的语用学岗位上恰如其分地担任角色的游戏者。"①语言与行为分道扬镳，表演得越投入，技巧性的回报率越高，到后来，所有的表达都是为了占有而已：有名无实的院校特色，有体无魂的学校文化，表里不一的口号宣称，知行两分的实践作为——敬畏心不再、意义感缺失、价值无处皈依、探究乐趣消弭、精神追求淡漠……教育理想与现实渐行渐远，教育理论与实践之间的鸿沟越来越深。

（三）赶集式的生发逻辑

教育本身具有复杂性，现如今被搞得更加复杂，在教育里总能找到流行的影子。"教育应当与社会息息相通，然而，它已不分青红皂白地与社会相厮混，社会万花筒中的五颜六色它已不太会分辨了，教育的脑袋渐渐地不长在自己身上了。"②各种行业、各种学科、各种领域的言行举止，经过移植转换，便轻易转化为教育的言行举止，相关研究也就自然而然地成了教育的新热点和新主张。而一段时间之后，人们又义无反顾地抛弃了上一轮的言行，转向追逐或迎接另一轮的新潮。如此，本应专注于智慧传承、学术探究和人才培养的学府，变成了一组无所不能的多功能"炊具"，并对标烹制出与之配套的、满足"实际"需要的一批又一批"万应灵丹"。

工具与手段本是促进教育与时俱进的外在条件，但是对工具与手段的过分崇拜，却会联动教育内在发生变化，使得"一种尝试迅速替代另一种

---

① ［法］让-弗朗索瓦·利奥塔尔著，车槿山译：《后现代状态》，南京大学出版社2011年版，第173页。
② 张楚廷：《教育哲学》，教育科学出版社2006年版，第162页。

尝试,教育的内容、目标与方法不断更换"①。教育系统从局部到整体被有意无意分解成无数片段与碎块,于是整个教育活动的系统性和连贯性都大打折扣。人们致力于用最先进的技术把每一个片段都做到精细、完美并可控,但其结果往往出乎预料。为此,人们找遍每个片段里所有可能存在的漏洞,交流、计划、重组、调整、变更……教育领域的技术变革越发频繁,人们就愈发亦步亦趋,而当人们疲惫不堪地赶上了一趟新潮之后,志得意满的感受会迅速地被新一轮技艺革新的焦虑替代,从而再次陷入纠结、冲突、磨合、适应与检验的无尽循环之中。

更令人担忧的是,原本以为需要长期固守的教育信念及理念也被变来变去的时髦取向所替代。对教育特色及创新的浅表性呼唤与追求,使得人们对深层次的教育理念缺乏判断和耐心,大量热门的新提法在人们的头脑中往来穿梭,忽左忽右,今天追逐这个,明天选择那个,后天再更新另一个,所有的机会都不想放弃,每一种流行的风潮都想追赶,每一波政策红利都不愿意错过,师生言行不再笃定,行为取舍重心不再,摇摆不停,什么都舍不得,样样都想掌控。赶集式的追赶之风严重干扰着教育的实践并降低了教育的品位。应景随波的教育言行将笃定的教育价值观冲击得支离破碎。相应地,在教育评价视域中,如若有学校坚持传统的、固有的办学特色和理念,反而会在新一轮的评价系统中失去业绩亮点和竞争优势,从而错失体制的青睐和扶持,进而影响到相关者的个体利益。

(四)具象化的器物打造

"培养什么样的人"始终是教育的根本性问题,千百年来不同的教育者针对不同的教育对象提出了各式各样的知识、品行和才艺要求,无不指望框定范围,明确规格,圈定标准,各自从不同的角度努力把"理想的人"以抽丝剥茧的方式具象化、清晰化。在此前提下,纷繁复杂的培养要求被先后提出,变动不已并不断细化,正如工厂订单那般,"需要生产什么样的

① [德]卡尔·雅斯贝尔斯著,童可依译:《什么是教育》,生活·读书·新知三联书店2021年版,第25页。

产品"规定得越清楚，产品提交之后的形态就可以别无二致，从而更好地满足生产者和顾客的要求。于是，就企业流水线而言，具象化的订单由于规格明确而优势明显。随着时代的发展，教育有意无意地栖身于工业订单的行列，"这些在相同规则下的形形色色的努力所造成的结果，当然会表现出少许特征，它们与拥有同一个头脑或想法的单个组织的特征或这个组织特意安排的特征相似"①。在强烈主观意志的驱使下，教育有时候难免僭越"园丁"的本分。今天的教育刻意地去打造某一类人、努力改变另一些人抑或争取塑造更多的人，于是，不得不设定明确的目标，规定出精细的指标，安排好清晰的训练环节和发展路径，亦步亦趋，以为越是精致越有利于控制，标的越明确越有利于达成目标。如此一来，通过耗费大量的资金和人力，或许可以如愿打造出相应规格的教育产品，但同时，会同步遏制受教育者的主观能动性，削弱教育发展的不确定性，限制教育主体的灵动性和生命力，阻断教育活动无穷的变数及创造性。工业品的质量标准与人的培养并不统一，有时候适得其反。工业品从原材料到加工成型包装再到消费完结即完成了宿命，但就活生生的人而言，教育孕育、培养抑或阶段性训练目标的完结，仅仅意味着一个新生命的诞生和启程。因为人，尤其是高素质的人，往往并非为了求知而探索，而是为了探索而求知。"我们被置于这个世界上，不是为了呆坐在那里获取知识；我们被置于此处是为了行动。"②

如此看来，现代教育从"培养什么样的人"这一号令开始，就逐步靠近了工业化的陷阱，而为了持续地提高教育生产的效率，制度化的索求就不得不继续强化具象化的业绩指标。在这一指针导引下，所有的努力似乎都在把这个陷阱越挖越深。这样一来，原本各不相同的人在历经教育打磨

---

① ［英］哈耶克著，冯克利、胡晋华等译：《致命的自负》，中国社会科学出版社2000年版，第130页。

② ［英］以赛亚·伯林著，胡自信、魏钊凌译：《观念的力量》，译林出版社2019年版，第358页。

之后就变得极为相似，"只有现在这个时代才有这种看似矛盾的事：人们深切关注着他们的行为对社会造成的直接影响，却从未创造出伟大的艺术或科学作品，也从未在人类的能力方面取得任何永久性的成就"①。而就开明的教育而言，我们或许更需要思考"教育无法培养哪些人"。通过解除或打破主观设定的"产品标签"和限制性枷锁，解放教育自身，激发教育生长的无限可能。

二、教育发展动机的生成机理

动机分为内部动机与外部动机，内部动机由内驱力激发，有生理内驱力与社会内驱力两种；外部动机由外部诱因产生，有正诱因（使个体趋向目标的诱因）和负诱因（使个体回避目标的诱因）之分。"内驱力和诱因有密切联系，没有内驱力就不会有行为的目标；反之，没有行为的目标或诱因，也不会有相应的内驱力。"②教育理想与欲望的动机生成机理表面上看大体相似，但深究下去却大不相同，"最上层的可能是最理想的，当然，最下层的可能是最现实的，现实的很可能是理想的或可以走向更理想的，理想的不一定是现实的，当它不再忽视那个链、那个网，当它望着最下层、最多样的目的时，它会是现实的"③。人、教育与发展三者密不可分，相互协调，彼此促进，其运动轨迹因受动机牵制而产生不同的功效，最终指向不同的归属。

（一）动机与人的关系

人具有主观能动性，"人必须自我完成，必须自我决定进入某种特殊的事物，必须凭借自身努力力图解决自身出现的问题"④。个体行为的产生天

---

① ［英］以赛亚·伯林著，胡自信、魏钊凌译：《观念的力量》，译林出版社2019年版，第358页。

② 张大均：《教育心理学》，人民教育出版社2015年版，第135页。

③ 张楚廷：《教育哲学》，教育科学出版社2006年版，第169页。

④ ［德］米夏埃尔·兰德曼著，张乐天译：《哲学人类学》，上海译文出版社1988年版，第246页。

生就与动机关联，这也是人的本质特性之一。但"人的需要、人的欲望、人的追求，都是动因存在的表现，先天存在，却又是后天可发展的"①。无论是受内驱力还是外诱因的影响，人的动机都会随着特定阶段内个体的选择和环境的变化而发生相应的改变。

人之为人，欲望无边，欲求繁多，佛学统称为贪、嗔、痴"三毒"，并视之为欲望的化身。大凡动机的产生源自人的欲望时，人会在短时间内产生极强的动力，所有资源及精力都在短时间内实现最大限度的调动且精于控制，异变概率极高。其结果存在两种状态：其一，当欲望实现时，人的动机会急速下降，迅速消失，直到新的欲望产生，又形成新的动机，如此循环往复。其二，若欲望没有达成，那么支持欲望的动机会消失或处于低频，要么彻底放弃，要么情绪内陷，走向偏执甚至误入歧途，如消沉、抑郁、自我怀疑。当动机的产生源自理想时，人具有心象上的稳定性，目标追求动力持久，着眼于未来，中途遇到困难会努力克服，不断检验、推翻、改进，不轻易放弃，设定目标达成后动机也会持久延续，甚至贯穿一生。

教育理想本应由高远的愿景所引发的动机联动生成，但现实可见的理想绝大部分却是以欲望引发的动机所带动的，结果使得人才培养偏于窄闭。在"唯物质主义"的语境中，"理想无用论"悄然上位并牢牢占据了人们的大脑，"源自我们神经行动的精神状态，限制了令精神状态诞生的大脑活动。诸如信仰、思想和欲望等精神状态，都来自大脑活动，反过来，它们又影响了我们的行动方式"②。欲望不断刺激着大脑活动，指导着实施欲望的行动——怎样以最小的付出获得最大的回报，怎样以最快的速度达成目的。通过风险评估，人们更倾向于欲望指引下的短期收益，而非理想指引下的长期、高回报收益。毕竟，在眼见为实的世界，真实可见的效果呈

---

① 张楚廷：《教育哲学》，教育科学出版社2006年版，第172页。
② ［美］迈克尔·加扎尼加著，闾佳译：《谁说了算？自由意志的心理学解读》，浙江人民出版社2013年版，第101页。

现比一切形而上的描绘更值得大众尊崇和信任。"理想丰满"听起来有意义，"现实骨感"却摸得到；虽有意义但远在天边，不及现实来得明确。前者听得多却找不到对应物，后者不用明说即唾手可得。谁是谁非有时候并不重要，谁能够抢占先机才是重点。

（二）动机与教育的关系

"怎样生长、朝向何方"是教育动机产生的前提，教育可以引导强化正确的动机，亦可联动、纠正或助长错误的动机。教育动机产生于两个层面，当其指向培养人、趋向真善美时，是理想的；当其化身为一种工具、一种服务指向于眼前功利之时，则更多地偏向欲望。

教育是一种社会工具，具有实用价值。但在此意义上的教育并不是全部的教育。当下的教育以能否满足社会各方的现实需求作为检验教育效果达成度的重要指标。"在各所高等学校中，大众生活倾向于毁灭作为科学的科学。科学只好迎合大众，而大众只讲求科学的实用目的，他们学习只为通过考试以及由此带来的地位；研究工作也只在有望取得实用成果时才得到推进。"[①]如此，教育动机在现实欲望层面不断发酵膨胀，在局部呈现单一结构的富营养化——大量教育产品在现实层面的异常堆积，形成"宇宙的尽头是考编和考研"的异象。但从整体来看，实用教育偏于短视，容易夸大教育的现实作用，使得教育目标具象化，发展动机低层化，其效应体现为功用、利用和实用。教育从这一角度出发去适应经济社会的高速度，无论怎么变革，总是难以满足需要。究其原因在于支撑整个社会体系的其中一方或多方不断快速运动，必然导致其他各方协调的困难，要么社会进化慢下来，要么教育快上去，否则就会导致整个体系的异变坍缩。社会进化慢下来，显然是不可能的，因为社会进化并非受理性控制，是一种自发秩序；那么余下的选择就需要教育快起来，于是教育"抛洒"便开始了，抛洒掉一些并非必要的包袱，不幸的是，基于眼前利益和短期业绩的考

---

① ［德］卡尔·雅斯贝尔斯著，童可依译：《什么是教育》，生活·读书·新知三联书店2021年版，第145页。

量，教育理想势必成为首要舍弃的负载。

然而教育远不只是一种工具，其存在会沉淀无尽的内部价值。杜威认为教育发展的是人本身，即人会主动认识自己，成为自己，存在着自身价值的成长需求（理想）和认知判断，这使得人接受教育的动机必然会趋向理想，其行动会转向整体性的和谐统一。对于教育内部而言，"要能够产生出我们称之为科学的东西，不是凭借技术，即不是由于杂多东西的类似性，或由于知识具体地在所有各种随意的外部目的上的偶然运用，而是凭借建筑术，是为了亲缘关系，为了从一个唯一而至上的、首次使整体成为可能的内部目的中推导出来……"[①]教育的真正发展是一个内部理想的建构过程，指向真理的探索，正如梅贻琦先生所谓大学、大楼与大师之谓，其内隐着理性精神的自美，映照出文化理想的光芒。

教育的理想与欲望在理论上可以协调一致，但实践中的平衡却难上加难。教育理想本应指引大方向，基于教育发展的本质规律，自高层次向下牵引着教育现实的走向，使得欲望的短时刺激也能够朝向理想的上行方向。但事与愿违，由于眼前欲望对教育的吸引力过强、影响过大，教育总不免偏向世俗而被桎梏于欲望的大山之下。欲望增长亦非一路畅通，因为理想总是会带给人以更多的期许，被欲望裹挟的教育理想无时无刻不在同步抗争，理性的光辉并不会自觉消亡，人们对美好教育的期望并不甘于让所有领地都被欲望侵蚀。于是，在世俗欲望的压迫孔隙中，教育理想的种子总在寻找发芽生根的机遇。

（三）动机与发展的关系

发展是由量变到质变的过程，也是矛盾斗争的过程，而"不同的东西互相有用的方式也不同；但所有的东西都因为它们自己的本质的缘故，也就是说，都因为是在双重方式下与绝对发生着关系的缘故而具有这种相互为用的性质——就其以肯定方式与绝对发生关系而言，一切事物都是自在

---

① ［德］康德著，邓晓芒译：《康德三大批判合集（上）》，人民出版社2009年版，第548-549页。

自为的；就其以否定方式与绝对发生关系而言，一切事物都是为他的"[①]。动机与发展存在两种关系：其一为正向关系，即动机促进发展的产生，动机与发展统一为一体，相互协调，是主动的、自在自为的发展；其二为负向关系，即发展诱发动机的产生，动机与发展不统一于一体、相互分离，是被动、为他的发展。

当发展由欲望产生时，动机经由引发欲望产生的外物回到自身，其产生具有随意性和时限性，可能诞生于外物刺激，也可能形成于同类模仿抑或盲目跟风。发展过程呈现明显的分段特征，发展方向并不明确，没有长远目标，并不总是向前推进，会受到蒙蔽、欺骗和阻滞，且这样的发展不一定会达成预期的效果，甚至会原地打转或重复倒退。如此这般，就会导致资源的浪费，从而阻碍真正的发展。

当发展由理想产生时，动机由内里生发达至外物，发展的动力积蓄是自然而然的过程，具有主动性和连续性。整个发展过程较为平稳和有序，能坚守初心，不为外物所左右，时机恰当且方向可测。发展目标聚焦于长远，资源调动优化集中，其结果与目标相符，能够获得本质意义上的发展和进步。

其实，并不存在完全正向或负向的发展，动机与发展的关系是上下起伏、不断波动的。动机时而促进发展，时而阻碍发展，其由欲望和理想共同调节。现实的矛盾是，发展受理想的调节越来越弱，因为由理想推动的发展速度已经无法适应社会进化的需要，而"一切进化，无论是文化的还是生物的，都是对不可预见的事情、无法预知的环境变化不断适应的过程"[②]。主体越庞大，发展速度越慢，主体越小，速度越快。跟风追潮式的主动变革以及亦步亦趋的被动适应，并不是因为教育本身的意愿偏差，盖

---

① [德] 黑格尔著，贺麟、王玖兴译：《精神现象学（下卷）》，上海人民出版社2013年版，第101页。

② [英] 哈耶克著，冯克利、胡晋华等译：《致命的自负》，中国社会科学出版社2000年版，第24页。

因外部压力及现实需求过于强大。

（四）理想与欲望的博弈

天地人和谐统一，事物的发展就能够兼顾眼前与长远，导向善治善终，所谓天时地利人和。就人类社会而言，要么靠时运，要么靠努力。前者靠天吃饭，后者靠自己吃饭。在理想与现实的天平上，教育要么坐等老天开眼，守株待兔；要么努力作为，自渡渡人。

人、教育、发展三者之间相互制约，相互促进，人是教育的主体，教育是发展的动因，三者统一于整体之内。欲望与理想的动机并非相互分离的，也无法分离，二者相伴相生。"有时候，自下而上的拉力（欲望）在行动之战中败给了自上而下的信念（理想）。然而，光有顶层，不依靠底层的参与，顶层是无法运作的。"①即理想的达成也需要欲望的参与。

对于人来说，理想形成的稳定性动机持久存在，为人的发展提供方向和路径指引，确保人的志趣高远，具有积极向上的内心期盼；欲望形成的井喷式动机在短期内形成高能量支撑，有助于提升目标达成效率，同时在长期的理想追求中给予人阶段性的鼓励，以增强信心，减少疲惫感，更易于目标的达成。

教育处于自然和人为之间，是一种共生物，一切教育都是自我教育，必然要经过自我进行转化吸收；教育也是人为施加的影响，必然受外部调节。因此，教育既不会是完全的理想，也不会是完全的欲望，它必然是理想和欲望的结合体。有时，"糟糕的是，只有当我们长时间地按照一个隐藏在我们心中的理念的指示狂乱地收集了许多与之相关的知识作为建筑材料之后，甚至只有当我们花了长时间在技术上去组合这些材料之后，我们才第一次能够清晰地看到这个理念，并按照理性的目的从建筑术上来构想一个整体"②。即外部欲望的堆积有时是为了看清隐藏于内部的理想，各种短时

①［美］迈克尔·加扎尼加著，闯佳译：《谁说了算？自由意志的心理学解读》，浙江人民出版社2013年版，第101页。
②［德］康德著，邓晓芒译：《康德三大批判合集（上）》，人民出版社2009年版，第549页。

的混乱是为了稳定的理想秩序。从这一点来看，教育中的欲望，也在不断促使人们从整体上来调适并把握教育的走向，从而使得理想的实现成为可能。

人的发展、教育的发展只是系统的一个角落，教育还与整个社会有千丝万缕的联系，指向更为广阔的领域。"按照嵌入性理论，可以把教育理解为深嵌于社会之中的一种构件，教育自然要区别于外部社会，且可以在一定程度上超越于外部社会，但却不可能真正脱嵌于社会之外；教育的真实状态是既受制于社会、服务社会，又表征着社会、型构着社会。"[①]教育必然要顾及和关照社会多方发展的利益诉求。就此来看，人的发展、教育的发展，乃至社会的发展动机无不受到利益欲望的强烈牵引。但是，人、教育、社会具有其本身的发展规律及平衡机制，人类社会一直在探寻三者间最和谐的图景，理想构成了其间最深层次的动机源泉。概言之，两者的动机在理论上相辅相成，而一旦理想脱离了现实诉求抑或是欲望失却了精神的导引，教育行动难免失之偏颇。高质量发展的教育最终能否实现，还取决于二者之间的平衡。

三、高质量发展教育的正确打开方式：动机和谐，动能恒常

教育生长与科学研究的动机一体两面，异曲而同工。在此，我们不得不提及1918年爱因斯坦在柏林物理学会举办的普朗克生日庆祝会上的一篇脍炙人口的演讲，听之使人醍醐灌顶："在科学的庙堂里有许多房舍，住在里面的人真是各式各样，而引导他们到那里去的动机实在也各不相同。有许多人之所以爱好科学，是因为科学给他们以超乎常人的智力上的快感，科学是他们自己的特殊娱乐，他们在这种娱乐中寻求生动活泼的经验和雄心壮志的满足；在这座庙堂里，另外还有许多人所以把他们的脑力产物奉献在祭坛上，为的是纯粹功利的目的。"[②]他的意思十分明确，虽然功

---

① 吴康宁：《教育改革的社会支持》，人民出版社2019年版，第3页。
② ［美］爱因斯坦著，许良英、范岱年等编译：《爱因斯坦文集（第一卷）》，商务印书馆2010年版，第170–171页。

利主义动机也能有所贡献，但是唯有非功利主义动机才能构筑起科学殿堂的根基。

古人云："无志之人常立志，有志之人立常志。"能量守恒是自然界最普遍的定律之一，在教育动机中则表现为理想的成分占比较高则欲望的成分占比就低，相反，欲望冒头则理想就会退隐。但能量守恒并非指总量的恒常，而在于其间的博弈和平衡。"冲动不需要完全放弃它们自己，相反，更好的情形可能在于，它们的目标与心的目标相一致，同时，它们不仅与它们的动量相配合，而且与它们自己的终极相配合。"①教育健康发展的契机在于理想的动机与欲望的动机相互调适，不偏不倚，理想的远功与欲望的近利相辅相成，如此方能有效促成高质量发展的建设目标。

（一）教育具相与本相发展相协调

动机助推事物向前发展，其功力分别指向内部或外部。外部表现为具相，内部作用于本相。

具相指向现实中教育外部具体存在的样态，能够测量、评估、比较；本相则是教育内部本真的样态，不可测量、评估、比较。具相与本相综合构成教育的样态，其区别在于，具相的发展变化不一定能使本相发生变化，但是本相的变化一定能带动具相的形变。方法、手段、步骤、技术、策略等处于教育的表层，因而最易感知、调整、变换，也正因如此，最易遭受蒙骗和蛊惑，被过分利用，成为欲望的遮羞布。具相面具下指标、等级、名次、地位等评比攀升欲望的过度繁衍，使得教育本相长期处于被忽略的冷清状态。久而久之，本相就会萎缩凋敝，直至腐败变质，消弭无踪。

教育要获得高质量发展，其根本在于本相的发展与进化，即教育的真实品质不断改良。教育内在的羸弱无法通过表相的热闹来掩盖。具相的修改、添加、引入并非没有根据的大杂烩，其缘由在于本相的发展需要什么

---

① ［德］米夏埃尔·兰德曼著，张乐天译：《哲学人类学》，上海译文出版社1988年版，第131页。

样的具相，其动机起源直指本相的理想，即教育的理想状态，因为"单是能对真实存在的东西做出申述是不够的，还要申述那为我们渴望知道的东西"①。教育本相被如何期待，教育具相便如何用力，正如知道船要驶向何方，船桨才能行动，教育本相与具相协力并进才能有效促进教育健康发展。

如此来看，把人、教育按照具体的方式来塑造本身就很荒谬，这只是一种外部控制，而把人、教育按照统一的标准来量化比较更加荒谬，其并不指向本相的发展。教育及其组织本身的自我完善状况，无法用静态的价值标准加以度量，重点要看其是否对人的生命成长有所助益，是否对学术的传承创新有所促进。

（二）教育借鉴与自生自发并举

如若外部采集与内在自发协同并重，则动机连带事物生长的功用就会倍增。

在教育发展过程中，借鉴是一种有效的方式。但简单的"拿来主义"，会诱使教育的借鉴活动演变为照搬或抄袭，沾染上蒙昧和贪婪的印记，这是非常危险的倾向，但许多人却不以为然。深究一下教育现实，不难发现外物（从流行概念到行为方式）充斥于耳目之间，而自身固有的内涵特质则越来越难以坚守，依稀可辨。相较于自力更生，借鉴转换要容易且有效得多，欲望也因此而膨胀。

见贤思齐当然是必然之选，但借鉴重点其实并不在于"借"，而在于"鉴"，必须先有鉴别或过滤。别人以为"优"的教育形式，并不一定适合自己或现阶段的自己；别人认为"劣"的教育形式，反而有可能恰恰是适合自己的。正所谓"尺有所短，寸有所长"。由此，教育的借鉴要以自身为轴，以敏锐的眼光做出取舍。不适宜的"优"要断然放弃，适合的经验亦非越多越好，必须恰到好处。众所周知，营养不良是个问题，需要着力解

①［德］康德著，邓晓芒译：《康德三大批判合集（上）》，人民出版社2009年版，第190页。

决；而富营养化则会带来更大的问题，需要加倍的成本和精力方能使之回到原点。

借鉴有效，但高质量发展教育的核心还在于自生，即对自我生长的理性判断和自发空间的有效创建。借鉴是外部辅助，而自生才是持久发力、永续进步的支撑，正如"大学的理念存续于每一位学生和教授的实践，相较而言，大学的机构形式则是次要的，如果大学的生命消解了，仅凭机构形式无法将其挽救"①。自我生长判断要求寻找符合自身优质发展的节奏和方向，而非别人的节奏和方向。兼容并包、兼收并蓄，最终才能独辟蹊径、自力更生、曲径通幽、柳暗花明。

（三）教育表达与缄默共融

动机朝向外部，大多会激发主体的宣讲欲望；而动机朝向内部，势必会引发主体的内省和自觉。

言语表达具有直观性，让我们得以高效地交流情感、播撒思想，但也正因如此，亦可同步宣泄不满、传达愚昧、蛊惑人心。随着时代的变化，当今教育的表达欲望日盛且愈发膨胀，盖因信息更迭的极速化、庞杂化，人们对条分缕析失去了耐心，从而迫使教育以最直观、最迫切的方式彰显自我。经由市场的推波助澜，教育间的相互竞争引发更急切的宣传意愿，话语包装等一系列技巧性的操作愈发娴熟，与此同时，大众对优质资源的内在向往促使教育外在的表达更加急切。长此以往，教育及其品相也就虚实难辨了。

教育事业有别于政治的显赫及经济的热闹，是一项着眼于未来社会发展，落实于个体生命塑造，且周期性强、内隐特征突出、变幻无穷的文化活动。说到底，高质量教育发展的根基在于内涵品质。而今，教育热衷于向外表达，专心于言辞构建，教育运行的品质涵养及内敛缄默却成了冷门，十分稀缺。教育所欠缺的恰恰是一种向下生根并扎根于社会人心的文

---

① ［德］卡尔·雅斯贝尔斯著，童可依译：《什么是教育》，生活·读书·新知三联书店2021年版，第144页。

化软实力，其不可替代，更客观、更持久、更有意义，而且价值斐然。有鉴于此，教育理当反求诸己，把更多的精力聚焦于本职，专注于本真的求索，持续地考量教育进程中那些值得求索的事物及其真实的价值，同步降低外在表达与言说的痴狂与盲目。

教育的缄默并不会抵减，更不会否定教育所取得的业绩，而是偏重以一种沉静之美、内涵深刻且谦逊的姿态来表达真正的自信，这往往是一种强者的姿态。静能生慧，沉静方能够明了真相，看破现实。而通过宁静致远的教育修为，加之以静制动的学理考辨，理想的教育就会逐步呈现。

（四）教育激荡与沉淀调和

动机由情感推动，多有激情澎湃的功效；动机由理性驱使，会有利于事物的稳定及可持续进步。

教育具有传承、选择、交流、批判、创新等文化功能，文化是教育的根本属性，文化的繁荣必然联动教育的良性积累，教育的发展必然促进文化的兴盛。但"受教育者已有文化特性与教育系统功能所蕴含的文化特性可能是'相容的'，此时两者互为'同质性文化'；也可能是相反的，此时两者互为'异质性文化'。在前一种情况下，教育系统功能行动易于收到预期效果；而在后一种情况下，产生预期结果的难度大为增加"①。丰富的文化资源为教育提供了肥沃的土壤，教育衍生的范围因之而扩大，但由此也会使得教育的生境变得纷繁复杂。教育需要热情地吸收、包容、采纳，更需要冷静地甄别、挑选和防控。扬长避短，去伪存真。

越是处于热闹的场域，教育越要冷静。欲望的刺激确有显效之功，但潮流消退后沉淀下来的价值才真实可靠。教育需时刻警惕被急功近利的旋涡裹挟，弄得满身疲惫。"我们无论是办学校、发展教育事业，或进行教育改革，都要重视与借鉴教育的历史经验，都应在原有的基础上积极改进、

---

① 吴康宁：《教育社会学》，人民教育出版社2019年版，第469页。

稳步向前，切不可无视教育的相对独立性，轻率地否认教育的连续性而另搞一套，否则，不可避免地会给教育带来一定的紊乱，甚至出现质量严重下滑的情况，使教育改革或发展出现大起大落"[①]。什么是近利，什么是远功，什么看起来真实其实很假，什么看起来无用其实有大用，我们到底要扬弃什么，存续什么？教育与社会永远需要保持一臂之距，方能够始终清醒。

教育需要与时代同行，但不能将自己化解在时代潮流之中，相反，教育要时刻把握自身的发展节律，在潮流中抓取自己所需的真实能量和资源，借力生长。任何看似完美、能量巨大的时代产物（实体或是观念），无论有何出色的表现，都不能无节制地、大肆地引入或植入教育系统之中，因为这会使教育发展的轨道更加拥挤，演化出更复杂的利益纠葛，从而干扰到教育的正常运行，拖慢整体进步的速度。教育的时代补给要以远大的教育理想为轴心，择善而从，恰到好处，适可而止。简而言之，教育的列车必须始终行驶在自己的轨道上，才能实现补给的优化和发展势能的转换，最终实现高质量发展的远景。

最后，我们需要重温爱因斯坦的一句话："把人们引向艺术和科学的最强烈的动机之一，是要逃避日常生活中令人厌恶的粗俗和使人绝望的沉闷，是要摆脱人们自己反复无常的欲望的桎梏。"[②]

教育如是！

（本文原载于《江苏高教》2024年第2期，有删改。）

---

① 王道俊、郭文安：《教育学》，人民出版社2016年版，第66页。
② ［美］爱因斯坦著，许良英、范岱年等编译：《爱因斯坦文集（第一卷）》，商务印书馆2010年版，第170-171页。

第四节　区域高等教育一体化的远景与近为

　　区域高等教育一体化愿景美好，在理论上是必然，在趋势上是热点，但在改革与发展实践中却步履维艰。面向未来，要实现资源互补、内外贯通、整合联动、有机发展的高等教育生态格局，必须借助强大的政府力量，跨越行政壁垒，突破不均衡的发展现实。同时，基于"离而不疏的地域相邻性""和而不同的文化相容性""'人无我有'的资源互补性"和"独立自主的高校能动性"等先决条件，切实策动高校个体间循序渐进的"联动行为"，以点带面，继而促进多维度联动并在此基础上创设相应的制度环境。如此，方能有效弥合远景与近为之间的差距，真正促进区域高等教育一体化的发展进程。

　　未来社会的竞争格局日趋复杂化，传统意义上个体间、学校间的竞争已迅速蔓延至城市或大区域之间。情势如此，以至于任何强大的个体——无论是个人、组织、行业还是国家都不可能凭借一己之力通行天下，"千里走单骑"的时代一去不复返了。就大学或高等教育系统而言，快速发展壮大的理想除依靠单体的奋力拼搏之外，加强院校联手、寻找区域间或系统间深度合作的契机成为提高综合竞争力的必由之路和有效手段之一。大学是政治、经济与文化的纽带，各行各业的发展无不与大学的人才、科技或思想贡献密切关联，而大学自身的进步与强盛，也断然离不开所在区域及其关联的时空演进所连带提供的系统支撑。高等教育一体化的理想高远，但由此延伸出来的一系列现实议题尚待深入探究。

一、一体化的潮流与愿景

高等教育一体化是政治、经济、文化等领域的一体化在高等教育领域的延伸，是一定区域内的高等教育在发展过程中为了达成良好格局，通过突破各种体制机制障碍，推动教育资源优化配置、联动发展及效益的跨时空流动，形成区域聚合体，从而提升区域高等教育综合实力的过程。21世纪，教育资源紧缺依然是全球性的共同问题，因此，随着经济一体化进程的加快，跨学校、跨区域的合作与共享成为世界高等教育共同关注的焦点。在中国，"一体化问题"渐成新潮，京津冀、大湾区、长三角、珠三角、东北亚、东南亚等区域发展概念为人所共知，甚至本属一体又一分为二，历经一个代际，各立门户且自成体系的"成渝巴蜀"区域，而今又回望彼此，再次牵手，共同推动"成渝高等教育一体化"进程，也成为其中一例。

区域高等教育一体化可切分为"区域"和"一体化"两个关键概念。首先，"区域"是个地理概念，"区域可以是在全球经济中有竞争力的经济区，也可以是在复杂系统里多种治理尺度下战略性的政治领域，更可以是认同政治塑造的文化空间"[①]。传统观念认为"区域是一个地区牢牢扎根于一定范围的领土空间，一群人生活在一个地理界限分明的社区中，控制着一定的自然资源，通过一定的文化价值和历史形成的社会秩序和共同纽带而团结在一起"[②]。传统的根据边界划分区域的观点是相对"静态的"和"封闭的"，它强调了地理因素，却忽略了政治影响和社会变迁的力量，这显然难以适应全球化飞速发展对区域开放与融合的要求。"一体化"的本质是一定区域范围内各种资源和要素之间的无障碍流动，是一个跨越行政空间、地域屏障，甚至是社会制度和法律体系的有限开放系统，以实现资源的优化配置和互补为目标。丁伯根认为一体化是以区域为基础，提高区

①② 陈品宇、李鲁奇、孔翔：《社会建构主义视角下的区域：研究综述与启示》，载《人文地理》2019年第6期。

域内的要素流动能力，达到资源的有效配置和利用。一般而论，如将"一体化"概念叠加于"区域"之上整合连用，则是区域互动发展达到了一定程度甚至已经相对成型阶段的产物和存在形态。"区域一体化"初始于经济领域，经济领域的一体化发展到一定程度后，才逐步延伸到社会生活的其他领域。以湾区为例，它是区域的一种重要形态，同时包含了地理、行政和经济的概念，既是若干行政区域的集合体，又是组成国家系统的重要部分。不论是湾区还是城市经济圈，抑或是有着其他称谓的区域聚合体，其相似之处在于：每个部分是独立而又相互依赖的，整体的发展需要在个体利益与整体利益之间达成一致。这些区域通常都具备如下特点：产业集中、经济强大、科技先进、人才领先。实践经验表明，区域一体化的关键是形成共同利益，从而实现双赢或多方共赢，否则这一系统将难以维系。

进一步说，区域高等教育一体化是高等教育系统以内部活动为载体，与系统外部的领域连通互动而耦合形成的有机生态系统。它通常是相邻区域之间（包含相邻国家及相邻行政区）的互通，这些区域具有地理位置相邻、文化相似、经济发展水平相近的特点。博洛尼亚进程就是欧洲高等教育一体化的探索与实践，是欧洲政治、经济一体化在高等教育领域的延伸，也是全球区域高等教育一体化的成功案例之一。纵观国内外，教育一体化实践大都存在于空间邻近的大都市圈，是教育在社会经济一体化进程中探索、改革与重构的过程。因此，在区域一体化的社会大背景下，区域高等教育一体化作为对经济社会的积极回应就成了一种必然趋势；反过来，区域高等教育一体化综合竞争力的提升，也将成为促进经济社会一体化实现的必要条件。

随着全球区域经济体的发展壮大，近年来我国从宏观层面开始重点关注并扶持区域整体的发展，主要的政策导向是在推动经济领域协调发展的同时，将高等教育作为推动科技进步和经济增长的主要动力源和重要手段同步参与其中。与美国各联邦以及"湾区"自下而上的自然生成方式不同，我国区域一体化建设的主要推手是政府力量，是一种自上而下的规划。无论国情如何，区域一体化建设的受益者最终都是国家。所以，高等教育作为经济一体化的衍生物和实现区域一体化的重要手段，理应获得国家层面的全面资助。在这一过程中，大学的内生原动力需要被挖掘调动。作为实施的主体，高等教育的行业自主性也需要得到全面加强。如此，才能促使少数学校之间的小范围合作有效扩展开来，随着区域城市群的紧密联合，辐射范围逐渐扩大，最后达成高等教育一体化的美好愿景。而近观眼下，区域间由于缺乏适度可行的管理机制和相应制度保障，许多宏观层面的设计无法及时转变为中观层面的有效行动和微观层面的操作事实。高校作为个体，除情绪的亢奋之外依旧无所适从。于是，区域高等教育一体化建设在宏观层面雷声很大，在中观层面雨势弱小，而到了微观层面则举步维艰。

二、一体化的现实屏障

（一）"有形无形"的行政界限

文化教育润物无声，于无形间激励思想并孕育英才；而行政组织则是保障制度化教育有序运行的成形体系，通过规范与治理行动促进事业发展。这种界分当然不能绝对，教育行为有形无形并存，行政行为有形无形兼具，国情不同，文化不同，教育发展历史阶段不同，两种系统的作为方式和产生的效益也不尽相同。

行政区划是对地理疆界的划分，这种界限是阻碍区域高等教育一体化的原发性天然障碍。而一体化在一定范围内则是"无疆界"的，这一过程会弱化区域内部界限，或者说需要打破原有的分割。

行政区划原本是为了便于社会管理和政治统治而不断演进形成的。从经济发展的角度来看，行政区之间的竞争日益转变为资源配置的竞争。但就文化教育而言，随着社会的持续开放，传统行政区划的局限逐渐显露，如若作用发挥不当，就有可能成为教育融合的障碍，孤立的行政区划其实很难应对教育一体化的现代需求。换言之，区域高等教育一体化的实现需要突破行政区划的枷锁。

历史上的封建割据，现代的行政区划，总是难免滋生各自为政的倾向。地方政府对现实利益的追求与垄断势必影响到高等教育资源的联动与共享。行政区划与行政壁垒相伴相生，几乎无法分离，生于斯长于斯的不同类型的高等学校也就自立一方、相互独立，所谓区域整体的优势或劣势均自然生成，难以跨界发挥或相互克服。行政分割对区域高等教育发展的影响十分显著，强者吸纳更多的资源使得自己更强，弱者总是被动跟随，难以发展。"马太效应"众所周知，而一旦形成惯性就难以改变。这样一来，一体化行动就会产生消极影响：一体化"红利"被稀释；各自为政，竞争无序；个性化不足，同质化严重。

行政区划管理与教育一体化的初衷是相悖的，导致不同区域间难以形成系统的顶层设计，以自利为原则的行动往往取代合作共赢的举措，又由于行政系统的动机和力量其实远远强于院校间教育合作的动机和力量，所以，从根本上说，行政运行规则并不适宜于高等教育一体化发展的生态。近年来，我国高等教育管理呈现出从"条块分割"到"块块分割"的趋势，[①]"块块分割"格局的形成使得地方政府成为区域社会发展的"总承包人"，地方发展与其紧密挂钩，地方政府集高等教育发展的责任、利益、管理和竞争主体于一身，地方当局为发展高等教育展开了"囚徒困境式"的竞争。尽管这种分割从某种程度上看是进步的，它促使地方政府加强对高等教育的管理，刺激地方高等教育的快速发展。但与此同时，其弊端也显而易见，地方保护主义严重影响了资源配置的效率。长期以来，长三角区域内的高校就存在着三条线（部、省、市）和五个层面（"985工程"、"211工程"、地方重点、地方一般、民办）的区分。不同层面的划分使高等教育一体化理想遭遇重重阻碍，到了操作层面更是对接无门。它具体体现在学分转换、文凭认证等方面难以协调一致，课程、活动和项目的标准

---

① 蒋华林：《从"条块分割"到"块块分割"——我国高等教育发展转型中的地方政府竞争研究》，华中科技大学2015年博士学位论文。

难以统一，质量评估尺度不一，资源和信息几乎无法互通和共享。

正因为如此，区域高等教育一体化进程事实上成为在打破区域内部行政界限与促进区域文教融合的双重博弈中不断矛盾斗争的过程。

（二）"无远弗届"的政府力量

集中力量办大事、整体调动效率高是中国管理模式的最大优势，推动我国区域高等教育一体化向前发展的主导力量非政府莫属。中央政府掌握着高等教育的各项核心资源，对于区域高等教育一体化而言，政府自然是当仁不让的主导者。政府对各大区域经济体称谓的框定就是从政策上将其"合法化"，然后进一步化解行政区之间的纠结，逐步促进区域内的联动。

然而，权力是一把双刃剑，自古有言："成也萧何，败也萧何。"尽管我国区域经济增长的实践证明了政府行为的不可替代性，区域高等教育一体化也有赖于政府的顶层设计，但顶层设计这只"无形的手"往往容易越过边界。明智的政府决策有时候因为极少数官员的不作为或者乱作为而违背初衷，产生副作用。在我国经济社会发展的背景之下，高等教育的"集聚—溢出"效应显然无法像美国旧金山湾区一样"自然生成"①。在旧金山湾区的发展经验中，大学能够对市场和社会的需求作出主动反应，是一种自下而上的形成过程。再如，英格兰东北部作为高等教育区域合作实施较早的区域，也是自下而上形成了一个区域发展管理机构，即东北部大学联盟，此后才逐步成立了五大卓越中心，使区域间的合作更加紧密。相比之下，国内相关大区域的发展则是在国家层面正式提出这些概念以后，才逐渐从经济社会领域延伸到高等教育领域。因此，在中国，区域高等教育一体化必须由政府主导，且在不同的发展阶段都依靠政府力量才能够得以延续，而政府主导与高校自主之间存在天然矛盾，政府力量虽然能够迅速产生催化作用，但也难以避免削弱高校在一体化实践中的主导权、主动性和原动力，使高校成为始终被牵制的角色。从欧洲"大区域"大学联盟发展

---

① 卢晓中、卓泽林：《湾区高等教育的形成与发展——基于粤港澳大湾区与旧金山湾区比较的视角》，载《高等教育研究》2020年第2期。

的进程不难发现，区域内高校的作为要能够有效对接区域经济发展，实现跨行政区域的融合，其主观能动性的发挥至关重要。

毋庸置疑，政府的强力推动是十分有效的，但政府如若过度干预也是十分有害的，关键取决于"权衡"的艺术和"制衡"的力量。"世界上恐怕找不到一个国家不高唱分权的调子。"①在经济领域，政府权力的不断下放，调动了地方政府的积极性，也极大地缓解了中央政府的压力。在高等教育领域，政府对高校的管理规制极大地影响了高校自主性的发挥。改革开放以来，中央通过一系列政策法规逐步明确了实施"中央和省两级办学的管理，地方高等教育以省级人民政府统筹为主"的管理体制，不断理清各级政府的权责，但这种分权毕竟是有限的，当前区域差距仍在不断加大，竞争环境和条件越来越不对等。

区域间高等教育的整合发展断然离不开政府的力量，但这种力量的用度无疑是应当有"界限"的。政府的作用应当体现在政策的导向和对高校主体功能发挥的引导上，而在高校内部"任免校长、区分等级和分配资源"②等命脉所系的地方应当"适可而止"，对高校的管理要建立在尊重高等教育发展规律的基础之上。

（三）"知易行难"的区域均衡

区域之间的资源互补性与发展不平衡性有本质上的区别，前者是"人无我有"，后者则是同一类型或同一层次上的差距，互补性有利于高等教育交流互通，但较大的不平衡性却不利于区域高等教育一体化的可持续发展，其中主要表现在以下两个维度。

一是高等教育发展的条件不均衡。成因除了历史、地理等因素，还与政治地位、经济实力，甚至社会环境等条件紧密相关。以京津冀高等教育圈为例，北京、天津和河北三地作为教育一体化的主体，整体发展状况在

① 王绍光：《分权的底限》，中国计划出版社1997年版，前言。
② 吴康宁：《中国现代大学制度建设的三个前提性条件》，载《探索与争鸣》2013年第8期。

全国占据领先地位，但三地之间的高等教育发展水平存在着明显的差异，资源分布呈现出明显的不均衡状态。北京独占鳌头、遥遥领先，优质高校数量远超天津和河北；天津作为直辖市，拥有紧邻北京的天然地缘优势，发展起点高、基础好；相比之下，河北省高等教育发展的基础则较弱。从面积上看，河北省的面积大约是北京的11倍，河北省内各地发展水平难以兼顾，与京津两地自然呈现出较大差距。三地的高等教育水平形成了陡峭的三级阶梯式差距，基于这样的现实基础，京津冀三地之间呈现出来的合作积极性与教育实力的雄厚程度相反，河北省在区域合作中的表现最为积极。

再如，粤港澳大湾区是由广州、深圳、珠海、佛山、中山、东莞、惠州、江门、肇庆9个城市以及香港和澳门2个特别行政区组成的教育圈。在"一国两制"的背景下，它们不仅发展水平存在差距，还面临着由于制度差异所形成的文化壁垒和阻隔。港澳两地与广东省的高校相比，不仅有数量、面积和水平方面的差距，在国际影响力及未来的发展潜力上均存在明显差别，地区间的合作也由于基础条件不同面临着更多的困难和阻碍。

二是高等教育发展的状态不均衡。它具体体现在高校数量、在校生数量、教师数量及各项教育资源的占有率方面。成渝高等教育圈发展的要义在于通过高等教育中心增长极带动整个区域的发展，形成成渝双核城市与周边区域的教育一体化系统。成渝教育圈内，优质教育资源大都集中在成都和重庆两地，呈现"双核独大"的现象。重庆大学城文化氛围浓厚，集中了15所优质高等院校，成都市共有64所高校，占四川省高校总数的一半之多。通过近年的发展，成渝地区高校形成了以重庆和成都两地为首的各类合作组织。这些平台主要以成渝双城为主线，尚难以与成渝之外的城市之间、高校之间形成跨区域和跨校联动，二三线城市由于经济不发达、教育资源匮乏，并没有与中心增长极形成适当的梯度，整体呈现出除增长极之外的扁平化发展状态。因此，由于高等教育实力和状态的巨大差异，理想中的成渝高等教育一体化合作，实际上只是成都和重庆的"二人转"。

总之，高等教育发展的区域不均衡性"经过社会自然演进"，被时代选择得呈现出越来越明显的"区域性"。[①]作为一体化实施的主体，城市之间乃至高校之间过大的发展差距必然阻滞教育资源的流动，继而制约教育合作的成效。这种长期形成的不均衡状况难以在短期内快速达到理想的均衡状态。

三、一体化的先决条件

（一）离而不疏的地域相邻性

地理学第一定律表明："任何事物都是与其他事物相关的，只不过相近的事物关联更紧密。"该定律与高等教育一体化之间的联系在于，地域的聚合促成经济的联动，区域高等教育一体化发展建立在地理和经济密切联系的基础之上，发生于紧密联系的区域之间。因此，紧密的地域联系是一体化的基本条件，否则一体化就无从谈起。纵观国内外，高等教育一体化成功的案例不在少数，但无论是闻名遐迩的欧洲博洛尼亚进程，还是世界著名的三大湾区一体化，抑或是国内的"粤港澳""京津冀"和"长三角"区域一体化，几乎都发生于相邻或相近的国家或地区之间，紧密相连的地理区域更有利于一体化的产生，这足以证明地缘的重要性。当然，在高等教育领域也存在着非相邻区域间的合作，近年来启动的"对口支援西部地区高等学校计划"就是跨越东中西部三大区域的教育联动。虽然这种教育互动发生在距离较远甚至是完全不相邻的区域之间，但该合作是在缩小区域差距的基础之上产生的，更多的是一种教育资源的单向流动。在区域高等教育一体化的体系中，资源的运动大多需要同时具有自由流动和双向互动的双重特征。总之，地理相邻性是一体化的前提和条件，"处在一个相同地缘空间的国家、地区之间，会不可避免地产生文化亲缘性以及不同程度的

[①] 柳友荣、张蕊：《区域高等教育发展的合法性审思》，载《大学教育科学》2019年第3期。

交往、合作与互动，也会存在根本性的内在整合势能"①。因此，在紧密相连的区域空间范围内，一体化既是顺势而为，也是未来趋势。当然，地理因素对高等教育所产生的影响只是众多因素中的一个"元"因素，正如学者柳友荣、张蕊所言，高等教育在发展过程中既受到区域的自然、历史等"元"因素的影响，还受到其派生的社会、经济等"次生"因素影响，从而呈现出明显的地理"区域"特征。②

（二）和而不同的文化相容性

文化具有区域性特征，不同区域具有不同的文化类型。从世界范围看，共有八种自成体系的文化。而聚焦到较小的生态环境中，也存在着相对独立的、有别于他者的文化。不同的文化类型或直接或间接地影响着高等教育的发展及其管理方式。在文化发展水平和类型相近的区域，高等教育在教育内容、培养方式、机构组织等方面都具有共同性和相似性。因此，秉持和而不同的原则将有利于一体化的形成发展。

建立在区域经济一体化基础上的区域高等教育，由于地理位置上的相邻性，在文化特征上也大多相近，文化相似相通却又不尽相同。"文化、意识形态和价值观的差异，非但不是联盟的生存和发展的障碍，还能成为联盟的基础和动力"③，和而不同的文化基础使合作成为发展的必然。例如，成渝双城经济圈具有共同的巴蜀文化基础，文化相似、习俗相近，社会网络联系密切，相互之间的接纳和包容度较高。再如，粤港澳大湾区的文化同根同源，承载着不可分割的地缘关系以及建立在此基础上的岭南文化，这些文化力量潜移默化地影响着区域内教育的发展方向。在这样联系紧密、兼容并包的文化背景下，高等教育也更容易协同发展，和而不同的

---

① ［美］W. 理查德·斯科特著，姚伟、王黎芳译：《制度与组织——思想观念与物质利益（第3版）》，中国人民大学出版社2012年版，第58页。

② 柳友荣、张蕊：《区域高等教育发展的合法性审思》，载《大学教育科学》2019年第3期。

③ 赵晓冬、胡智薇：《高等教育国际联盟中的博弈及利益分析》，载《中国行政管理》2008年第8期。

文化使教育内容更为丰富，也增强了教育活动的互动性。反之，缺少文化认同的区域在建立高等教育共同体的过程中则困难重重。例如，拉美国家对美国和欧盟的强烈依赖造成的文化"认同危机"，对拉美高等教育一体化进程产生了不可估量的负面影响。在拉美国家高等教育一体化中，巴西作为综合实力最强的国家，由于语言与其他国家不同，难以产生文化共鸣，极大地削弱了其他国家对巴西的认同感；墨西哥的经济和教育优势虽然也较为突出，但由于地缘政治的关系也难以获得其他国家的普遍认可。因此，区域高等教育一体化不仅要克服行政和政治的影响，还要突破与国家、地区紧密相连的心理边界，而这种心理边界往往是本区域文化的产物。

（三）"人无我有"的资源互补性

众所周知，即便是世界一流的大学也难以在所有学科和所有资源上都占据领先地位，高校之间的资源只有形成互补才能使资源之间形成双向互动而非单向输入，具有异质性资源的高校之间的合作更有利于形成核心竞争力。在粤港澳大湾区高等教育发展进程中，最初广东作为资源相对匮乏的一方，在与港澳的交流互动中主要是单向合作，广东的主动性和热情度更高；随着广东社会发展水平不断提高，综合实力逐步与港澳比肩，港澳地区在与广东的交流合作中能获得较以往更多的益处，参与热情逐步提高，合作也由单边转变为双边；在2017年澳门高校外聘教学人员中，内地人员就占了近五成，[①]足见广东对澳门的影响。高等教育一体化本质上是拥有异质性资源的群体之间的资源交换与优势互补，是一种"联动互补和抱团发展"[②]。高校为实现取长补短和追求效益最大化，应当与在类型和层次上具有一定差异且能形成互补的高校进行合作。这种"理性选择"的过程，是区域高等教育生态系统自然优化的过程。

---

① 李家新、谢爱磊、范冬清：《区域化发展视角下的粤港澳大湾区高等教育合作：基础、困境与展望》，载《复旦教育论坛》2020年第1期。

② 韩萌、张国伟：《战略联盟：世界一流大学群体发展的共生机制研究》，载《教育研究》2017年第6期。

当然，高校之间的合作也不乏发生在"势均力敌"的高校之间的联盟，双方力量并不悬殊，有利益往来或者有共同的利益追求是维持合作的重要保障，"门当户对"似乎更有利于高校的"强强联合"。但是，站在国家利益的角度，水平不同且形成互补的大学之间建立的联盟更有利于带动高等教育整体水平的提高。也就是说，异质性大学联盟更有利于高等教育的可持续发展和全盘发展，而拥有同质性资源的高校结盟则容易导致强者愈强，弱者愈弱，造成两极分化。从教育生态的视角来看，高等教育治理主体应当是"具有不同属性、不同功能的分散化的群体，多元化的高等教育治理主体是实现高等教育治理生态结构丰富、完整、多样的重要前提"[1]。因此，不论是"同质性资源互补"还是"异质性资源互补"，资源的互补性都有利于促成一体化的目标，也是区域高校保持勃勃生机的力量源泉。

（四）独立自主的高校能动性

"'独立'且能够'自主'是任何交互关系产生的基本前提。"[2]大学作为一体化进程中的主体，其独立自主的前提带来的主观能动性的发挥才是一体化不竭的源泉和持久的动力所在。美国的高校联盟通常自发形成，而非政府促成，其高校联盟蓬勃发展与美国大学的自治传统密不可分。正如联合国教科文组织强调的那样，"'学术自由和院校自治'是大学永恒不变的两条基本原则"[3]，有立场、有个性、有声音、有行动的大学联合起来，才能形成有力量的大学联盟。相反，应声而动、盲目跟从的大学即使结成同盟，也是由于暂时的利益驱使，一旦利益受到威胁，形式上的"同盟""联盟"，甚至"集群"极易"分崩离析"。

---

① 沈亚平、陈良雨：《高等教育治理现代化的生态位困境及优化策略》，载《中国高教研究》2016年第3期。

② 董云川：《大学联盟，雷声大雨点小》，载《中国教育报》2016年1月18日。

③ 卢晓中：《国家基础权力视域下的我国大学办学自主权》，载《大学教育科学》2020年第4期。

独立和自主是大学存在的先决条件，也是不同的大学介入高等教育一体化系统的前提所在。作为一个独立的法人团体，大学如果不能自主，就难以自立；不能自立，又何以自强？缺乏独立性和自主性的大学，即便走进了高等教育一体化的系统，也必然"形聚神散"。

四、加强联动是弥合远景与近为间差距的真实策略

就中国现行的高等教育宏观制度体系及其微观运行规则而言，"一体化"理想不可谓不远大，而实际兑现的可能性依然很小。任何事物的发展总免不了由小及大、由表及里、由此及彼、以点带面的过程，最终美好的主观愿景才能够如愿转变为客观现实，高等教育改革与发展概莫能外。因此，面对新世纪高等教育一体化的潮流及呼声，我们不得不采取更加理性的策略，在战略上寻找"有限作为"的契机，在战术上推进"有效联动"的改革，渐进渐为，一步一个脚印。我们只有通过切实加强高校间在学科、学术、学者间的互补互助，促进互联互通的关联行动，逐步弥合"一体化"远景与"个体化"现状之间的鸿沟，从实质上逐步推进高等教育在区域间乃至区域外更大范围的合作发展，才能最终达成共生共赢的局面。

（一）加强个体间联动，为"一体化"奠定基础条件

高等教育一体化并非将区域内的高校合为一体，从发展程度和层次上看，一体化是一个层层递进的长期动态过程："协商联合（自发自觉式合作与交流）——协同联动——协作联盟——融合'联姻'（更高质量一体化发展）。"[1]在一体化道路上，高校应当遵循"由易到难、由下及上、由点到面"的发展逻辑。根据克雷明的教育生态学思想，高校既要保持自身的独立性，有自己的议程，又要与其他学校之间结合与联动，[2]通过强化、补充，甚至否定等不同的联动方式，使不同类型、不同层次的高等教育

---

① 吴颖、崔玉平：《长三角区域高等教育一体化的演进历程与动力机制》，载《高等教育研究》2020年第1期。
② 范国睿：《美英教育生态学研究述评》，载《华东师范大学学报（教育科学版）》1995年第2期。

实现合作，让学生所学的知识或所获得的能力接续起来，提升教育效果。因此，高校既要清楚地知道自己在干什么，也要了解其他教育者在干什么。

在一体化大目标的导引之下，高校的具体行动可以从两个层面展开：一方面是以高校作为联动主体，在校际形成良性的"点对点"牵手式的合作，实现并驾齐驱的双赢局面；另一方面则要巧取微观层面的联动要素，着眼于细节和实处，由点到面不断扩展协作面。这是高校寻找共同利益伙伴的过程，因此也会催生出更多的合作机会以及更理想的合作局面。教育资源是"教育生态系统与社会生态系统进行物质、能量、信息交换的基本内容"[1]，同时是高等教育联动的基本内容，因此，尽管与一体化目标所指向的"资源无障碍流动"仍有较大差距，但是个体间有效的联动的确能极大地缓解教育资源常见的"资源短缺、浪费和分布不平衡"[2]等三大问题。

仅从微观层面的学科、课程、教师、学分等联动要素来看，通过要素之间的流动，确实能够弥补高校自身的资源缺口，起到互通有无、提高综合竞争力的作用。世界闻名的"常青藤联盟"就是高校间从点到面、由浅入深合作的典范。该联盟成立之初以联合举办体育赛事为主，随着交流加深，成员高校之间互相开放图书馆、体育馆、实验室等教育资源，给学生生活提供便利，之后才逐步涉及人才培养和科学研究等更广泛的合作领域。美国的旧金山湾区在一体化的初始阶段也曾出现过教育资源浪费严重的情况，在经历了联动合作、优化整合后，资源才逐步得到有效利用，教育的发展才逐步与社会需要相匹配。以师资互聘为例，高校由于规模扩大、学科建设、新增专业等导致的师资结构性矛盾突出是普遍现状，难免存在师资紧缺或富余并存的情况，对此，"师资互聘"可谓一个有效的解决办法。当前的"教师互聘"主要是一种个人行为，如果将互聘程序规范

---

[1] 范国睿：《教育生态学》，人民教育出版社1999年版，第108页。
[2] 范国睿：《教育生态学》，人民教育出版社1999年版，第109页。

化、具体化，不仅能够避免师资管理混乱、缓解经济压力，还能以最便捷的方式解决师资结构性失衡的问题，让更多学生享受到优质教师资源，减少不必要的资源浪费。除此之外，它还能促进不同的教育思想和教育方法的互动和交流，形成更具成效的教学效果。尽管它在具体实施过程中有一定难度，但也有许多区域已签订了关于师资互聘的协议书。这种互聘并不一定要在多个主体间进行，也可以是个别院校间的联动。教育部、财政部、国家发展改革委2018年联合印发的《关于高等学校加快"双一流"建设的指导意见》中明确提出"鼓励组建学科联盟，搭建国际交流平台，发挥引领带动作用"，通过学科联盟促进高校及区域间的联盟不失为一体化道路上的有力举措。

总之，在我国高等教育一体化缺乏普遍经验的情况下，高等教育一体化是不能也无法一蹴而就的。各高校主体和各要素之间的局部合作和简单合作不仅有利于一体化的持续推进，也有利于在实践中总结适合地区发展的经验。高校间从部分合作逐步过渡到整体合作，以科学研究为突破、以学科交流为切入、以学分互换为基础，可以寻找到更多的合作点，为深度合作奠定基础，从而增强合作信心，稳定合作态势，逐步走向更高层次的合作，并朝着一体化的目标迈进。

（二）促进多维度联动，逐步实现"一体化"合作的系统目标

在高等教育一体化过程中，如以高校作为联动主体，其间就存在着不同层次、不同类别，甚至是多维度的分类共享和分层建构关系。院校间的联合行动绝非只能发生在资源富余的高校之间，任何高校都具有其他高校所不具备的异质性资源，无论是自称"一流"或"准一流"，还是"应用技术型"或"教学研究型"的高校之间，只要存在着资源互补的关系，就应当尝试合作分享，甚至通过有偿交换来激发高校参与的积极性。①以纽约湾区为例，湾区内高水平大学云集，形成了在结构、层次上呈"分化格局"

---

① 岳建军：《高等学校教育资源共享问题研究》，辽宁师范大学2012年博士学位论文。

的集群。这些大学并不以个别拔尖的高校为模板，而是力求在不同层次、不同类型上有所建树，让公立高校与私立高校、研究型高校与创业型高校、职业类院校与学术型院校、理工院校与艺术院校等不同类型的学校各具特色，注重多层次、多类型、多学科的互动形式，形成分层建构、分类共享的联动格局。因此，联动应在高等教育主体之间积极推广，鼓励高校根据各自的特色和资源展开合作，继而丰富院校合作的多样性与层次性，促进高等教育一体化进程逐步从量变转向质变。

从更广阔的角度来看，时间和空间是人类社会活动和存在的基本要素，任何活动都离不开这两个基本维度。对于高等教育而言，时空维度"意味着需要以未来和世界为时空规制建设具有前瞻性和国际性布局的高等教育机构"[1]。

从时间维度来看，一体化是一个具有时间概念的线性目标，不同历史时期的应对措施和政策不尽相同，也意味着在实施联动过程中要处理好过去、现在和未来的时间逻辑关系。

从空间维度来看，联动要体现出从局部到整体层层递进、循序渐进、螺旋上升的过程，联动主体应根据空间维度的变化调整策略，制订具有空间特征的长远规划，实现"点—线—面—体"[2]的空间维度联动路径。"点"维度以最先具备联动条件的中心城市或高校为主，发挥教育"增长极"的带动作用，有利于为区域内其他城市或高校树立典范、增强信心。"线"维度以学分互认、联合招生、就业互助等线索将区域内的高校相互串联，以点到面扩大合作范围，将以城市或高校建构的"点"维度合作推广到"线"维度合作。"面"维度则将合作范围扩大到整个城市带、经济圈等大区域范围，甚至可以在此基础上将联盟范围进一步扩大，连通区域内

---

① 王志强：《粤港澳大湾区高等教育空间布局：框架、现实与进路》，载《中国高教研究》2020年第6期。

② 程皓、阳国亮：《岭南—北部湾经济一体化实现路径——粤桂琼闽多维度区域经济合作的思考》，载《改革与战略》2017年第12期。

的政府和社会，为社会发展提供智力支持。"体"维度则是在以上几个维度的基础上逐步深入，将高等教育领域的一体化与政治、经济、文化和社会发展等领域的一体化紧密结合、相互渗透，形成"内通"与"外联"的交互融合，继而实现从量变到质变的飞跃。

（三）建立联动保障机制，创设一体化的制度环境

基于文化组织的特性，高校之间合作的组织形态均较为松散，无论何种联盟，无非介于正式组织和非正式组织之间的一种"中间组织"，合作的成效取决于各成员的内在责任感而非外在约束力，合作有较大的不确定性和随意性，主体间呈现出"边界模糊、关系松散、行为灵活"[①]等特点。这虽然有利于资源的快速流动，但也因随意性而存在弊端，合作过程中利益冲突导致的各种矛盾以及各项具体工作的开展迫切需要通过政策制度予以规范和保障并形成长效机制，否则高校将"作而不合"或"联而不盟"，最终只能"雷声大雨点小"[②]。联盟的形成与发展离不开"一个能够协调政府、大学、市场的权威的、相对独立的中介组织"[③]，而"中介组织"的存续则几乎完全依赖于制度保障。

制度理论认为，组织所处的环境对组织运行具有重要影响，制度在制约和影响组织行为的同时，会对行动者及其行为产生支持和使能作用[④]。当前各类高校联盟看似轰动，实际运转效率低下，项目推进困难，表面"热闹"，实则"冷清"。一方面由于高校身上的捆绑和束缚过多，缺乏独立自主发展的内在需求；另一方面则是由于缺乏促进合作的保障机制和具体的指导性文件，协议和章程之间存在同质化倾向而缺乏实质性突破。

从国际上看，欧盟高等教育在一体化进程中，除《索邦宣言》《波伦

---

① 阳荣威：《试论高校战略联盟及其构建策略》，载《江苏高教》2005年第6期。

② 董云川：《大学联盟，雷声大雨点小》，载《中国教育报》2016年1月18日。

③ 柳友荣、张蕊：《区域高等教育发展的合法性审思》，载《大学教育科学》2019年第3期。

④ ［美］W. 理查德·斯科特著，姚伟、王黎芳译：《制度与组织——思想观念与物质利益（第3版）》，中国人民大学出版社2012年版，第58页。

尼亚宣言》《布拉格公报》等促进合作交流的决议以外，对内政策有伊拉斯谟计划，对外则有伊拉斯谟-曼德斯计划，与中东欧、苏联等国家的合作方面还有泰姆普斯计划。此外，在学分转换上也有明确的辅助计划，对此有学者指出，"如果说伊拉斯谟计划是欧盟高等教育欧洲化与国际化的推手，那么欧洲学分转换制度则是幕后的重大功臣"①。由此可见，合理的制度设计是推进高等教育一体化的重要保障。

从国内来看，长三角地区自2003年起，先后签订了诸多合作协议，这些协议涵盖建立专门的管理机构（如联动工作领导小组）、定期开会商讨联动政策、制定联动计划和开展联动研究等，并具体涉及校际合作、师资互聘、学分互认、就业工作等具体内容，从制度上保障联动工作顺利开展，使联动从非常规状态逐步转向常规状态。以学分互认为例，由于其涉及学习的具体内容、时长等细节在不同院校间存在着较大差异，因而难以互认互通，除非有统一的政策和制度进行规范，才有融通的可能性。

总之，高校间乃至区域间是既开放又封闭、既固定又流动的关系，这种关系表面上看似相互矛盾，但其实存在着政策调整与改良的空间与张力。真正的资源共享和联动需要政策和制度的支撑作为保障，只有这样，高等教育才能发挥各自优势，通过区域间的"联动发展、相互协同、共同进步"②促成高等教育的可持续发展。

阿什比指出，大学是"遗传与环境的结果，是自然和培养的产物"③。就本节的论题而言，社会发展的内部条件与外部环境无不深刻影响着甚至是决定着高等教育一体化的发展方向和发展水平，大学要在时代浪潮中保持平衡，依然不得不在政府、社会及自身的三边关系中辗转博弈、持续变

---

① 魏航：《欧盟高等教育合作交流政策研究》，东北师范大学2011年博士学位论文。

② 柳友荣、张蕊：《区域高等教育发展的合法性审思》，载《大学教育科学》2019年第3期。

③ ［英］埃瑞克·阿什比著，滕大春等译：《科技发达时代的大学教育》，人民教育出版社1983年版，第138页。

革、自我更新以求适应，既顺应外部形势，又保持内在独立，既不"顽固不化"，又不"随波逐流"。

（本文原载于《大学教育科学》2020年第5期，有删改。）

第五节 "西部高等教育"的理性辩驳

　　"西部高等教育"概念的真与伪，是研究西部高等教育需要深入辩驳的根本性问题。作为一种实体，西部高等教育系指西部地区的高等教育，在具体的实践和操作层面是"真"与"实"的存在事物；作为一种本体，西部高等教育是指基于西部民族文化、历史传统、地域风俗、性格心理等真正体现西部特质的高等教育，是人们外表所能感知、大脑所能意识、内心所能认同的教育形态，在严谨的理论逻辑和概念内涵中体现为"虚"与"伪"的存在。其实中国高等教育只有"边缘"与"中心"、"贫穷"与"富裕"、"弱小"与"强大"之别，西部、中部和东部仅实存于地理区划，并无本质不同。

　　经济发展，人才为本；创新驱动，教育先行。西部地区的文明进步，离不开西部教育尤其是与经济社会密切相关的高等教育的健康持续发展。西部高等教育作为我国高等教育体系的重要组成部分，一直备受国家的特殊关照。自20世纪末以来，为了提高西部高等教育质量，缩小东西部高等教育差距，在国家西部大开发战略的推动和引领下，西部高等教育受到了各级政府的高度关注与各类学者的热切青睐。政府先后实施了一系列重大战略举措及配套措施，如"对口支援西部地区高等学校计划""中西部高等教育振兴计划（2012—2020年）""中西部高校基础能力建设工程""省部共建""部省合建"等，在招生就业、经费资助、科研基地及项目申报等诸多方面给予了极大的政策倾斜，旨在推动西部高等教育的"跨越式"发展。学者们更是响应号召，广泛开展西部研究，争相为西部高教发展出谋献策，尽心尽力。每过一段时间，西部高等教育就会迎来新一轮的发展机遇，西部高等教育的春天愿景交替展现在世人眼前。然而，教育改革浪潮经过了40年，西部高等教育的状况如何？品质怎样？东西部高等教育的差距真的缩短了吗？这些问题似乎并不能简单回答。鉴于此，我们认为"西部高等教育"这个概念乃至这件事本身依然值得深入辩驳，这是关乎中国高等教育在新时期和谐、健康发展的根本性问题之一。

一、西部高等教育的元定义解构

西部高等教育是相对于中东部高等教育而言的，是我国整个高等教育体系的重要组成部分。从概念上看，高等教育是上位的，西部高等教育是下位的，两者之间为属种关系。前者为属概念，后者则为种概念。因此，西部高等教育的元定义既要体现高等教育其他类型（如国外高等教育、我国中东部高等教育）的共性特质，遵循一切高等教育的基本要求，又要凸显一系列个性特质，满足西部高等教育的内在规定性。在共性特质方面，西部高等教育应包括所有高等教育类型均具备的教育意愿、教育目的、教育能力、教育方式、教育过程与教育结果等诸要素。在个性特质方面，西部高等教育需要反映出主体性、区域性与特色性三大本质属性，这是西部高等教育自身得以与其他高等教育类型相区别的关键所在，也是确证其概念合法性的重要依据。共性与个性的双重要求决定了特定区域高等教育的元定义应体现为教育内部诸要素与教育的主体、地域和特色三大本质属性的有机融合。

此外，西部高等教育的概念范畴还表现为"形式"与"功能"的二元性存在。在形式上，西部高等教育作为一种"实体"，可以简单地定义成"西部地区的高等教育"，呈现出某一地域形象。就这种意义而言，西部高等教育是一个真概念或真命题，它可以通过现实生活中西部大量存在的各种类型、各种层次、各种形式的高等教育机构及其所从事的教育教学、科学研究、社会服务与文化传承的实践活动得以佐证。然而，这仅仅基于字面上的诠释，并没有提供根本证据，并不具备实际意义，因而也无法显现西部高等教育的真正内涵。在功能上，西部高等教育作为一种"本体"，可以理解为它在整个高等教育体系中所处的特殊位置、所扮演的特殊角色和所作出的特殊贡献。事实上，只有将西部高等教育看成一种功能性的存在，从本体上还原其本真面目，才能真正揭示出西部高等教育的具体内涵和实际意义。那么，在"本体"意义上，西部高等教育还是真概念或真命题吗？抑或西部高等教育在实践中因无法通过操作性检验而沦为"正确的伪概念或伪命题"？这还有待于结合教育发展现实进一步检验，而验证的逻辑根据在于西部高等教育的本质属性存在与否且有无违背其内在的规定性。

二、西部高等教育的内在规定性

唯物辩证法称，"个性是共性的基础，共性寓于个性之中"，个性才是判定两个事物（概念）间差异的关键之所在。因此，对西部高等教育在本体上的真伪展开辩驳离不开对其个性特质的研判，即西部高等教育的意愿、目的、能力、方式、过程与结果等诸要素在实践过程中是否真正体现并遵循了这种特定区域教育的内在规定性。

（一）主体性

西部高等教育作为高等教育体系中一类特殊的教育组织，有着自身独特的行为逻辑，扮演着独特的角色，承担着独特的任务，发挥着独特的功能，理应表现出强烈的主体性。这种主体性是西部高等教育作为主体所具有的性质，也是它之所以存在并区别于其他教育类型的重要依据与判定标准。置身于社会现实中，西部高等教育能够在多大程度上扮演好自身角色，发挥好应有功能，履行好自身职责往往取决于自身主体性的实现程度。从一般意义上看，"主体性是指个人或组织在实践活动中表现出来的能力、作用和地位，其基本特征是自觉能动性，具体包括目的性、自主性、自觉性与能动性"①。正如海德格尔所言，"主体性建构了主体"②，西部高等教育只有以明确的目的性、充分的自主性、完全的自觉性和积极的能动性作为实践活动开展的条件，方能将自身建构成能动的价值存在。第一是要具有明确的目的性，即西部高等教育要以自己的内在目的为准绳，主动摆脱外部力量的捆绑。而所谓内在目的，是基于认识论基础和知识生成及存续逻辑，在对自身的本质与宗旨、理想与信念、使命与责任自觉确认并主动践行的过程中产生的，是西部高等教育立足自身深厚文化传统和历史积淀而产生的自觉行为，而非迫于制度杠杆、限于世俗绑架或委屈于经济诱惑的被动行为。西部高等教育只有遵循自己的目的，才能在复杂多变的发展形势面前秉持初心、坚守底线，体现真实的需求与意志，更好地履行相应的教育使命。第二是要体现充分的自主性，即免受外部干扰，安于自身定位，彰显自我发展与自我约束的双重能力，维护相对的独立性。一方面，西部高等教育应与社会现实利益保持适当的距离，避免沦为社会的附庸；另一方面，西部高等教育还应与其他区域高等教育保持适当的距离，避免沦为精致的模仿者和盲从者。西部高等教育不排斥社会现实利益，但无须直接兑现为社会现实利益；同样，西部高等教育不拒绝学习效仿其他高等教育，但不能成为其他高等教育。西部高等教育应该成就自己，即一种相对独立的存在。第三是要拥有完全的自觉性，在实践活动中力戒盲目性，克制随意性，正确认识并把握自身成长规律，有意识且理性地指导教育实践活动。自觉的程度决定着有效认识、改造并发展自身的程度，从而也才能从西部客观局限性中突围，实现更多的自由发展。第四是要凸显积

---

① 宣勇：《政府善治与中国大学的主体性重建》，人民出版社2016年版，第44页。
② ［德］海德格尔著，陈嘉映译：《存在与时间》，生活·读书·新知三联书店2008年版，第154-165页。

极的能动性，即西部高等教育需要积极主动、依托本土、服务社会、敬恭桑梓，始终以主人翁的身份认识、保护本土资源，并以主动的姿态挖掘、利用本土资源，从而在整个高等教育体系中发挥创造性、批判性与引领性作用，最大限度地传承与创新本土文化。

（二）地域性

作为我国西部地区社会经济发展的产物，西部高等教育在发展上，应体现出明确的地域性，即立足西部、依托西部、服务西部、主动满足西部社会发展要求。西部是所辖高等教育实践的存在边界，亦是确证西部高等教育概念有效性与合法性的重要依据。对西部高等教育的考察应植根于西部地区的地理地域、风俗文化、历史传统、民族身份之中，而如若将西部高等教育散放于更为宽泛的文化、地域、历史、政治中去审视，其结果必会导致西部高等教育的概念泛化与实践异化，使西部高等教育陷入"他者"困境，其自身的地域性往往无法得到真正的关注、维护与体现。守住西部高等教育的地域性，应注意以下几点：首先，在发展根基上，西部高等教育应体现出明确和鲜明的文化、民族、历史等地域性特征。在国际化与一体化的时代背景下，西部高等教育对国外高等教育和我国中东部高等教育要有明确的反思意识甚至警惕，经过文化虚无、整齐划一、互利共荣地伪饰与侵蚀之后的高教形态，缺乏合理的冲突与相应的张力，已经形神两分。事实上，高等学校作为一种文化组织，最先应是一种文化符号，而后才是一种教育符号。文化具有基础性地位，教育须以文化为依托。西部民族文化资源极其丰富，生于斯长于斯，发展西部高等教育需充分挖掘当地民族文化资源，不断发扬民族文化中的优良传统与精神品质，主动化解其历史痼疾与思想症结。其次，在功能定位上，西部高等教育应主动服务地方，努力满足西部社会经济的发展需要。值得注意的是，西部高等教育的发展虽然要与西部经济社会的发展需求相适应，培养西部社会真正需要的人才，提供西部社会真正需要的服务，解决西部社会真正遇到的难题，但这种适应性不是被动的而是主动的，不是外加的而是内在的，不是迎合的而是引领的。最后，在本质诉求上，西部高等教育的地域性体现为一种选择，地域特征的获得、表现与保持依赖于系统内部各类组成人员的选择行为。如亚里士多德所言，"行为的本原是选择，而选择的本原是欲望和推理"[①]。西部高等教育作为一种教育实践和行为活动，其本原是一种基于欲望和推理的选择性存在。选择在哪里，位置就在哪里，位置在哪里，西部高等教育就在哪里。西部高等教育在地域性问题上，只有"能选择""愿选择""会选择"，才能站稳立场，坚守底色，真正成为自己。

（三）特色性

西部高等教育的特色性是其在办学实践中明显有别于国外高等教育和我国中东部高等教育的独特性。从哲学上来看，"特色"归属于某一关系范畴，它因参照物而存在，是在比较意义上就参照物的范围、内容、类别而言的。西部高等教育的参照物是国外高等教育和国内中东部高等教育，因此，西部高等教育的特色必然需要它有别于其他范畴的高等教育并能够产生不可替代的效果。从实践上来看，特色是西部高等教育在充分发挥主体性的基础上，立足西部区域，依托西部资源，在办学过程中发挥优势、长期积累、持续建设而慢慢生成的并被社会广泛认可的较为持久稳定的内在特征。首先，特色具有稳定性。西部高等教育的特色是历经办学历史积淀，逐步形成并被实践证实的发展方式，并非人为促成的"标签"，亦非媒体炒作与广告宣传的产物。西部高等教育特色建设的目标及方向是稳定的，具有继承性，其运行惯性不能随意更改。其次，特色具有发展性。海德格尔指出，"任何存在，都是在时间的境域里不断地在场的存在"[②]。因此，作为特色存在的西部高等教育，还是一个历史的概念，应随着时间的推移，不断反映时代要求，体现时代特征。再者，特色具有评价尺度的社

---

①［美］约翰·S.布鲁贝克著，王承绪译：《高等教育哲学》，浙江教育出版社2002年版，第34页。

②［法］阿兰·布托著，吕一民译：《我知道什么：海德格尔？》，商务印书馆1996年版，第21页。

会性。西部高等教育的特色并非自吹自擂、自封自贴而得，而是长期积累、不断优化、逐步丰富并获得了良好社会认同后逐渐形成的。西部高等教育需要环境认同，离开西部高校及其学者们对区域社会所作出的实际贡献谈论特色是没有任何意义的。最后，特色具有错位性。它要求西部高等教育在发展过程中应理性把握差异，找准自身在整个高等教育体系中的独特地位，才有可能实现错位发展。

三、西部高等教育的现实偏误

（一）主体性衰落

在各类组织相互交锋、彼此交融、此消彼长的时代浪潮下，高等教育日渐步入社会的中心，与政治、经济、文化、科技的关系愈加紧密，西部高等教育概莫能外，深受影响，逐渐被同化，整体呈现"他者"镜像，主体性的坚持越来越困难。具体表现在四个方面：其一，市场化所引起的目的性迷茫。随着西部大开发和市场经济的深入推进，功利化的触角同时伸向了教育的方方面面。市场化正在以它所承诺或实现的物质利益瓦解着西部及其内在异质性资源（如文化、地域、历史等）的坚固性与有效性。这些异质性资源往往与西部的贫困连在一起，市场化在消灭西部贫困的同时，也消解着高等教育的异质性及文化的多样性。其二，行政化所导致的自主性缺失。在泛行政化趋势下，西部高等教育的行政化倾向有增无减。从外部来看，西部高等学校的办学自主权、过程监控权、资源调配权、考核审定权等治校的基本权利大多掌控于各级教育行政主管部门；从内部来看，西部学者们在教研实践中所需的学术自由、教学自主、科学评价等治学条件正在被院校内各级管理部门逐步分割。作为行政化的"他者"，西部高等教育在表达、描绘与传递自身异质性的历史传统、民族文化、风俗习惯时，那个真实的自我总是受到一体化行政的束缚，不得不将自身置于统一划定之模具化的"西部想象"中，戴着镣铐起舞或作茧自缚。其三，同质化所带来的自觉性消减。在全球化趋势的推动下，西部高等教育的趋同现象愈加明显，难免"千校一面"，亦步亦趋，随波逐流。作为同质化的"他者"，西部高等教育与"其他"高等教育越来越近，却离"西部"越来越远。其四，平庸化所促成的能动性式微。为了满足时代的欲望，西部高等教育沉迷于"消解崇高""淡化历史"的嘈杂声中，沉醉在"机械仿效""随波应景"的捷径梦里。作为乏善可陈的"他者"，西部高等教育的本真不是被有意遮蔽，就是被无意忽视，西部高等教育不再内省检讨，反而成为社会所检讨的对象。

（二）地域性不稳

凸显地域性是西部高等教育在概念范畴上得以存在的一个基本要求。然而，随着我国高等教育国际化、信息化、技术化与一体化进程的加快，西部高等教育为了与时代吻合与国际接轨，实现跨越式发展，逐渐脱离了自身的办学传统、发展基础和客观外在条件，一律向发达国家、发达地区的高等教育看齐，其成长目标、办学模式与发展思路等也趋近于发达的高等教育，毫不犹豫地成为复制者与追随者。相应地，构成高等教育差异空间的"西部"边界也不断在"资本与权力的合谋"[①]中被无限放大，逐渐模糊，西部的真实意义也逐步被一体化力量消解与中和，原有的"西部"想象正在不断退却、隐匿与消亡，慢慢成为学者们的追忆。在行政、市场与大众传媒的裹挟下，西部高等教育初心不保。正如诗人纪伯伦所言，"因为走得太远，忘记了为何出发"。一些西部地区的高校不仅忘记了"为什么"出发，就连"从哪里"出发也忘记了。诚然，西部高等教育作为社会的子系统，必然面临诸多诉求，与社会紧密联系。不是不能发生联结，而是不能"过分亲密"，以防掉入"他者"的陷阱而不自知。从实践层面看，"地域性"的弱化，具体表现有二：一是形式化严重。无论是行政管理者有关西部高等教育的发展战略，还是学者们有关西部高等教育的研究，无不以"西部"帽子起首，诸如"西部地区""西部边疆"等，但其内容却站不住

---

① ［美］大卫·哈维著，胡大平译：《希望的空间》，南京大学出版社2006年版，第54页。

脚，经不起仔细推敲，流于形式、徒有其名，犹如新瓶装旧酒。二是本土教育资源缺失。尽管拥有丰富多彩的民族文化资源，但西部高等教育并没有抑或并无法依托这一资源优势，设计与开发出蕴含多元文化特色的校本教材、本土课程与特殊人才培养模式。

（三）特色性不明

当下教育宣传，"特色"满天飞，已然成为各高校在战略规划、工作汇报、招生宣传中不得不使用的关键词。西部高等教育当然不甘落后，一样努力在各个场合通过各种途径堆砌编撰与凝练描绘出种种"特色"，如"立足这里，服务那里"或"准确定位，又理论、又创新、又应用，各行各业兼顾"云云。"特色"本来只关乎"质量"，在于"特"，与"量"无关。高等教育特色的无限延伸，恰恰反衬了其缺乏特色或特色不明的本相。在特色建设运动的鼓舞下，西部高等教育的"特色"不是太少，而是太多。各种新提法、新概念、新观点、新式样层出不穷，花样翻新，"创意"无限。仔细考量，大量自称的特色无非编撰的顺口溜或聊以自慰的宣传用语，虽面相不尽相同，实则差异不大。若将张家特色的帽子戴在李家特色的身子上，好像并无违和感，几乎都可以相互替换。进一步分析，特色发展的误区，既有认识上的误判，又有实践上的误入。在认识层面上，一方面，许多院校往往将创建"一流"等同于"特色"创建，事实上，两者隶属于不同的概念范畴，"一流"是一元性的，而"特色"则是多元性的；另一方面，一些院校往往又将办学规模、办学成绩等同于办学特色，一味追求学科齐全，强调高大上的体征。事实上，对于经济贫困、人才匮乏的西部高等教育，只有求小求精，集中优势资源，才能凝练并形成自身特色。在实践层面上，西部亦难逃办学模式趋同的命运，办学方向与办学特色异曲不同工，极难形成并坚守稳定的发展轨迹。

四、西部高等教育的无奈与纠结

（一）宏观层面：一体化进程中的"他者"困境

现代信息技术日新月异，高等教育身处其间，从国内看，西部高等教育积极向中东部高等教育靠拢；从全球看，中国高等教育不得不逐步加入教育国际化进程。相应地，西部高等教育呈现出统一化和国际化的双重镜像，充满着对立与矛盾，而一体化具有凸显差异和消灭差异这两种看似矛盾、实则一致的指征。一体化促使西部高等教育与其他高等教育开展了跨越民族地域、穿越时间空间的普遍联系和广泛交往，势必在不同类型的高等教育间制造出更多的差异性，换言之，也只有在普遍联系中凸显差异，才能在高等教育间区分"弱势"与"强势"、"少数"与"多数"、"落后"与"先进"，才能使彼此间的摩擦与对峙看起来更像对话与交流，即亨廷顿笔下的"文明的冲突"。然而，一体化的终极结果其实为蚕食并消灭差异，"差异性"最终要让步于"同一性"，本质上的"落后"终究还是要认同于概念上的"先进"。在一体化进程中，不管西部高等教育多么努力去彰显自身的特质性与差异性，终究不得不接受原有差异被忽视和消弭的命运。同样，研究者们无论多么热爱西部的文化与文明，都在冷酷的现实生活面前，不得不选择对一体化的屈服，转而执着追求"时代福利"。根本原因在于，"一体化的'差异'格局中'少数'或'弱势'永远都是'多数'或'强势'话语中的一个不平等的'他者'"[1]。在不可逆的时代浪潮下，西部高等教育毫无疑问地陷入了别人所编织的虚构模式里，不论是主动还是被动，大都沉溺其间、削弱自我。而且程度在加深，广度在蔓延，教育的特质性存在正逐渐被稀释、被抛弃，民族性被国际性所取代，传统性被现代性所消解，多样性被同质性所覆盖。

---

[1] 何同彬：《全球化与文学地域主义的"他者"困境——以"西部文学"研究视野为例》，2012年第5期。

（二）中观层面：制度剩余与制度匮乏并存

制度大体与无序、混乱相对立，却与效率相连，在实质意义上往往以效率的提高为目的和检验标准。然而，就当下情况而言，虽然制度成为西部高等教育发展的主要推动力，但并没有在根本上解决其发展的短板、负担和效率问题，更无助于促使其在复杂的高等教育体系中厘清自己的合理位置，有时候反而成为束缚和被动的任务体系，剪不断、理还乱。在教育者眼中，制度让人期待，让人着迷，同时让人畏惧。西部高等教育的制度生态呈现出制度剩余与制度匮乏并存的局面。一方面，有关西部高等教育的政策制度极其烦琐、大量重复和相互交叉：既有来自中央的法律法规，又有源于地方的意见办法；既有主管部门的实施细则，又有其他部委的联合规定；既有各级政府的政策措施，又有各类教育的规范文件，等等，却唯独缺少本土政策空间。大量过度剩余、相互重复甚至冲突纠葛的制度，使得唯制度是从且善于捕捉制度走向的教育者晕头转向，无所适从。当不知道该"去向哪里"时，当然还有两条路径可供选择：要么哪里都不去，以不变应万变；要么看别人去向哪里，跟着强者总是对的。前者注定被时代所淘汰，后者必然被"他者"所同化。另一方面，冗余制度之下，西部高等教育的政策保障同时存有很多真空地带。真正源于自身，切合西部，指向具体、操作可行的制度少之又少，缺陷明显，如集成度不高、精准度不够、差异度不明、支持度不强等。制度生态何至于此？显然是制度制定者把原本"内生化"的制度"外构化"了，而制度执行者则把原应"灵活化"的制度"僵硬化"了。

（三）微观层面：观念空间大于行动空间

观念与行动相符是判定一事物或一概念是否为"真"的重要标准。对某一事物或某一概念而言，观念与行动一致，即便是"错"的，也是"真"的；相反，观念与行动不一致，即便是"对"的，也很难称之为"真"。在西部高等教育的实践活动中，观念与行动不一致时常发生，通常表现为自身观念难以转化为具体行动，即观念空间大于行动空间。这种言行不一、貌合神离的发展样态动摇了自身存在的合法性与有效性根基，使其离"他者"越来越近，离本真越来越远。所谓"观念空间"，是指西部高等教育在人们观念中的存在空间，即人们内心所意识到的、所认同的、所深深期盼的那种教育存在。当前，社会各方对于高等教育建设发展具有高度共识，那就是要建成真正立足西部、依托西部、服务西部并体现西部特色的高等教育。事实上，政府官员、学校领导和师生学者们也的确为之付出了艰辛的努力，分别从实践与理论层面进行了探索与呼吁。然而，应然的理想在实然的生活面前总是显得力不从心、无能为力，西部高等教育的行动空间极为狭窄，自身观念历经辗转反侧还是难以转化为具体行动。归根结底，西部高等教育的理想难以满足自身追求"时代福利"的内心欲望。亚里士多德提醒我们，行动的本原是选择，而选择的本原是深思熟虑的欲望。观念要想转化为行动，就必然要以满足欲望为条件，而欲望的满足则离不开所谓的时代要求和制度规范。现实中，西部高等教育为了实现自身理念，就要满足自我欲望，进而就要在宏观层面上顺应一体化的时代背景，在中观层面上屈从同质化的制度体系，而这就难免使得高等教育的发展偏离自身轨道，与本初的理想相违背，继而陷入无限循环的悖论。

五、西部高等教育：其名也响亮，其实也一般

综上所述，西部高等教育由于在"形式"与"功能"上存在着不同程度的二元性分离，决定了其"有名无实"的存在样态。作为一种"实体"，西部高等教育显然就是指生长于西部地区的高等教育，就实践过程而言，在操作性层面上看当然是"真"的，但作为一种"本体"，西部高等教育是指基于西部民族文化、历史传统、风俗习惯、性格心理等且真正体现西部特质的高等教育，是人们内心所意识、所认同并深深期盼的教育样态，将其置于严谨的理论逻辑中，在概念层面上却难免是"伪"的。因为，西部高等教育除在办学规模小、项目资源少、经费欠缺、人才稀少、数量不足和质量较差等非本质属性方面与中东部高等教育有所差别外，其他并无殊异。

至此，回头呼应开篇所提出的两大根本性问题，答案就一目了然。首先，西部高等教育存在吗？结论是：犹如西部之客观存在，西部高等教育当然存在并且会一直存在下去。其次，作为个体的西部高等教育真的存在过吗？结论是：西部高等教育从来就没有真正存在过，好比镜像中的那个"我"，看起来是真的，其实还是假的。因此，西部高等教育这件事情抑或这个名分，既不全"真"，也不全"伪"，正如佛学深刻辨析之后所描绘的虚妄之相——即"此像非像"。

（本文原载于《重庆高教研究》2018年第3期，有删改。）

第六节　学术与行政的关系：以高校治理事务为中心

在治理实践中如何处理学术与行政的关系，是中国高校在改革与发展进程中不得不面对的难题。为此，需要理清它们各自的权力属性，从教育运行逻辑入手，以具体的事务为中心，把握并遵循二者关系的规律和原则，培养处置矛盾或冲突的意识和能力。

高校治理可以简单理解为学校内外不同利益相关者参与学校事务决策的结构和过程，是利益相关者之间的权力配置与行使。而在高校内部的诸多利益主体中，学术主体和行政主体可以说是最基本的两类主体，学术权力和行政权力也是两项最基本的权力，其间的关系也是高校治理实践中最主要的关系。一般来讲，随着各高校大学章程先后出台并公之于世，学术和行政应该泾渭分明，其关系的处理已经具有诸多制度的安排和保障，如学术委员会制度等。但在当前我国一些高校的内部治理实践中，相关问题依旧层出不穷，促使我们意识到现实远比想象的要复杂。那么，在高校获得愈来愈明确、愈来愈多的办学自主权的今天，如何在高校具体的治理实践中，处理好学术与行政的关系，就成了摆在领导者和相关利益者面前的一个不得不解决的难题。本节在理清学术与行政二者关系的基础上，从高校管理所涉及的具体事务入手，进一步探索并阐述协调二者关系的有效之道。

一、学术权力与行政权力：两种不一致的逻辑

学术权力与行政权力是高校治理中十分重要的两种权力形式，它们共同主导和管理着高校事务，两者的关系是高校内部诸多关系中非常重要的一对，其关系形态决定着高校的管理形态和运行状态。正确认识和处理学术权力与行政权力的关系是高校治理实践中的一项最基本的内容。[1]但是，要处理好这对关系，首先需要理清它们各自的权力属性及运行逻辑，这是解决这一问题的前提。

学术权力是随着大学教育的产生而产生的。在欧洲中世纪，从君主与教皇手里获得办学特许证的大学拥有了自主管理内部事务的权力，而这些内部事务是围绕知识的传授与生产而产生的。后来，随着社会经济的发展、科学理性以及人文思想的生长，对拥有高深专业知识的人才就有了更特定的需求。在这种情势下，保障专业高深知识获取、传播、批评、生产的学术权力就成了维护学术自由与大学自治的主要力量。学术权力就是为保障高等学校及其成员的教育、学习和研究活动的创造性而设置的一项特殊权力。其一，学术权力是维护学术自由的需要。设置这项权力的全部目

---

① 袁飞：《学术权力与行政权力的统一、冲突与平衡》，载《高等教育研究》2015年第7期。

的都在于维护学术自由，营造宽松的学术环境，保证高等学校中的创造性
工作得以实现。学术权力服务于学术自主和自治，因而是学术自由的本有
之义。[①]其二，学术权力是体现大学本质属性的需要。大学的本质属性在
于其学术性，学术本身则具有"专业性、专门性、创新周期性和认可渐进
性"[②]，学术这一特殊性则需要学术权力正常运行以提供足够的保护、支持
与协调。

行政权力则是在大学的发展过程中逐步清晰、明确和强化的。社会发
展对知识生产需求的不断增长强化了大学培养人才与科学研究的职能，大
学越来越走向社会的中心，社会性不断凸显。美国国会于1862年颁布的
《莫雷尔法案》（Morrill Land-Grant Act）开创了政府干预高等教育发展
的先河，赠地学院、"威斯康星思想"强调并确立了大学服务社会的职能。
大学功能的多样化、与社会关系的复杂化以及大学自身发展规模的日益增
长，迫切需要强有力的行政力量介入以处理烦琐的行政事务。于是，行政
权力日益走上前台，成为维系大学发展不可缺少的重要权力形式。当前，
行政权力对大学发展愈来愈重要、愈来愈必要。其一，从大学自身的服务
功能来看，规模化、专业化的大学需要行政权力营造良好的秩序与环境，
调节学术主体之间的矛盾，从学校全局出发确定整体发展战略；其二，从
大学的社会服务功能来看，大学社会服务能力的大小在根本上取决于人才
培养与知识生产的质量，这自然需要学术权力的正常运行以确保教育与知
识生产的内在逻辑与规律得到充分尊重，但是，大学与社会联系的增多、
各种关系的复杂化，则需要充分利用行政力量来处理、沟通与协调；其
三，从国家服务功能来看，大学从来就不是纯粹的"象牙塔"，必然服务于
国家的特定需要，政治权力需要行政权力来延伸，教育方针政策与国家发

---

① 劳凯声：《创新治理机制、尊重学术自由与高等学校改革》，载《教育研究》
2015年第10期。

② 文新华：《如何实现行政权力与学术权力的互补》，载《中国教育报》2012年12
月23日。

展战略需要通过行政权力予以贯彻执行。①

然而，学术权力与行政权力运行逻辑往往不是一致的，仅就在高校设置新专业这一事务来讲，从学术权力的角度来考虑，就可能认为这个专业的设置与否应该根据学术上的发展前景与需要来决定；而从行政权力的视角来讲，则可能认为应该考虑学校的整体资源状况以及整体发展目标来决定专业的设置与否。这两种权力运行逻辑的不一致主要体现在认识和实践两个层面：

就认识层面来讲，在掌握学术权力的大学教授、学者们看来，大学的根本使命是发展学术，进行知识的生产与创新。因此，他们一般认为，学术与专业是衡量学者价值的唯一尺度，对诸如学术评价、课程开设、研究方向确定等事务学者具有当然的决定权，教师是大学办学的主体，行政人员应该为教学、研究和学习服务；而在掌握行政权力的行政管理者看来，大学不是单一的学者群体，而是一种多元的机构，大学是社会组织，为社会而建，服务社会是其应然的根本目标。学者通常局限于自己的专业或学科，缺乏宽广的视野和对大学整体发展的把握，因而必须依靠行政管理才能作出大学整体发展决策，协调各利益群体之间的关系。大学和任何社会组织一样，需要一个完整的管理体系，这就需要完整的权力层级、健全的规章制度、高效的工作程序和科学的绩效考核标准。②

在实践层面，也就是两者的运行方式来说，学术权力的运行方式具有松散性与自主性，这是因为知识的探究具有一定的周期性、渐进性与持续性，需要相对自由、宽松的研究环境，而学科和专业领域的日趋专业化也需要松散、自主的学术权力运行方式与之相适应。行政权力的运行方式则表现出较强的科层性与强制性，追求效率目标，注重绩效考核。③

---

① 袁飞：《学术权力与行政权力的统一、冲突与平衡》，载《高等教育研究》2015年第7期。

②③ 袁飞：《学术权力与行政权力的统一、冲突与平衡》，载《高等教育研究》2015年第7期。

二、基于事务的两种权力关系的处理原则和规律

在高校治理中，学术与行政这两种权力虽有不同的性质和逻辑，但在最终的指向目标上应该是一致的，即它们都致力于实现大学发展目标。但是，在愈来愈复杂的高校治理环境中，它们在具体事务的目标指向上往往并不一致，甚至会产生难以调和的矛盾或冲突。这也就是说，在具体的高校治理实践中，如何处理学术与行政这两种权力的关系，远比理论模型的设定要复杂多变。尽管如此，还是有一定的原则可以把握，一定的规律可以遵循。以下就以具体的高校治理事务为例，来逐一说明二者关系的协调方法。

第一类：纯学术性事务。由掌握学术权力的组织（如学术委员会）和人员（如教授）说了算，即由他们按照有关规范（如学校制定的《大学学术委员会规程》）行使决策权，而行政组织和人员则只能依据对方的建议来行使权力。如就学术不当行为的裁决来讲，学术机构可以对学术行为进行独立、客观、公正的调查取证和认定，然后依规直接向有关行政机构（如人事处）提出撤销当事人的学术称号、学术待遇等处理建议，而行政机构则按照这一建议进行相应处理。纯学术性事务一般包括学科、专业及教师队伍建设规划以及科学研究、对外学术交流合作等重大学术规划；自主设置或者申请设置学科专业；学术机构设置方案、交叉学科和跨学科协同创新机制的建设方案、学科资源的配置方案；教学科研成果、人才培养质量的评价标准及考核办法；学校教师职务聘任的学术标准与办法；学术评价、争议处理规则，学术道德规范；学位授予标准及细则，学历教育的培养标准、教学计划方案，等等。

第二类：兼有学术性和行政性的事务。掌握学术权力的组织和人员只是对涉及学术水平评定的事项行使审议权和评定权，其他权力则属于行政组织和人员。兼有学术性质和行政性质的事务一般包括学校教学、科学研究成果的评定和奖励，对外推荐教学、科学研究成果奖；自主设立各类学

术、科研基金、科研项目，教学、科研奖项以及需要评价学术水平的其他事项；招生的标准与办法；高层次人才引进岗位人选、名誉（客座）教授聘任人选，推荐国内外重要学术组织的任职人选、人才选拔培养计划人选，等等。

第三类：主要表现为行政性但兼有学术性的事务。对于这类事务，掌握学术权力的组织和人员只是具有咨询权，即行政组织和人员作出决策前，应当通报掌握学术权力的组织和人员，并由他们提出咨询意见。比如，学术委员会如果对这类事务的某一做法提出不同意见，学校行政机构就应当作出说明、重新协商研究、暂缓执行或另作规划。主要表现为行政性但兼有学术性的事务一般包括制订与学术事务相关的全局性、重大发展规划和发展战略；教学、科研重大项目的申报及资金的分配使用；开展中外合作办学、赴境外办学，对外开展重大项目合作的事务以及学校认为需要听取学术委员会意见的其他事项；学校预算决算中教学、科研经费的安排和分配及使用，等等。①

第四类：纯行政性事务。这类事务当然由掌握行政权力的组织和人员说了算，即由他们行使决策权，而学术组织和人员只有监督权和建议权。纯行政性事务一般包括财务管理，校园绿化及卫生管理，图书及信息、资料管理，等等。

对于以上四类不同的高校事务，学术权力与行政权力的内涵及边界是不同的，其中越是典型的学术事务，学术权力行使权力的强度和范围就越大，而行政权力介入的强度和范围就越小，反之亦然。与此同时，我们还需明确的是，即便是纯粹的学术性事务或行政性事务，也并不意味着其中的一方拥有独立的管辖权，而只是享有独立于其他权力的优先权，且必须接受其他权力的监督。以上可以说是处理二者关系的基本原则和规律，否则，任何不恰当的越位或不当干预或自行其是都有可能导致学术权力或行

———
① 劳凯声：《创新治理机制、尊重学术自由与高等学校改革》，载《教育研究》2015年第10期。

政权力的蜕变，要么使学术自由受到损害，要么使学校正常的行政管理受到干扰。

三、两种权力关系矛盾与冲突的处理

如上所述，大学作为一个融合多元需求和角色期待的社会组织，肯定要照应包括行政和学术在内的多重逻辑，但现实条件下，行政权力的逻辑与学术权力的逻辑并不总是并行一致的，相互交叉乃至碰撞即产生矛盾和冲突自然也难以避免。如一些高校要求院系等基层学术组织集中统一换届，就是一个很明显的例子。

对院系来讲，行政权力逻辑下的院系只是学校的一个下级单位，往往以规则与效率为出发点，注重的是自上而下的服从、高效和整齐划一，强调的是整个学校的利益和目标；而在学术权力的逻辑下，院系则是学校内部的一个相对独立的知识单元，注重的是相对平等而自主的决策方式，强调学科发展、知识的价值以及人的培养。以上这两种权力逻辑往往会在实践中出现各方因为立场、利益、态度、认识等方面的不一致而产生矛盾与冲突的状况。那么，如何处理二者之间的矛盾和冲突呢？

本节第二部分所述只是给处理这种矛盾和冲突提供了一个基本的原则，在具体的高校治理实践中，以上问题的解决还需要灵活处理、相机行事。对此，南京大学教授龚放在一篇文章中列举的一个实例就很有启迪意义：

1906年，两江师范学堂（南京大学前身）监督李瑞清聘请国学大师柳诒徵来校执教，但不到两个月，柳诒徵即要辞职而去。李瑞清闻讯即查找缘由，得知两江教习每月须到司库处签字领取薪俸，柳诒徵颇不以为然，觉得有辱斯文。李瑞清随即下令司库按月将薪俸"送至柳府，无须签收"。柳诒徵也欣然续聘，后成为该校首屈一指的名师。①

领取薪俸，就要签字，这是高校财务管理所应遵循的基本规则。但

---

① 龚放：《正确认识大学的运行逻辑与学术权力——关于大学"去行政化"的再思考》，载《江苏高教》2015年第3期。

是，面对柳诒徵这样的东南鸿儒，深谙办学之道的李瑞清就选择了变通，即让标准化、严格有序的行政逻辑服从于个性化、"举贤任能"的学术逻辑。发生在中国高等教育史上的这一案例表明，学术权力与行政权力运行逻辑上的不一致，并不一定意味着问题无法解决或者双方永远对立。换句话说，基于大学的学术性这一本质属性，当两条逻辑产生矛盾的时候，行政的逻辑应该充分尊重学术的逻辑，甚至让位于学术的逻辑。

众所周知，高校是类似于美国学者伯顿·克拉克所认为的"科层制"与"学术共同体"的复合共生体，即整个高校的运作逻辑既受制于科层组织制度及科层权力，又受学科知识生产及相应学术权力的影响。这至少意味着高校存在着不同性质和特点的活动，即具有政府机构、一般企事业单位所没有的学术性，学术性是大学的本质属性。至于院系等高校所属的二级单位，其学术性以及相应的学术逻辑就更为明显，基本上是一个单纯以知识生产、传播为其根本任务的教学科研机构。与高校为进行有效管理所设的后勤、财务、人事等机关部处不同，院系是以某一学科或若干临近学科为准则组建的，是一个学科分化和知识高度专门化的机构，具有很强的专业性和学科性。另外，因为学科的差异性以及各院系实力、特色、水平和状态不一，院系往往呈现的是一种"有组织的无政府状态"，其权力运行逻辑显然与那些事务性机构有很大不同。这也就是说，对于院系，其决策涉及的事务大多属于学术事务的范畴，最有发言权的应该是那些德高望重且有学术权威的教授。

四、结论与启示

仅就上述例子而言，在既未形成一套成熟、稳定、规范、有效的学术领导人的任用方式，也谈不上具备"院为实体"以及院长（系主任）职业化二级管理机制的情况下，学校对院系任何层面的改革，都切忌简单化，不能以效率、便利以及规章制度来决定学术事务。大学作为以知识发展为核心事业的组织，需要尊重和认可各个院系组织对各自学科与组织发展的判断与规划，从而尽可能避免或减少科层行政决定对学术发展的伤害。唯有如此，才符合现代大学制度以及大学治理现代化的应有之义。

随着大学从社会的边缘逐渐步入社会的中心，特别是大学的功能和职责进一步丰富，现代大学被赋予了太多的责任，早已成了"学术-行政"的结构联合体。而二者之间存在矛盾或冲突的一个重要原因就是两种权力的权责不清，加上高校中不少学者与行政管理者往往扮演双重角色，导致学术权力与行政权力彼此越位、错位的现象普遍。[①]为此，要化解学术权力与行政权力的冲突，必须首先确立二者协调平衡、共同治理高校的理念，明确界定二者各自的作用领域，并通过内部体制机制改革确保其具有可操作性。

与此同时，我们一定要坚守学术性依然是大学最基本的属性，学术权力也依然是大学最基本的权力这一立场。在大学的资源分配和利益调节过程中，行政权力往往代表最真实、最有效的力量，在院系的师资队伍配置、学科专业设置、教师职称评定、项目课题评审等事务中都发挥着不可替代的作用。[②]为此，在高校治理实践中，我们一是要在高校内部建立两种权力组织及人员之间的沟通渠道和监管机制；二是加强学术组织内部建设，确立学术行规，强化教学科研人员的自律意识和大局意识；三是推动学校行政管理人员的专业化、职业化建设，提高他们的服务意识和专业服务能力。

（本文原载于《重庆高教研究》2016年第4期，有删改。）

---

① 袁飞：《学术权力与行政权力的统一、冲突与平衡》，载《高等教育研究》2015年第7期。

② 陈浩：《高校行政管理人员的专业化建设》，载《山东高等教育》2016年第1期。

第三章

教育改良的时机悖误

　　到底是"真实"重要还是"真理"重要？到底是"有意思"重要还是"有意义"重要？这是古往今来的经典问题，而在当下的高等教育语境之中，尤其成了大问题！

　　高等教育陷入了齐格蒙特·鲍曼所称"沉重的现代性"之中不能自拔："一种大量占有的现代性，一种'越大越好'的现代性，一种'大就是力量，多即是成功'的现代性。"

　　此心安处，即是乐也！

——王阳明

第一节　试论"教育面向"的当代进路

"三个面向"是20世纪80年代以来中国教育改革的方向标，几十年来一直有效引领并强力推动着中国现代教育的发展。伴随着时代的演进，教育的"面向"呈现出与传统迥异的行动样态，既附着有新的时代内涵，亦少不了矛盾纠结。教育必须积极拥抱新技术而不能成为技术的奴隶；教育理当自立于世界而不能对立于世界；教育不得不应对现实，但不能急功近利、囿于眼前。在微观层面上，"教育面向"要尊重个体，循序渐进；要固本强基，自下而上；要修炼品格，由内而外。在中观层面上，"教育面向"要尊重"生命性"准则，遵守"包容性"原则，遵循"发展性"法则。在宏观层面上，"教育面向"要高瞻远瞩，循至简之真道，求无为之善治。从今往后，教育尤需因应时局适时校准"面向"的方针，更多关注个体的差异，更加关心基层的活力，更密切地关怀多元的生命。教育品格向上孜孜以求，教育情怀向下雨露滋润，始终保持开放的胸怀，勇于接纳未知的知识与技术。唯其如此，方能够为中国教育开新篇，为世界教育添智慧。

1983年国庆前夕，邓小平同志为北京景山学校题词："教育要面向现代化，面向世界，面向未来。"这一论断高屋建瓴，在我国社会改革全方位展开的战略背景下，精准把握了中国教育发展的时代脉搏及20世纪下半叶世界教育改革的共同趋势，据此锚定了中国教育改革的方向标。现如今，在中国式教育现代化的新语境之中，"教育面向"的内涵亦需与时俱进，同步校准，如此，方能够更好地与时政相携共振，精准服务于教育的高质量发展。21世纪的教育世界风云际会，高等教育系统充满着无穷的变数与不确定性，教育旨归一旦依稀模糊，教育行动便难免偏离正常的轨道，教育强国的进程亦会因之受阻。老子曰："知人者智，自知者明。"居于"先进与落后""人工与智能""技术与人文""过去与未来""自我与他者"的中轴之上，"教育面向"实际面临的实然症结与应然理路以及教育发展的外在规则与内隐逻辑等多重关系仍有待辩驳厘清。

一、"三个面向"的现实纠结

改革开放以来，中国的教育事业在"三个面向"的导引下蓬勃发展，取得了骄人成绩。进入新的历史阶段，关于"教育面向"的提法层出不穷，变幻多样，"面向终身学习""面向知识经济时代""面向21世纪""面向可持续发展""面向服务""面向人人""面向大数据""面向MOOC""面向核心素养""面向'新工业革命'""面向创客教育""面向STEM教育""面向数字素养""面向数字人文""面向2030""面向乡村振兴""面向经济主战场""面向和谐社会""面向区域发展""面向国际战略""面向智慧教育""面向学科建设""面向教育4.0""面向全球""面向高质量发展"等相继成为热议的议题。如此情形之下，高等教育何去何从？

（一）教育自当拥抱新科技，但不能成为技术的奴隶

20世纪中叶以后，世界人口骤增，经济迅速复苏，科技日新月异，知识总量的急剧增长相继给教育机会、教育规模、教育内容以及学习方式带来一拨又一拨的挑战。以1956年美国白领工人的数量首次超过蓝领工人以及1957年苏联发射第一颗人造地球卫星为标志，工业社会转向了信息社会，各国先后面临信息技术革命带来的冲击，不得不借助教育变革，努力走向教育现代化。在这一背景下，"教育面向现代化"应运而生。"所谓现代化，是指人类认识自然、利用自然和控制自然（包括人类自身）的能力空前提高的历史过程以及由此而引起的政治、经济、文化等社会各领域广泛

而深刻的变革，其目标是创造高度的物质文明和精神文明。"① "教育面向现代化"就是要积极投身于现代社会，以先进的教育思想为指导，一方面传承优秀传统，另一方面结合先进的科技、创新的知识、卓越的人才及开放的制度等共同促进教育变革与发展。

"现代化"的复杂内涵在一定程度上存在着被简单化为现代技术的隐忧，在主动拥抱高科技、善借新技术的同时，教育不得不时刻警惕被技术挟持的风险。从教育教学到科学研究，从师生关系到教育质量，从教育治理到管理决策，现代技术无处不在，无孔不入。智能技术托举起智能化的教育，并引导着智慧教育的发展走向，便捷、高效、势不可挡。特别是以ChatGPT为代表的生成式人工智能给教育带来了教育场景、教学模式、学习方式的彻底变化，极大地促进了学生自主探究和个性化学习，并相应地改变着教师数字素养和育人角色的定位，全方位推动着教育的现代化进程。然而，一旦教育与技术的关系从主动变为被动，传统教育转而成为现代技术的追随者，人们所关心的教育变革只是为了避免技术手段的落后，不断以"更新、更高、更快、更强"的技术诉求来创新教育面貌的话，就难免因为倚重"术"或"数"的进阶而造成人文伦理或数字标的的异化，进而会在科技应用的二律背反中模糊了本质意义上的教育之"道"。也就是说，当"道"与"器"的关系失衡，教育过度地依赖于技术，智能技术发展所联动的教育既有可能导向教育的新生，亦有可能远离教育的智慧。亚里士多德认为："智慧由普遍认识产生，不从个别认识得来……智慧就是有关某些原理与原因的知识。"②在后现代潮流之中，由"现代化"复合性内涵所建构起来的意义世界正面临着被现代科技逐渐解构的命运，原本支撑人们生命活动的价值诉求被同步稀释。"我们不再只是为了寻找最适合我们的目的的手段而发展技术。相反，我们让可用的技术手段来决定我们的目标……我

---

① 顾明远：《比较教育导论》，人民教育出版社1996年版，第208页。
② ［古希腊］亚里士多德著，吴寿彭译：《形而上学》，商务印书馆2017年版，第3-4页。

们成了奴隶。"①长此以往，技术进步极有可能导致人的主体性衰落，"致虚极，守静笃"的教育精神世界亦将随之隐退。

（二）教育理当自立于世界而不能孤立于世界

教育自立于世界是教育面向世界的先决条件。老子曰："音声相和，前后相随。"世间万物无不处于相辅相成或相反相成的矛盾运动中，通过相互作用、转化、协调、融合，形成具有同一性的统一整体，由此构成复杂多样且丰富多彩的和谐世界。改革开放以来，中国高等教育因为选择了"面向世界"，内在地契合了教育之"道"，因而获得了举世瞩目的发展成就，已然成为"跨越式"生长的典范。而今，当我们以绝对第一的发展规模屹立于世界高等教育体系之中，则更需要敞开胸怀，继续面向并拥抱世界而非面对或独步于世界之林。唯有秉持"大道之行也，天下为公"的国际视野，以"和而不同"的姿态去承担构建人类命运共同体的责任，笃定"慎终如始，则无败事"的实践风格，才能顺理成章地促进高等教育的自洽、自立和自强。相应地，一个公平、和谐、包容、美好的教育世界就会在中国智慧的根基上得以生成。"教育的力量就在于它能把我们与世界及彼此联系起来，让我们超越自己的居住空间，接触到新的可能。它让我们团结起来，共同努力；它为我们提供应对共同挑战时所需要的科学、知识和创新。"②当务之急在于，"应将教育和知识视为全球共同利益"③，通过教育以文化人，保证知识共享，积极参与对话实践并通力合作，传承和发展人类文明，促进人类的共同福祉。犹如美国哲学家罗伊斯在《世界与个人》中提到的"在大我中，小我（个别的目的与意志）与大我（小我所追求的

---

① ［英］齐格蒙特·鲍曼、［瑞士］彼得·哈夫纳著，王立秋译：《将熟悉变为陌生：与齐格蒙特·鲍曼对谈》，南京大学出版社2023年版，第200页。

② 联合国教科文组织著：《一起重新构想我们的未来：为教育打造新的社会契约》，教育科学出版社2022年版，第10页。

③ 联合国教科文组织著，联合国教科文组织总部中文科译：《反思教育：向"全球共同利益"的理念转变?》，教育科学出版社2017年版，第72页。

共同目的与意志）得到统一，成为一个大意志"①。

话说回来，"国际教育合作正在一个日益不稳定的世界秩序中运作，以共同价值为基础的全球社会概念已受到严重的侵蚀"②。我国教育与世界之间在技术创新、国际证据和数据使用、文化传承等多个方面，依然面临着知识生成与共享之诸多矛盾，高等教育在面向世界的过程中遭遇的各种藩篱亦会导致知识的封闭以及一体化进程的阻滞。独步天下的一厢情愿，往往会带来教育中文化与文化、人与人之间的隔阂与疏离。"虽然我们已经处在一个有世界主义特征的情境中，但我们还没有开始发展世界主义的心态。"③教育被作为"共同利益"的"内在共同性"——相互尊重、紧密联合、共同努力、共同参与的社会群体之善意始终面临着彼此误解的可能及被忽视的危险。

当下，世界正经历百年未有之大变局，高等教育的一腔执念难免使其"疏立于世界"。往前看，理想中的教育全球化进程以及愿景中的教育一体化格局前途漫漫，教育必须直面与发展进程同步衍生的一系列困难、矛盾以及不确定性。"当一个人与更敞亮、丰盈的世界结合时，他便能更坚定地成为自己。"④

（三）教育不得不应对现实，但不能囿于眼前

未来与眼下常常可以在理论上达成和解，而在现实中则始终充满矛盾。教育的现实是如此鲜明和严酷，以至于成为横亘于教育理想之前的一道难以逾越的坎儿，因之而耗费了学府中人大部分的心力，而高远的教育梦则被同步消磨，只得依稀存续于标榜的口号和羸弱的念想之中。当令高

---

① 夏征农、陈至立：《大辞海·哲学卷》，上海群书出版社2015年版，第549页。

② 联合国教科文组织著：《一起重新构想我们的未来：为教育打造新的社会契约》，教育科学出版社2022年版，第136页。

③［英］齐格蒙特·鲍曼、［瑞士］彼得·哈夫纳著，王立秋译：《将熟悉变为陌生：与齐格蒙特·鲍曼对谈》，南京大学出版社2023年版，第143页。

④［德］卡尔·雅斯贝尔斯著，童可依译：《什么是教育》，生活·读书·新知三联书店2021年版，第54页。

等教育四处可及的尽是一系列使其成为谋生手段的明示和攫取功名的通道之强烈诱惑，"现代教育机构的意图只能是按照每一个人天性能够变成"courant"（通用）的程度来对其加以促进，如此来培养每一个人，使他依据其知识量拥有尽可能大的幸福量和收入量"①。在有功有用、急速生长、便捷成功等教育竞技氛围及生长游戏规则的影响下，形而下的功利取向迅速吞噬着形而上的教育价值，人们自觉或不自觉地"内卷"其中，只专注眼前，焦躁地为满足各种指标而耗精费神，争先恐后地加入对资源的争夺及轮番的阵地攻坚战之中。无意之间，"教育体系向人们灌输了一种错误的观念，即短期的特权和舒适比长期的可持续性更重要"②。

"未来"表示尚未发生的一切事件的时间。③现实会影响未来，但不能决定未来；忽视眼前会错过今天，而漠视未来就会失去明天。有人说过，要知道明天的世界怎样，看今天的学生就知道。眼前的莘莘学子在很大程度上代表着一个国家的未来。"真正的教育不肯让利欲熏心的个体玷污自己，它善于机智地从那种想把它用作实现利己目的之手段的人身边溜走。"④教育从根本上说是一项立足、着眼并面向未来的国之大计。2022年，"教育的未来"国际委员会以教育公共目的为出发点，勾勒出"团结合作的教学法、课程与知识共享、教师与教学职业、保卫并改造学校、跨越不同时间和空间的教育"之共同愿景⑤。

显然，唯有具备创造性和可持续发展特征的教育，才能服务于人类充满不确定性的明天。高等教育是社会永续进步的内核要素，它不仅要传承

---

① ［德］尼采著，周国平译：《教育何为？》，北京十月文艺出版社2019年版，第84-85页。

② 联合国教科文组织著：《一起重新构想我们的未来：为教育打造新的社会契约》，教育科学出版社2022年版，第12页。

③ 冯契：《外国哲学大辞典》，上海辞书出版社2008年版，第37页。

④ ［德］尼采著，周国平译：《教育何为？》，北京十月文艺出版社2019年版，第149页。

⑤ 联合国教科文组织著：《一起重新构想我们的未来：为教育打造新的社会契约》，教育科学出版社2022年版，第147-152页。

人类历史的优秀文化知识，更要引导学生创造新知，促进个体的自我实现和整体的和谐发展。高质量发展的高等教育理当成为理想和现实和谐一致的社会典范，既敬畏过往的智识，尊重历史，传承精华，又孜孜不倦于知识的创新及智能的改进。"其他任何一种外在强迫都不具有教育作用，反而只会将学生引向对世俗实用的追求。"①高等教育当然要立足今天，同时兼顾昨天与明天，不偏不倚，承接以往，迎接时尚，继而"合乎时势"。为此，必须权衡轻重，义利兼及，尤需注重内涵的滋养及灵魂的孕育，据此激发持久的动力，导向"万类霜天竞自由"的教育未来。

二、"教育面向"的理性辨析

"面"作为动词，在《现代汉语词典（第7版）》中表示"向着"；"向"作为介词，表示"引进动作的方向、目标或对象"。一般意义上的"面向"定义是"面对、站着或坐着朝向，适应……的需要，注重"②。不同释义共同强调了某一目标或对象在内在理路方面的指向性与目的性，相应的事物由此获取重构的意义和价值。在高等教育系统中，"面向"是师生感知世界的晴雨表，是院校展开行动的参照系，是宏观战略运筹的指南针。为了准确地把握教育强国的真实逻辑，有必要适时地对"教育面向"的内在理路和时代脉搏进行检视。

（一）格式高清："教育面向"的逻辑

首先，要尊重个体，循序渐进。世界由个体构成，自然先有个体，然后合群，再会聚成组织。而"组织"则是通过内部系统严密的结构来满足某种社会目的或者实现某个具体目标的社会团体或集体性实体。③由传承和

---

① ［德］卡尔·雅斯贝尔斯著，童可依译：《什么是教育》，生活·读书·新知三联书店，2021年版，第5页。

② 夏征农、陈至立：《大辞海·哲学卷》，上海群书出版社2015年版，第483页。

③ ［英］安东尼·吉登斯、菲利普·萨顿著，王修晓译：《社会学基本概念（第二版）》，北京大学出版社2019年版，第117页。

创新知识的群体综合而成，具有"松散耦合"特征的高等教育系统，其整体的运行状况无不由一个个鲜活的个体聚合而成。如若漠视了个体及个体间的差异，教育及学校就只余空壳。关注并时刻面向"小、特、弱"的个体生命，反而容易成就教育整体的蓬勃发展。当然，"个人的许多自由不可能离开集体而获得，集体的价值只有在保障个人自由中显现，集体更离不开个人而获得价值"[①]。有鉴于此，教育不能简单粗暴地以整体的名义对个体施加整齐划一的影响，也不能指望将某一个体的成功经验简单移植至另一受体之上，而是要致力于"兼顾不同院校及师生和谐共生的发展诉求，努力创设不同学科和学问相得益彰的教育天地，均衡资源，让天才不被羁绊，弱者不被轻视，人人各适其性"[②]。教育秉持大慈悲的面向，方可唤起不同的个体及相互间的积极情态，使得教育过程充盈着良性的变数，促使不同的受教育者收获自信，并能够自主书写异彩纷呈的生命篇章。换言之，不同的教育个体凭借各自不同的内在动机，在不同的育人环境中寻找并调适自我，由此及彼，由小及大，循序渐进，方能够有效地实现教育的目标，创设相得益彰、和谐共生的教育景观。

其次，要固本强基，自下而上。常言道，基础不牢，地动山摇。教室是教育活动的第一场所，课堂刻板僵硬，教学就不可能产生活力；师生关系是教育活动得以展开的必要前提，个体间缺乏理解、关爱、认同及互动，高等学府内良好的人际生态就难以生成；学理的质疑辩驳及实验的真伪探究是高深学术得以演进的基础环节，要是缺乏批判的精神与超越的勇气，所谓的"创新"将似水中花、镜中月而难以实现；高等学府本是探究的场所，如若校园符号及其文化的场域中感受不到陈寅恪先生所指的独立的精神和自由的气息，大学将有悖于"高深学府"的雅号，继而与"高质量发展"无缘。换言之，教材、教室、教学与教研，学科、学术、学者与

---

① 张楚廷：《教育哲学》，教育科学出版社2006年版，第79页。

② 董云川、李芬：《样板的悖误：兼论教育的"特殊"与"一般"》，载《大学教育科学》2023年第5期。

学问，正是这些最基本、最基础的要素维系着高等教育高质量发展的动因。基础不扎实，基层欠灵活，师生少个性，教育就是无源之水，创新就如无本之木。大学的生长逻辑完全不同于行政指令自上而下的运行逻辑。尽管学校的体量不一、发展状况各异，所能够获取的资源更是大相径庭，但其真实的运行效率和发展品质却无不与基层教学科研组织的活动状况休戚相关。高等教育的重心理应落实在教学科研的基层单位及其活动之中，包括院系所、教研组、学科团队、学术共同体及所关联的课堂、实验室及交流场域。始终以学术为中轴，以师生为主体，以探究为目的，才能够发挥出伯顿·克拉克所称的"科研—教学—学习连结体"之功用。进而言之，教育之面向应能够保护院校中"基于'科研自由''教学自由'以及强调对最初的学术活动进行自我选择和自由结合的'学习自由'之统一的信念"①。唯有基层强盛、基底厚实，方能活跃学术，创新思想，促进高级专门人才的全面发展。

最后，要修炼品格，由内而外。教育的健康发展由内求与外求两个维度融合而成。内求的教育体现于生命本身，潜心育人，谦逊、沉淀、内省、雕琢打磨、循环修正，在矛盾丛生的发展进程中不断生长，润物无声，静待花开，无限地趋向"真善美"的理想境地。外求的教育则化身为一种工具、一种手段，被国际的潮流、制度的规训、市场的需求、社会的期望及技术的更新迭代所牵动，需要吸纳新资源、持续增强竞技势头或及时根据利益转向调整方向，努力博取外界认可及青睐。内外兼修、和谐联动无疑是促进教育高质量发展的理想状况。但两者相较，教育最深层次的发展动机当然还是源自生命体内生的需求。如此，学校、学科、学者、学生才能够维持最踏实的、稳固的且可持续的发展动机，因为"当发展由理想产生时，动机由内里生发达至外物，发展的动力积蓄是自然而然的过程，具有主动性和连续性。整个发展过程较为平稳和有序，能坚守初心，

---

① ［英］克拉克著，王承绪译：《探究的场所：现代大学的科研和研究生教育》，浙江教育出版社2001年版，第251—252页。

不为外物所左右，时机恰当且方向可测"①。教育的理想及高远动机绝对离不开教育主体纯粹的"求知旨趣"。德国哲学家哈贝马斯认为："求知旨趣是人作为认识的主体，维持和不断扩大自身存在和再生产的最深刻的决定因素。"②这种旨趣维护着生命或学术前行的深层次动力，使教育过程充满乐趣及相应的成就感。

（二）格调高雅："教育面向"的守则

第一，"教育面向"要尊重生命性准则。活生生的人是教育的出发点和归宿，教育活动自始至终都是为了人，而人之所以要接受教育，就是希望在教育过程中不断寻找和彰显生命的意义与价值。"自由是人生命的标志，人获得自由的状况即他的生命存在状况，人对自由的把握力即他的生命力。"③但是，办教育必得具备资质，优质教育需要优质的办学条件支撑，这些条件又往往以指标的形式体现出来。因此，这难免让人们产生一种错觉，误以为达到了某种办学条件或标准，高质量发展的教育就会随之而生。办学必须面对指标的考核，但真实的教育质量却维系于指标背后的灵性生成和创造活力，重点还在于教育情景中人之生命的存续状态，充满对生命价值的人文关怀，促使师生觉察并体悟生命及学术智慧，方能造就有温度的教育。正如康德所言："人……任何时候都必须被当作目的……你的行动，要把你自己人身中的人性，和其他人身中的人性，在任何时候都同样看作目的，永远不能只看作手段。"④

第二，"教育面向"要遵守包容性原则。教育的成就取决于对诸多可变因素的精妙调整，因为我们是在与人的思想打交道，而不是与没有生命的

---

① 董云川、李芬：《理想与欲望：教育发展的真实动机探究》，载《江苏高教》2024年第2期。

② ［德］哈贝马斯著，郭官义、李黎译：《认识与兴趣》，学林出版社1999年版，第202－204页。

③ 张楚廷：《教育哲学》，教育科学出版社2006年版，第228页。

④ ［德］康德著，苗力田译：《道德形而上学原理》，上海人民出版社1986年版，第80－81页。

物质打交道。①这种"精妙调整"的本质在于对诸多变量的领会和兼容，不拘泥于刻板的标准，而是源于对标准内涵及精神内核的把握。从主体上看，教育必须包容那些具有不同成长背景、智力、兴趣等特征的个人并因材施教。从内容上看，教育必须始终以变动的知识世界为核心，有机地结合"传统与现代""通识与专业""理论与应用"等看似矛盾对立的主题中错综复杂的内容，努力兼收并蓄，达到取长补短的功效。从政策上看，联合国教科文组织认为"教育作为一项共同利益，必须具备包容性地制定和执行公共政策的程序"②。因此，教育要以开放的心胸去理解接纳不同国家对教育品质的差异性诉求，积极增进平等且多元的互动，才能达致大同格局。

第三，"教育面向"要遵循发展性法则。教育的根本是人的发展，而发展的前提是人具有可发展性。③这种可发展性体现为人作为社会性动物，其所能达到的认知深度、涉猎范围以及成长境界在本质上和时间上都是不可规划的。一方面，教育始终以"人的可发展性"为检验标准，以发展的眼光看待教育的社会功用，并据此促进个体在教育过程中不断发现并开发自我，止于至善；另一方面，"或许在任何领域是否可以不断得到可选择的其他方法都没有像在教育领域那么重要，教育领域的任务是使年轻人为不断变化的世界做好准备"④。今天的教育尤其要注重维护后现代语境中人的善良意志以及师生面对未知世界的高度不确定性。"我们应该意识到，我们必须在不知道它是什么的情况下，为某个东西负责。我们不能算计它……在我们生命中的每时每刻，我们都在承担责任，就算不知道自己在为什么承

---

① ［英］怀特海著，王立中译：《教育的目的》，文汇出版社2012年版，第9页。

② 联合国教科文组织著，联合国教科文组织总部中文科译：《反思教育：向"全球共同利益"的理念转变？》，教育科学出版社2017年版，第70页。

③ 张楚廷：《教育哲学》，教育科学出版社2006年版，第111页。

④ ［英］哈耶克著，杨玉生、冯兴元、陈茅等译：《自由宪章》，中国社会科学出版社2012年版，第564页。

担责任。"①换言之，"良好的教育正是世界上一切从善中产生的东西。孩子们受教育不应当是为了适应人类当前的状态，而应当是为了适应人类未来更好的状态，也即适应人性的理念及其整个使命"②。教育永远处于不确定的变局之中，但教育能够改变并促进人的发展却是确凿无疑的。

（三）格局高远："教育面向"的韬略

教育方略，大道至简。老子曰："夫物芸芸，各复归其根。"教育至简的根性体现在"要合乎道、至于德，以合乎道的途径，至于德之目标"③。"教育面向"始终不能脱离教育之根性。教育作为一种纯粹人道的事业，不仅要维持个体生命并赋予其意义，而且要培养受教育者的公民意识和合作精神，共创人类可持续发展的未来。于一国教育而言，教育无不以未知世界为标，以理想社稷为本展开育人活动，以主体间平等、自由、和谐的教育交往促进受教育者获得向上、向善的情感体验和心灵感悟，由此联动身、心、灵之全面发展。于大同世界而言，世界教育格局风云变幻，在国际竞争力不断飙升的情形之下，中国的"教育面向"更应该笃定守静制动、韬光养晦的方略，以"厚德载物"的大国风范，秉持"见小曰明，守柔曰强"的策略，去践行"各美其美，美美与共"的教育智慧，继而顺理成章地成就"夫唯不争，故天下莫能与之争"的强国梦想。

教育运筹，法无定法。"事物的有序之共相本源于无序之殊相。"④教育要面向人的全面发展，本质其实在于人的个性发展，而世界上又找不到两个完全相同的人，因此，当然也就找不出一种绝对有效的教育模式。"全面发展作为一种理想照耀着我们发展着走向全面，发展着的人把全面发展变为有各自特点的发展的全面，每个人有不同的全面，由片面表现出

---

① ［英］齐格蒙特·鲍曼、［瑞士］彼得·哈夫纳著，王立秋译：《将熟悉变为陌生：与齐格蒙特·鲍曼对谈》，南京大学出版社2023年版，第142页。
② ［德］康德著，李其龙、彭正梅译：《康德论教育》，人民教育出版社2017年版，第10-11页。
③ 董云川：《道与不道》，云南人民出版社2016年版，第20页。
④ 董云川：《找回大学精神（第二版）》，云南大学出版社2001年版，第97页。

来的全面。"①唯有师生的个性得以释放，教育整体的发展才成为可能，教育强国的建设也才拥有了坚实可靠的塔基。因此，教育在理论上的面向以及行动上的取舍都理当因应时空变化，因地制宜，因人而异。教育改革不能求全责备，培养模式不能固化，竞争策略难以周全，高质量发展更不可能一蹴而就。其间，少不了开放、多元、立体、灵活、机动的机锋应对，唯有随机应变的作为，方能适应时代的变化，革故鼎新。"当教育在恰当地加以限定的意义上缓慢地推进，并根据外部事件和偶然情况进行调整时，它会拥有一切为深刻地影响人的心灵所必需的途径。"②

教育治理，无为而治。当下，过分主观、盲目乐观且"大有作为"的建构意愿充斥于教育发展的全过程。人们误以为，只要选取一个高远的教育目标，辅之以充足的教育资源，然后对教育活动实施强有力的推动，继而再对教育过程进行严密的控制，长此以往，高质量发展的教育即可自动现于眼前。殊不知，教育是一种充满着无穷变数的社会化活动，其外部的发展固然离不开天时地利（政策及环境）的保障，但其内部的生长动因才是构成可持续发展的真实动力源泉（价值认同与精神索求）。作为具有高度自组织机能的高等学校，其自身的演进发展机缘往往源自内外部动机的平衡与取舍，一国、一省、一地、一校的生长基因不同、发展基础不同，其创新策略也会大相径庭。在这样的情形之下，教育治理的内部要素需要充分激活，而外部干预要十分谨慎，总的原则是要采取弹性灵活的教育治理策略，尊重、维护并激发各级各类学校的自组织特性。《道德经》曰："为无为，则无不治。""无为"的"教育面向"绝不是无所作为，更不是任其简单自为，而是要遵循教育规律顺势而为，旨在教育之"大为"。教育善治，必须"善为"。教育之道在于因势而谋、应势而动、顺势而为，要努力促进教育从"自在"到"自为"，然后方可达成"自主""自强"的善治理想。

---

① 张楚廷：《教育哲学》，教育科学出版社2006年版，第124页。
② 张人杰：《国外教育社会学基本文选》，华东师范大学出版社2008年版，第17页。

三、"教育面向"的理想进路

"九层之台，起于累土；千里之行，始于足下。""教育面向"的理想进路异曲同工。教育强国，就认知而论，离不开横向格物的体悟与纵贯古今的觉察；就行动而言，还必须"图难于其易，为大于其细"。众所周知，置身于新的发展阶段，高等教育的体量日益增大，高等学府的场域日渐喧嚣，教育技术的手段日新月异，教育表征的面貌"苟日新""又日新"；但与此同时，教育质量问题却有增无减，教育机制冲突此起彼伏，教育发展矛盾层出不穷。结合历史的教训，从中国教育的根性上再度审视，"三个面向"的方针仍然具有理性上的光辉及应用上的生命力。我们一方面需要笃定方向，踏实践行，长期坚守；另一方面需要随机应变，积极调适，与时俱进。拥抱新技术，才能更好地面向现代化；兼容并包，才能更好地面向世界；脚踏实地，才能更好地面向未来。

（一）校准"教育面向"的价值系统

第一，新时代的教育要面向生命。"生命并不是一种凝固的实体，而是活力，生命的意志、渴求、期待、冲动更能表征这种活力。"[1]在高等学府之中，师生作为维系学科学术运转的生命主体，是教育生生不息的源泉，既是起点，也是归属。高质量发展的教育需要指向并时刻关注教育实景中的师生情态。一方面，无论是教育行为，还是学术探究，都要努力地通过经验的联动和智慧的碰撞来激发师生的内生动力和外显的精气神，据此促进教育主体对有力的思想、未知的科学、妙曼的艺术和缜密的逻辑之深刻感应，从而在教育过程中释放出学人、学科或学校各自的创造天性。另一方面，学校组织要不停地关注师生个体的生命状态，并给予周密的呵护，以此为教育及科研输入源源不断的、积极的、乐观的、开放的精神营养。一般而言，形而下的刺激会明显诱使人们关注眼下，而形而上的引领才能

---

① 刘铁芳、高晓清：《张楚廷教育思想研究（第二集）》，湖南大学出版社2015年版，第191页。

持续为教育的高品质追求提供不竭的动能。认知学识、认可同道、认同情义决定了师生对高深知识的渴求及探究未知的好奇心、求知欲和百折不挠的精神，是教育活力的重要内核。亚里士多德认为："情感对良好生活是本质性的，因为良好生活意味着，在特定情况下有适当的情感。这就是说，情感并非与自我或灵魂相分离，而是其本质要素。"①教育生命力一旦得以滋养，必然会相应绽放生命的光泽，继而造就生动的课堂，衍生创新的动力。学人、学科、学校亦将因此而生机勃勃。

第二，新时代的教育要面向基层。"科学的田野工作远远高出即使是最上乘的业余作业"②，教育的兴旺及学术的繁盛既无坦途更无捷径，"不能指望不经努力和挫折就发现某种神奇的捷径"③。屠呦呦、蔡希陶、费孝通、邓稼先等人的不同抉择、不懈坚持和所取得的成就无不印证了这个简单道理。当今教育，越来越多的人只顾朝向"高大上"，而越来越少的人甘于关注"小特弱"。教育的确是一项特殊的事业，与其他行当相比较，朝向"小特弱"才是真正的功德无量。教育者要关心个体的生命存在，尊重差异，托举弱小，自下而上，立地方能齐天，此为正途。人文社会的田野广阔无边，自然科技的实验深不可测。此二者构成了高等教育的塔基，唯有固本强基，凭借慈悲胸怀深入田野，秉持探究精神投身实验，格物致知，向下向内深耕不怠，方能把学术的种子播撒在祖国大地并植入教育者的心田。面向基层往往需要摒弃狭隘的近利，务以探求真理为终极旨趣，因为"那些划时代的理论成果出自那些不太问'有什么用'的地方，而不断地急切地问'有什么用'的地方没有生长出划时代成果"④。既扎根，又铸

---

① ［美］所罗门、希金斯著，张卜天译：《大问题：简明哲学导论（第10版）》，清华大学出版社2018年版，第197页。

② ［英］马凌诺斯基著，梁永佳、李绍明译，高丙中校：《西太平洋的航海者》，华夏出版社2002年版，第13页。

③ ［英］马凌诺斯基著，梁永佳、李绍明译，高丙中校：《西太平洋的航海者》，华夏出版社2002年版，第4页。

④ 张楚廷：《教育哲学》，教育科学出版社2006年版，第90页。

魂，教育强国的塔基即得以铸牢。

第三，新时代的教育要面向多元。教育世界瞬息万变，"系统的多样性有赖于个体的差异化，只有具备不同特征的个体的集合才能够实现系统的多样"①。不同国家或不同民族的教育，根源于文化的差异而呈现出不同的风貌及运行特征。一国高等教育无法抽身于多元的世界教育体系之外，更不能以"想当然"的态度去简单武断地揣度他国教育的文化价值。理性的策略是开放胸怀，兼收并蓄，兼容并包，同时理智权衡，巧取经验。就"己文化"而言，中华文化教育自带优秀传统基因，其间不乏执牛耳的文明成就，但亦有落后的灰暗时刻。就"他文化"而论，同样是良莠不齐，在不同的历史阶段呈现出迥然不同的样态。法国人类学家克洛德·列维-斯特劳斯提出："文化相对论断定，一种文化没有绝对的标准来判断另一种文化行为是'低劣'还是'优越'。"②荷兰社会心理学家吉尔特·霍夫斯泰德则认为"价值观构成了文化的核心"③。所以，理想的高等教育务必高瞻远瞩，破除门户之见，以共情心去解构不同文化源流中的深层价值，通过了解并把握其真实的文化语义，博采众家之长。理解他者，坚信自我，取他山之石为我所用。

第四，新时代的教育要面向未知。面向未知并不仅仅是面向"新知"，更不是新词迭出、新概念满天飞、新瓶装老酒，因为有很多"未知"的东西，其实在"我们"之前就不言而喻了，甚至已被揭示出来，或者，不管是否已被"揭示"，它都已是事实性的存在。因此，教育面向未知的重点还在于不断刷新对世界的认识，质疑既有，探寻盲区，挑战权威，直面风险，这样方能使得教育过程随时随地充满发现的惊喜和探究的魅力。涂尔干说过："尽管各门科学的学习以外部的世界为取向，但它之所以将我们拉

① 董云川：《道与不道》，云南人民出版社2016年版，第36页。
② [荷兰]吉尔特·霍夫斯泰德、格特·扬·霍夫斯泰德著，李原、孙健敏译：《文化与组织：心理软件的力量（第二版）》，中国人民大学出版社2010年版，第6页。
③ [荷兰]吉尔特·霍夫斯泰德、格特·扬·霍夫斯泰德著，李原、孙健敏译：《文化与组织：心理软件的力量（第二版）》，中国人民大学出版社2010年版，第340页。

出我们自身，也只是为了把我们带回自身，不过在带我们回来的时候，已经用弥足珍贵的深刻见解武装了我们，丰富了我们，使我们对自己的本性有了新的认识。"①当然，高等教育亦不能窄化，更不能神化科学技术和知识实践之于社会发展的意义，毕竟"我们一旦深信科学的知识决定了我们的未来时，就已经将科学，以及科学与现实世界的关系变为意识形态及社会规范"②。因此，高等教育始终要将理性的科学态度和慈悲的人文精神合为一体，通过科学与人类的积极交互作用促进文明的进步。

（二）笃定"教育面向"的行动逻辑

笃定"教育面向"，首要之务是与时俱进的精神索求。观念先行，审时度势，言行一致，内引外联，才能使教育"载营魄抱一"而形神兼备。一方面，品格的探求必须朝向上方。无论是孟子所谓"富贵不能淫，贫贱不能移，威武不能屈，此之谓大丈夫"，还是庄子的"不从事于务，不就利，不违害，不求喜，不缘道"，抑或是陈寅恪倡导的"独立之精神，自由之思想"，古往今来，高洁的学品和高尚的教育，抑或文人风骨和学府精神，莫不如此：登高望远，刚毅坚卓，天天向上。另一方面，情怀的表达则需要面向下位。《道德经》有云："江海所以能为百谷王者，以其善下之。"与其他行业相比较，教育总体上是一项公平、公正、公益的事业，现代的教育理应关乎受教育者的生命质量，包括大众的启蒙、弱者的机会及社会基础的稳固。举凡提及教育的情怀，一般不会体现于优胜劣汰、利益均沾的竞赛中，更多地需要聚焦于"小特弱"的实际行动。情怀所致，功德所系。托克维尔指出，只有了解到一个人"躺在摇篮的襁褓之时"以及"显示他顽强性的最初奋斗"，才能深刻体会"支配他一生的偏见、习惯和激情的来源"③。

---

① [法]涂尔干著，李康译，渠敬东校：《教育思想的演进》，商务印书馆2016年版，第496-497页。
② [美]托马斯·S.波普科维茨著，范国睿译：《知识与力量：教育改革的政治社会学》，福建教育出版社2022年版，第254页。
③ [法]托克维尔著，董果良译：《论美国的民主（上册）》，商务印书馆2004年版，第30页。

笃定"教育面向",一以贯之的是灵活自主的行动选择。"教育面向"表达于心念而落实于行动,而行动的效能则取决于教育主体的灵活与自主。教育发展的内外情境复杂多变,需要因应时局、自由变通。其一,要坚持开放。高等学校是具有复杂社会特性的自组织机构,其运行发展无不处于有序与混沌之间,有学者称之为"有组织的无政府形态"。教育大系统内保持开放格局,能有效促使学校内外各种人才、信息、资源的交互作用,在非线性的作用机制下,教育往往会产生持久的深层动力并因之带动事业走向繁荣。其二,要承认差异。教育只有承认差异才能产生共情,办学唯有包容多元才能相互汲取营养,从而共筑起风格多样、和而不同、多姿多彩且相互不可替代的大同局面。因此,各级各类学校理当具有不同的教育目标选择,理应秉持自身与众不同的发展特质和样态,务必尊重学科的自治特性与教师的教学自由,全面接纳并鼓励受教育个体的多样性诉求。怀特海说:"教育改革的第一要务是,学校必须作为一个独立的单位,必须有经过自己审核后批准的课程,这些课程应该根据学校自身的需要由其在校教师开发出来。如果我们不能确保这一点,那么我们就很容易从一种形式主义走向另一种形式主义,从一堆无用呆滞的思想走向另一堆尤用呆滞的思想。"[1]

笃定"教育面向",随机应变的是便捷高效的技术运用。近年来,技术的变革正在成为驱动教育转型的关键。面对新兴技术的挑战,教育不得不相向而行,不盲从,不落伍。教育进步需要正视社会转型的事实,积极正向地看待智能技术的进步并坦承教育体系和内容的短板。首先,要承认未知,接纳不确定性。尽管科学在一定程度上帮助人们规避了大自然带来的不确定性,可是"还有许多事物未能被科学所发现,甚至可以说,还有无数事物仍然是不为人所知的"[2]。人们一旦执意否定未知,拒绝不确定性,则容易陷入因对技术的过度依赖与追求而导致的麻烦中,毕竟"极端

---

① [英]怀特海著,王立中译:《教育的目的》,文汇出版社2012年版,第20页。
② 张人杰:《国外教育社会学基本文选》,华东师范大学出版社2008年版,第323页。

的不确定性会给人带来难以忍受的焦虑……它们的根基是非理性的"[1]。因此，面临人工智能时代的教育未来，不仅要以稳定的心态秩序化解由"不确定性"带来的非理性，也要"通过关注科技不能做什么，实施培养我们人类独特性的防御机器人教育"[2]，从而以人类有别于"技术手段"的人文精神、教育情怀、科学态度、育人逻辑等为基准智识，探寻并守住教育在不确定的未来尚得以延续的确定性空间。其次，要求同存异，革故鼎新。当代美国社会学家彼得·L.伯格指出："只要'陌生的东西'突破了界限，本来偏常的世界也成了自己人的一种彼岸时，麻烦就会出现。到了这个时候，传统的专家就很可能要召唤'火与剑'了。"[3]然而，"反者，道之动"，"创新的根本源于'求异'而非'求同'"[4]。"异见"往往无关对与错，时正时误皆有可能。我们需要的是接纳与包容，对立的观点和事物往往会成为心灯的光泽和火苗，进而推动人类的创新和进步。王建华在理智地辨析了技术变革与教育转型的关系后明确地指出："未来无论技术如何强大，我们仍然需要人之为人的美好品质，这是教育得以存在并生生不息的根本。教育不需要与技术竞赛，也无须一定成为竞赛的赢家（在技术层面上，教育不可能超过技术），但只要我们还有'成人'的需要，教育就不会消失。"[5]

（本文原载于《大学教育科学》2024年第4期，有删改。）

---

① ［荷兰］吉尔特·霍夫斯泰德、格特·扬·霍夫斯泰德著，李原、孙健敏译：《文化与组织：心理软件的力量（第二版）》，中国人民大学出版社2010年版，第175页。

② ［美］约瑟夫·E.奥恩著，李海燕、王秦辉译：《教育的未来：人工智能时代的教育变革》，机械工业出版社2018年版，第62页。

③ ［美］彼得·L.伯格、［美］托马斯·卢克曼著，吴肃然译：《现实的社会建构：知识社会学论纲》，北京大学出版社2019年版，第61页。

④ 董云川：《大学镜像》，南京师范大学出版社2023年版，第159页。

⑤ 钟秉林、尚俊杰、王建华等：《ChatGPT对教育的挑战（笔谈）》，载《重庆高教研究》2023年第3期。

第二节　论大学学术共同体的时代纠结

内外和谐、形神兼备的学术共同体是现代大学健康发展的重要组织载体。伴随着时代的演进，中国大学学术共同体呈现出与传统迥异的生长样态，既有创新发展，亦少不了困顿纠结。秉持可持续发展的教育理性，现代大学学术共同体理当成为求同存异、形散神聚、灵活自主的教育学术组织。然而在一定程度上，部分大学本性稀释，主体意识薄弱，形神两分；学术生态异化，轻重失衡，本末倒置；精神领地收缩，取向偏颇，重利轻义。未来，倘若以高质量发展作为参照系来构建中国式现代大学学术共同体，则必须重拾个体学术信仰，并相应重构整体的学术信仰支持系统，同时创设开放多元的学术交流平台。

社会理论家齐格蒙特·鲍曼认为，在当今城市中存在着两类不尽"文明的"群体："其一是'衣帽间式的共同体'，观看演出的观众都穿着适合于那一场合的服装……演出期间，高兴和悲哀，欢笑和沉默，一阵阵表示支持的喝彩声、尖叫声和表示惊奇的倒抽气声同时发出——就好像得到了精细的编排和指引似的；其二是'狂欢节式的共同体'，这些共同体为被迫或被敦促通过自身的努力，来使自己从令人困扰的问题中摆脱出来……能让他们发泄被压抑的力量，并能让寻欢作乐者更好地去忍受在嬉闹时刻结束之后他们必须回到的日常工作。"①这两类群体大都外热内寒，摇摆不定，看似朝向"共同目标"聚集和前进，但成员间并无实质性的交流、互动及影响，甚至缺乏集体认同，并非"真正"的共同体形态。遗憾的是，这种群体的组合状态已经蔓延至当今热闹非凡的高等学府之中。大学越来越趋近于其他社会组织而无法保持其独特性，学者们所从事的专业技术工作也不再单纯指向探索真理或解释未知，而在很大程度上代表了名望、身份、利益等。②未来，倘若大学缺乏高品质学术共同体支撑，则高质量发展的愿景必如无源之水、无本之木。本节通过深究大学学术共同体发展变化的时代特征，旨在明辨高等教育在新时代变革进程中出现的"内里空虚""异化失真"等发展征兆，并探寻相应的突围策略。

一、大学学术共同体的实在与纠结

过程哲学论认为："各种现实事物所构成的共同体便是一种有机体，但它不是一种静止的有机体，而是处于产生过程中的一种未完成物。"③在全球化带来的不确定性和高速度流动中，"学术共同体作为大学应该具有的本质特征"④，也无法置身事外。有研究表明，大学学术共同体面临着自主性缺失、自律性不强、学术评价不合理、学科发展失衡、学术制度不规范、竞争导向偏颇等一系列问题。后现代主义认为："每一现实存在在其构成中都包含着其条件为何是这样而不是那样的 '理由'，这些'理由'就是为这

---

① ［英］齐格蒙特·鲍曼著，欧阳景根译：《流动的现代性》，中国人民大学出版社2018年版，第324-327页。

② 董云川、李保玉：《仿真学术：一流大学内涵式发展的陷阱》，载《江苏高教》2018年第8期。

③ ［英］怀特海著，杨富斌译：《过程与实在：宇宙论研究》，中国人民大学出版社2013年版，第269页。

④ ［美］弗兰克·H. T. 罗德斯著，王晓阳、蓝劲松译：《创造未来：美国大学的作用》，清华大学出版社2007年版，第16页。

一现实存在而客体化的其他现实存在。"①而为了从根本上弄清楚，到底是什么样的"理由"促使大学学术共同体变成了当下的形态，就不得不从大学本身、学术生态、学者群体等三方面展开剖析。

（一）形神两分的大学本性

英国教育家埃里克·阿什比曾指出："如果大学要属于大学的共同体，则必须满足两个生存的条件——它必须忠于7个世纪以前使studium generale（大学）形成的那个理想；而且它必须使自己适应所处的社会。"②大学学术共同体的生成及演进历程始于中世纪。"中世纪大学（universitas）是由学者组成的行会，这类行会组织有自己的管理制度和运作规则，它既体现为组织内部的民主与平等（对等），也体现为自律与自治。"③17世纪开始，美国的哈佛大学、弗吉尼亚大学、康奈尔大学均秉承了中世纪大学"把学问当作神圣的事业"的荣誉传统。19世纪，洪堡关于科研与教学相结合的大学理想促使柏林大学成为后续研究型大学的肇始，受此影响产生的美国"霍普金斯模式"至今仍发挥着卓越的影响力。就我国而言，最早的大学雏形"书院"体现着中华传统文化和教育精神，近代被誉为"民族之光"的西南联大则彰显着大学理想和名家风范。北京大学的蔡元培、东南大学的郭秉文、南开大学的张伯苓、清华大学的梅贻琦、浙江大学的竺可桢的独特治校理念与办学思想至今仍被奉为圭臬。纵观卓越大学的发展历程，虽内部逻辑亦不免受到外部压力的干扰，可其发展与变化的主轴必然牢牢维系于大学之本性。这种本性就是为承担社会责任而执着于高层次学术研究与人才培育活动，充当社会发展的文化先导。④无论风云变幻，大学必须始终坚守作为"学术共同体"的实质。

---

① ［英］怀特海著，杨富斌译：《过程与实在：宇宙论研究》，中国人民大学出版社2013年版，第30页。

② ［美］克拉克·克尔著，王承绪译：《高等教育不能回避历史——21世纪的问题》，浙江教育出版社2001年版，第5页。

③ 张磊：《欧洲中世纪大学》，商务印书馆2010年版，第3页。

④ 董云川：《找回大学精神》，云南大学出版社2001年版，第6页。

　　然时过境迁，今天的高等教育却陷入了鲍曼所称"沉重的现代性"之中不能自拔："一种大量占有的现代性，一种'越大越好'的现代性，一种'大就是力量，多即成功'的现代性。"①在这种急切的、充满不确定性的、强迫性的、不可阻挡的"流动现代性"之中，"时间"被人类视作手段。一部分大学以"更少的时间"去努力满足行政的安排、市场的需求以及社会的期待，一些师生以"更快的速度"博取在指标评估、绩效考核、课题申报、评奖评优、岗位晋升、谋求认可等一系列运动中的价值最大化。"不管是谁，只要他走得更快，他就能够控制、勘测并监视这些地方"②，这种知识异化的现象可以被认为是当科学研究面临来自政治、行政决策机构以及市场的外在压力时所产生的"知识漂流"过程只是"大学的主要功能——对学生进行系统训练、坚持学术研究的传统——却没有受到足够的重视"③。长此以往，如果教育只记得加速，大学本性便面临被瓦解的风险，而当初为什么要出发的理想也难免淡忘。即使是顶尖大学的翘楚，哈瑞·刘易斯也在《失去灵魂的卓越》中对自己的母校发出了"哈佛如何忘记教育宗旨"这样的警示。

（二）舍本逐末的学术生态

　　"学术创新的土壤有时候比种子更重要。"④回溯欧洲近现代大学的千年演进历程，不难发现，学术生态的生发均自有其规律。"首先，'学问'的发生，来自那些不满足于吃饱喝足的人面对天地人事提出的反诘；其次，当有不同诉求的人群专门以学问为生的时候，'学术'自然而然地产生了；再次，当越来越多的人由于价值选择而聚集于特定领域展开研究之时，'学科'就逐渐分化而成；从次，在某一专门领域探究学术的人们由于出

① ［英］齐格蒙特·鲍曼著，欧阳景根译：《流动的现代性》，中国人民大学出版社2018年版，第196页。
② ［英］齐格蒙特·鲍曼著，欧阳景根译：《流动的现代性》，中国人民大学出版社2018年版，第193页。
③ 张磊：《欧洲中世纪大学》，商务印书馆2010年版，第355页。
④ 董云川、李芬：《高质量发展教育的因果逻辑》，载《教育科学》2023年第2期。

发点、切入方式、探索路径以及价值皈依的迥异而分列为不同的阵营，'学派'由此应运而生；最后，风采各异的众多学派聚集于高等'学府'之内，百家争鸣，共图繁荣，并因此改造着学术的生态环境，殊途同归于培养人才、创造科学以及服务社会的大学梦想！"①而唯有开放、多元并广袤的生发环境，才能促进源源不断的学术创新。老子曰："有之以为利，无之以为用。"当有"形"的大学组织、资源、技术等条件配置，与无"相"而鲜活的个体生命在学术探索及教育过程中交相融合，方能营造出高质量的学术发展生态，从而为大学学术共同体的存续提供有益的成长前提。

不经意间，多元共生的大学学术生态及共同体的建设却在"一体化"且"高大上"的单向度诉求中纠结阻滞，渐趋苍白。犹如鲍曼所说："征服空间是它的最高目标——去尽可能地、最大限度地抓住它，坚守住它，并且在这个空间上四处插满占有的标志和'外人禁止入内'的标牌。"②克拉克·克尔则指出："现代大学已经变成了仅仅由中央供暖系统松散地控制在一起的一幢幢大楼。"③现如今，躁动不已的教育学术评价在一定程度上编织起学术生态的藩篱，唯名的人才机制促成学术上的"马太效应"，强大的项目之网、叠加的褒奖体系用静态冰冷的指标切割着动态生动的教育学术生活，致使那些因无"现实功用"的学科真实地落入了"无用武之地"。与此同时，纵横交错、等级森严的行政分割体系助长了学校职能部门与不同院系之间的"免责"作为，各人自扫门前雪，割裂了大学宽厚的教育和学术多样性之间的松散关联，彻底忽视了美国学者科恩和马奇所揭示之"有

① 董云川：《大学镜像》，南京师范大学出版社2023年版，第2页。

② ［英］齐格蒙特·鲍曼著，欧阳景根译：《流动的现代性》，中国人民大学出版社2018年版，第195-196页。

③ ［美］弗兰克·H. T. 罗德斯著，王晓阳、蓝劲松译：《创造未来：美国大学的作用》，清华大学出版社2007年版，第43页。

组织的无序状态"①。在布迪厄看来,"一个分化了的社会并不是一个由各种系统功能、一套共享的文化、纵横交错的冲突或者一个君临四方的权威整合在一起的总体,而是各个相对自主的'游戏'领域的聚合,这种聚合不可能被压制在一种普遍的社会总体逻辑下"②。在相互割裂且重心失衡的学术生境之中,大学学术共同体将进退两难。

(三)重利轻义的精神空间

"本真的科学,是那些自愿投身科学研究的人的高贵事业。这些自愿承担风险的人,怀抱着原初的求知意志,除非发生科学危机,没有什么能阻挠这种意志。"③这种"原初的求知意志"并非出于功利性的实用目的,而是少数人源于科学探究本身的兴趣,更是学者从入门到接受磨炼直至获得成就的内生动力所在。琼斯在研究"纳库瑞马人"时这样描述学者的入门过程:"这个过程(入门)从新的教徒进入寺庙时开始,由此他或多或少退出了世俗的世界;接下来有时要经历多年的考验,其内容涉及一系列严格的仪式禁忌——所有这一切都是在如同教父的部落长者的监督下进行。"④类似描述绝非偶然。一方面,学者个体凭借绝对的求知意志,在前辈的引领下投身科学研究,需要耐得住寂寞,守得住清贫,历经曲折坎坷,直待水到渠成,方可渐入佳境,获得学术归属感。另一方面,学术群体在争鸣博弈的过程中相互启迪智慧,共筑相携共长的氛围,或殊途同归,或志同道合,切磋磨合,持续增强共同体的内在凝聚力和对学问真知的本真信仰,通过个体与群体间的积极交互影响、价值认同,呈现"百家争鸣"的

---

① MARVIN W. PETERSON, LISA A. METS, *Key Resources on Higher Education Governance, Management, and Leadership: A Guide to the Literature*, Jossey-Bass Publishers, 1987.

② [法]布迪厄、[美]华康德著,李猛、李康译:《实践与反思:反思社会学导引》,中央编译出版社2004年版,第17页。

③ [德]卡尔·雅斯贝尔斯著,童可依译:《什么是教育》,生活·读书·新知三联书店2021年版,第146页。

④ [英]托尼·比彻、保罗·特罗勒尔著,唐跃、蒲茂华、陈洪捷译:《学术部落及其领地:知识探索与学科文化:重译本》,北京大学出版社2015年版,第63页。

大学风采。

　　然而，个体乃至共同体亦难得逃离当下集体无意识言行的影响，间或相悖于大学教育及学术所必然的"学者理性"——科学的精神、人文的素养以及行动的自觉。"群体中的个体会朝着与群体方向相同的指向发展，自觉性、个性消失，继而产生集体心理，同一性吞没了特异性，个人的才智和个性被削弱。"[①]由此，置身群体中的个体在类似催眠的状态下，在面对从不圆满也并非唯一的"真理"时，很难得大胆怀疑并秉持"异见"，而面对显在的事实以及有待甄别的"真相"时，又偶以集体缄默的方式屏蔽了"去伪存真"的必要。宾夕法尼亚大学社会学博士伊维塔·泽鲁巴维尔认为："'合谋性沉默'——并不是围绕着那些大多为我们所忽视的事物，而是围绕'尽人皆知的秘密'，像安徒生笔下《皇帝的新衣》中皇帝光着的身子，也像英国谚语中都能看见却拒绝其存在的'房间里的大象'，忽视大象即忽视真相。"[②]面对社会发展联动的一系列"真相"，由于"脸面观""人情味""识时务"等考虑，很少有学者仗义执言，特立独行。在高级人才济济的高等学府之中以及经由高深学问所触及的社会发展前沿，一些人心甘情愿地选择了鸵鸟埋首的姿势，或者"顾左右而言他"，身着得体的"衣帽"服饰，亦步亦趋地加入了"狂欢"的共同体。所有的选择无不来自个体，成形于群体，继而不断加深共同体间的阻隔，甚至导致学术道德的崩塌。如同陀思妥耶夫斯基所言："世间许多的不幸……都是由避而不谈造成的。"长此以往，"当大学成员谨小慎微地断绝彼此之间的往来时，当交流仅仅成为社交礼节时，当实质的精神联系被日常俗套弄得模糊不清时，大学的精神生活就开始走下坡路了"[③]。大学学术共同体亦难免成为托马

---

　　①［法］古斯塔夫·勒庞著，亦言译：《乌合之众：群体心理研究》，中国友谊出版公司2018年版，第14-20页。

　　②［以］伊维塔·泽鲁巴维尔著，胡缠译：《房间里的大象：生活中的沉默和否认》，中信出版社2021年版，第20-23页。

　　③［德］卡尔·雅斯贝尔斯著，童可依译：《什么是教育》，生活·读书·新知三联书店2021年版，第179页。

斯·艾略特在《空心人》中提到的"有形而无式,有影而无色,有臂而无力,有势而无为"的形态。如此,学者魂魄何所依,学术意志何所存,学问争鸣何以兴,学府事业何以盛?

二、现代大学学术共同体的应然与取向

"事物在变革中总是以否定对立面来获得发展,而改良新生的过程必然是基于其生存之本性的。"①大学学术共同体在时空流变中的生存本性,体现为自身稳定的属性和刚性的准则。现代社会瞬息万变,矛盾冲突无处不在,全球化进程微妙,人工智能飞速发展,人与人之间、组织与组织之间、人与组织之间的关联纵横交织,各种不确定性和发展的张力滥觞于前所未有的大变局中,现代大学无法置身事外,学术共同体的应然特征、价值取向及其本性关切,都必须在此语境中得以确证。

(一)求同存异

库恩认为:"科学共同体是由一些科学专业的实际工作者所组成。他们由他们所受教育和见习训练中的共同因素结合在一起,他们自认为,也被人认为专门探索一些共同的目标,也包括培养自己的接班人。而决定共同体内部专业交流或见解一致的共同因素即'专业基体'或'范式'。"②根据这一界定,他将科学共同体分为许多级。现代大学学术共同体必然是由多个不同的学科或专业共同体构成,天然具有多样性。多样性是大学教育的反映,是科学研究的调味品,更是学术生活的本质。整体而言,"Universitas的原初含义是教师与学生的共同体,这与它作为所有学科的统一体的含义是同等重要。大学的理念要求人们怀着开放的心态彼此联结,使个体在全体中获得滋养"③。于是乎,"求同存异"自然成为学术共同体的显在特征。

---

① 董云川:《找回大学精神》,云南大学出版社2001年版,第6页。
② [美]库恩著,范岱年、纪树立译:《必要的张力》,北京大学出版社2004年版,第288—290页。
③ [德]卡尔·雅斯贝尔斯著,童可依译:《什么是教育》,生活·读书·新知三联书店2021年版,第177—178页。

首先，"万类霜天竞自由"的教育理想需要求同存异的教育载体。就个体而论，学者各施所长有助于解构事物发展的规律，师者个性迥异才能够丰富教育过程，学生各具风采方能展现大学品质。就群体而言，不同学派的繁盛组合成为学科发展的核心动力，共同推动着大学的内生发展。譬如，托尼·比彻根据研究人数和问题数目比例的高低把专攻团体比作"都市型专攻"或"田园型专攻"，他们在交流模式、研究人员所面临问题的本质和范围、研究人员之间的关系以及期待吸收资源的机会等方面均有所不同。[1]于是，不同的专业群体共同助推了课堂教育的活力，学术创新的动力，乃至学科、学院、学校的生命力。显然，教育主体具有共同的本性。正如南非社会活动家德斯蒙德·图图所言："我的人性与你紧密相连，我们站在一起，始成人类。"一言以蔽之，"是我们的共同性而不是我们的差异表达了我们称为人性的东西"[2]。在大学学术共同体中，尽管彼此间存有差异，可相互的差异并不会消解彼此的本性，更不会加深特定专业领域之间的阻隔，而是不仅要让人成为更好的自己，还要以"尊重生命和人类尊严、权利平等和社会正义、尊重文化多样性、国际团结和分担责任"[3]作为共同的基础，寓多样性于同一性之中，通过保持群体的归属感，诠释人在内的共生价值，进而实现全面发展的目的。

其次，大学本身在形式上体现出多样性，在目标追求上体现出同一性。中世纪以来，大学历经洗礼和变迁，在国别、地理、文化、民族、政策等要素综合作用下各具差异，加之千差万别的探索者、教育者及个性迥异的师生，共同组合成为多姿多彩的文化及科学殿堂。"大学是民族灵魂的

①［英］托尼·比彻、保罗·特罗勒尔著，唐跃、蒲茂华、陈洪捷译：《学术部落及其领地：知识探索与学科文化：重译本》，北京大学出版社2015年版，第123页。
②［美］弗兰克·H. T. 罗德斯著，王晓阳、蓝劲松译：《创造未来：美国大学的作用》，清华大学出版社2007年版，第113页。
③联合国教科文组织著，联合国教科文组织总部中文科译：《反思教育：向"全球共同利益"的理念转变？》，教育科学出版社2017年版，第6页。

反映，那么期望大学适应一种单一的模式是很荒谬的。"①但是，在差异性的基础上所构筑起来的高等学府却从未失去其内在的共同性。一方面，所谓"一流"的大学都自有其独特的历史演进过程，"卓越"无法一蹴而就，更不是外界对其赋予的特性。另一方面，"不同民族传统或性格的学者和科学家们主要关心四件事情：保存知识和观念、解释知识和观念、追求真理、训练学生以'继承事业'"②。也就是说，大学在追求共同目标的过程中始终彰显出有别于其他机构的独特功能。"它不仅仅提供最高级的专门技能，而且使每一新生代都与更多前辈学者的团体汇合，共同反映和思考生活的重大问题，共同面对重大的社会挑战。"③这种只能从高等教育本身的规律对大学进行解释的独特性，正如涂尔干在《教育思想的演进》中提到的："很少能找到一种机构，既是那么统一，又是那么多样；无论它用什么伪装都可以认出；但是，没有一个地方，它和其他机构完全相同。"④

（二）形散神聚

马克斯·韦伯认为："在个别场合内，平均状况下或者在纯粹模式里，如果而且只要社会行为取向的基础，是参与者主观感受到的（感情的或传统的）共同属于一个整体的感觉，这时的社会关系，就应当称为'共同体'。"⑤这意味着，人与人之间在地域、文化、行为等境况上呈现出的共同性和基于此产生的相同反应，都不足以构成"共同体"；重要的是在共同境况和简单"感觉"的基础上，形成具有互为取向和共同属于某一整体的

---

① ［美］亚伯拉·弗莱克斯纳著，徐辉、陈晓菲译：《现代大学论：美英德大学研究》，浙江教育出版社2001年版，第2页。

② ［美］亚伯拉·弗莱克斯纳著，徐辉、陈晓菲译：《现代大学论：美英德大学研究》，浙江教育出版社2001年版，第4页。

③ ［美］弗兰克·H. T. 罗德斯著，王晓阳、蓝劲松译：《创造未来：美国大学的作用》，清华大学出版社2007年版，第33页。

④ ［法］涂尔干著，李康译，渠敬东校：《教育思想的演进》，商务印书馆2019年版，第241页。

⑤ ［德］马克斯·韦伯著，胡景北译：《社会学的基本概念》，上海人民出版社2020年版，第87页。

感觉印记的社会关系。"如果要用一个词来形容大学所进行的教学、研究和服务等多种任务的独特方法，那么这个词就是'共同体'"①，而大学建立的信念在于"追求知识的最佳途径是依靠学者在充满活力与挑战的学术共同体中所进行的工作，而不能依靠在孤立状态下进行的研究"②。哲学家怀特海在《过程与实在》中提出，发展的秘诀就是在变化的过程中保持秩序，在秩序中进行变化。有鉴于此，来源于不同专业领域或地区的教育主体在学术共同体中探求真知无疑正是大学在发展变化过程中不变的秩序，因此，"神聚"是现代大学学术共同体的根本特征。

"相互作用"是"形散"的教育主体得以"神聚"的主要介质。库恩认为："科学研究只有牢固地扎根于当代科学传统之中，才能打破旧传统，建立新传统。这就是一种隐含在科学研究之中的'必要的张力'。"③这种张力得以体现的关键在于学者群体间基于知识产生的内在联结和相互作用。正如美国康奈尔大学前校长罗德斯认为："学术共同体的含义不是一致，甚至也不是融洽，而是相互作用，是共有空间中相互作用的个体的集合。"④而这种"相互作用"的形式往往基于多学科知识的多元对话。一方面，迈克尔·吉本斯提出当代社会知识的生产模式已经发生根本性变化，在从模式1向模式2转变时，跨学科性和以解决问题为宗旨随即成为新的知识生产模式的重要特征。⑤另一方面，"知识创造往往经由竞争、对话和辩论而不

① ［美］弗兰克·H. T. 罗德斯著，王晓阳、蓝劲松译：《创造未来：美国大学的作用》，清华大学出版社2007年版，第55页。

② ［美］弗兰克·H. T. 罗德斯著，王晓阳、蓝劲松译：《创造未来：美国大学的作用》，清华大学出版社2007年版，第57页。

③ ［美］库恩著，范岱年、纪树立译：《必要的张力》，北京大学出版社2004年版，第224页。

④ ［美］弗兰克·H. T. 罗德斯著，王晓阳、蓝劲松译：《创造未来：美国大学的作用》，清华大学出版社2007年版，第58页。

⑤ ［英］迈克尔·吉本斯著，陈洪捷、沈文钦等译：《知识生产的新模式》，北京大学出版社2011年版，第32页。

断循环，它有助于协调行动，产生科学真理，激发创新"①。在此过程中，不会因"狭隘的专业化"使得科学走向"科学主义"而疏离人文科学和艺术，导致"科学精神"的丧失。毕竟，学科之间的边界只是形式上的暂时性存在，是探究某些特定问题的垫脚石而已。人文艺术可以作为科学的附加养料，科学可作为人文艺术得以理解和检验的实验室，彼此在相互作用中更好地运用于日常生活并得以升华。当各学科的知识犹如"坎布尔提出的'鱼鳞模式'，波拉尼提出的'链条模式'，克兰提出的'蜂窝汇聚模式'"②一样合而为一地存在，教育主体可以在此基础上共同探究争辩，"相互作用"的本质和意义也就自然呈现了。

教育主体"神聚"的状态决定着大学学术共同体的境界。"一种以共同体为正常意向的社会关系，其若干或全体参与者的行为，也可能完全或部分地以目的理性为取向。"③当处于地理空间中零散四布、未曾谋面的成员由于专业、地缘或共同的利益而聚集，并随着利益的划分而变化，只是根据工具理性进行课程、课题、项目、竞赛等合作，如此所构成的无非"利益共同体"而已。当学术共同体的群体成员之间有着持久的共同目标，价值理性远甚于工具理性，表现为情志和谐的学者或师生之间以开放包容、坦诚相见的态度进行学术交流，彼此之间不仅朝向共同目标，还不断充实着精神力量，充盈着情感价值，此时便构成了韦伯所指的"以学术为志业"的"事业共同体"。更进一步，面向未来，大学学术共同体处于急速变化的现代社会中，竞争白热化，不确定性加剧，从宏观层面的国别政策至中观层面的大学制度，再到微观层面的学术共同体之间，如能始终坚守对高深学术的本真信仰，遵循多元共融、相互尊重、互助合作的交流原

① 联合国教科文组织著：《一起重新构想我们的未来：为教育打造新的社会契约》，教育科学出版社2022年版，第13页。
② ［英］托尼·比彻、保罗·特罗勒尔著，唐跃、蒲茂华、陈洪捷译：《学术部落及其领地：知识探索与学科文化：重译本》，北京大学出版社2015年版，第77页。
③ ［德］马克斯·韦伯著，胡景北译：《社会学的基本概念》，上海人民出版社2020年版，第89页。

则，承认"你中有我，我中有你"的组织现实，兼容个性，包容集体，不离不弃于社会使命感及群体归属感，并由此协力同心共促文明发展和世界进步，方能够触及"命运共同体"的境界。正如德国社会学家斐迪南·滕尼斯认为："就共同体中人们的关系而言，共同体的实质在于'真实的（reales）与有机的（organisches）生命'。"①

（三）灵活自主

伯顿·克拉克认为，大学是一种围绕着高深知识而形成的学术组织，其基本要素是工作、信念、权力。②韦克将这类无序远甚于有序，人员、机构间的联系表面松散而内在关联的教育组织称为"松散结合的系统"③。学术共同体作为由大学组织派生出的正式或非正式学术群体，遍布于复杂多变的高等教育系统中，表征为外显的教育学术活动，同时内隐着学理、情感与价值。以霍桑实验的非正式组织理论来看，这种组织以少数高产科学家为核心，并依靠现有成员对某一研究领域的共同信念不断吸纳彼此联结的新成员，由此在灵活的内外联动过程中为成员提供着体制所无法供给的情感需求与群体认同，滋养着每一位成员的自主开拓精神。以灵活自主为前提，学术共同体的创造性持续衍生。

大学学术共同体的学理探究模式必须灵活自主。诺贝尔经济学奖得主哈耶克认为："人之所以要自由，是因为世界有许多因素是未知的；而要达到我们的目的，取决于这种未知的因素。"就知识而言，"通往智慧的唯一途径是在知识面前享有绝对的自由"④。那么，在充满未知和不确定性的教

---

① ［德］斐迪南·滕尼斯著，张巍卓译：《共同体与社会——纯粹社会学的基本概念》，商务印书馆2019年版，第68页。

② ［美］伯顿·R.克拉克著，王承绪译：《高等教育系统——学术组织的跨国研究》，杭州大学出版社1994年版，第6—7页。

③ WEICK K. E, *Educational Organizations as Loosely Coupled Systems*, Administrative science quarterly, 1976.

④ ［英］怀特海著，赵晓晴、张鑫毅译：《教育的目的》，上海人民出版社2018年版，第56页。

育学理探究过程中，只有自由自主、各展其长的策略或招式才能促进"百家争鸣"的繁荣格局。就大学学术共同体而言，"可以引导它、鼓励它，却不可以管理它"①。因为"研究者的自主性，特别是在选择他们感兴趣的科研课题时所拥有的自由，在学术界比在其他任何领域都体现得更充分"②。否则，任何商业"订单"式的科学任务，外部行政力量介入过多且刻板僵化的管理手段，以静态指标和外部考量方式衡量教育学术质量的做法都将在一定程度上直接或间接地干扰到学术共同体的理性自由，并迫使成员把注意力放在计划的手段而不是目的上。在虚构空间里的狂热行动最终会扼杀学术好奇心与创造力。"因为这些计划并没有将自身限制在真正可计划的事物中，反而吞噬了属于人的自由。"③是故，大学愿景的践行，学术共同体目标的兑现，理当以遵循大学教育自身发展规律及呵护学者的自由为基本前提。

大学学术共同体的组织特性需要灵活自主。"大学的繁荣取决于它是否具有足够的灵活性，是否能够为不同的具有创造性的个人提供独特的、适宜的环境。"④学术共同体依存于大学，绝对少不了灵活自主的组织环境。根据自组织理论，大学学术共同体本身作为耗散结构，衍生于正式组织（系、专业、学院、实验室）中，是与政府、社会、市场等外部环境产生人才、信息、资源等交换的活态自组织系统。系统内部成员不同层级的职称、所在高校、学术水平等构成了系统内部差异化的非平衡态，继而在系统内部各要素的非线性作用下，成员之间相互合作或竞争，构成了学术共

---

① ［美］弗兰克·H. T. 罗德斯著，王晓阳、蓝劲松译：《创造未来：美国大学的作用》，清华大学出版社2007年版，第58页。

② ［英］托尼·比彻、保罗·特罗勒尔著，唐跃、蒲茂华、陈洪捷译：《学术部落及其领地：知识探索与学科文化：重译本》，北京大学出版社2015年版，第159页。

③ ［德］卡尔·雅斯贝尔斯著，童可依译：《什么是教育》，生活·读书·新知三联书店2021年版，第25页。

④ ［美］亚伯拉·弗莱克斯纳著，徐辉、陈晓菲译：《现代大学论：美英德大学研究》，浙江教育出版社2001年版，第20页。

同体有序演进的动力机制。"在这种由'学科'和'院校'相互交叉而自发形成的学术系统矩阵结构中，控制院校里学者行为的是问题和学科内容，而非个人或集体意志。"①由此，学术系统在演进循环重新创生出有序平衡状态的过程中，达成与学术增长模式相吻合的发展逻辑。正如美国文化社会学家黛安娜·克兰所描述："在第一阶段，有意义的科学发现提出了未来工作的模式（范式），吸引新的科学家到这个领域中来。在第二阶段，少数多产的科学家树立了科学研究的优先议题，招收和培养学生成为他们的合作者，并且和这个领域的其他成员保持非正式的联系……由于有生命力的思想的内涵消耗殆尽，或者由于发现了由原有范式不能解释的反常而变得越来越难以检验（第三和第四阶段），此时，新科学家很少愿意进入这个领域，而原有的成员更愿意退出……当研究可能衰退或者可能在理论冲突的基础上分成几派的时候，那些仍然留下来的人喜欢去发展更窄更专门的兴趣。在后一种情况下，一个新范式的被接受就产生增长的一个新的循环。"②因此，这种在自发秩序下由无序到有序的自组织过程，呈现出学术共同体多元、平等、开放的组织文化氛围，充分体现了灵活自主的自组织特性。

三、中国式现代大学学术共同体的突围路径

鲍曼描绘道："共同体是一个'温馨'的地方，一个温暖而又舒适的场所。在共同体中，我们能够互相依靠对方。"③在高等教育高质量发展及中国式现代化的语境之下，大学学术共同体建设前途漫漫，仍有许多问题需要面对，很多矛盾需要化解，诸多障碍需要克服。个体与群体间的关系

---

① ［美］伯顿·R.克拉克著，王承绪译：《高等教育系统——学术组织的跨国研究》，杭州大学出版社1994年版，第36页。

② ［美］戴安娜·克兰著，刘珺珺、顾昕、王德禄译：《无形学院——知识在科学共同体的扩散》，华夏出版社1988年版，第36-37页。

③ ［英］齐格蒙特·鲍曼著，欧阳景根译：《共同体》，江苏人民出版社2003年版，第2-4页。

如何相辅相成，学术与行政的诉求怎样相携共长，中国式坚守与全球化趋势如何融会贯通，教育运行规律与社会发展节律又怎样同频共振？未来可期，各得其所的学术共同体理想在前，大学唯有与时俱进，善念不怠，行动不止。

（一）正心修身：重拾个体学术信仰

"学术信仰的坚守是个体潜心学术的主观保障，更是抵挡学术堕化、净化学术研究氛围的强大精神屏障。"[①]面对世俗的滚滚洪流，大学学术共同体在精神世界的充盈与物质世界的繁荣之间形成了鲜明反差。而论及道德危机、信仰危机及价值危机的化解，弥合二者之间的裂痕，中华优秀文化传统中不乏妙计良方。而第一节必修课，无疑正是通过正心修身以端正学术信仰，"修心的目标是真正懂得一切事物的真理"[②]。

行动起始，要明辨是非。中国哲学取向大体一分为三。第一类，良知判断，是基于"天理"（自然法则）。王阳明在孟子思想的基础上将"良知"作为道德本体，提出"良知是天理之昭明灵觉处，故良知即是天理"[③]。而天理可以作为"至善之德"的良知判断依据。老庄则以自然法则作为良知判断的标准，老子在《道德经》中提出："人法地，地法天，天法道，道法自然。"庄子在《知北游》中提出："天地有大美而不言，四时有明法而不议，万物有成理而不说。"人们自当遵循天理，取法自然，尊重事物本身的天性，做到"天地与我并生，而万物与我为一"和"独与天地精神往来"。第二类，价值判断，是基于公理（共同利益）。不管是崇尚"道德礼治""天下归仁"的儒家文化，还是提倡"兼爱非攻""尚贤尚同"的墨家思想，抑或倡导"以法治国"的法家思想，均分别体现出不同的社会个体为了促进社会整体发展所作出的价值抉择。然而，"甚至想要利益所有

---

① 董云川：《大学镜像》，南京师范大学出版社2023年版，第82页。

② 〔不丹〕宗萨蒋扬钦哲仁波切著，严望佳、戚淑萍译：《八万四千问》，深圳报业集团出版社2016年版，第51页。

③ 〔明〕王守仁：《王阳明全集》，上海古籍出版社1992年版，第190页。

众生的修行下面也可能潜伏着自私"①。因此，真正能做到的只有少数人，是故贤人难得。第三类，利益判断，是基于私欲（个人利益）。老子曾言："五色令人目盲，五音令人耳聋，五味令人口爽。"太多的私欲势必影响人的身心健康，进而干扰社会和谐。他进一步建言，要"致虚极，守静笃""见素抱朴"。皆因众生皆为小我，所以依据私欲进行利益判断的人总是大多数。与己无关，才讲天理；与己相关，才讲公理；与己有关，只讲私欲。

不懈努力，要活出境界。第一层：境地。仅仅为了生计，许多人必须做很多不得不做的事。就大学学术共同体的成员而言，为了解决最基本的生存问题，在理当专注于人生理想的职业生涯中，往往不得不依照烦琐复杂的规定耗费精力去完成大量与教育学术无关的冗杂事务。第二层：境况。有了资本，一些人则选择只做喜欢做的事。当个人的能量见长，具备了不可替代的价值，既能够顺应现实，又可以规避矛盾，并可与外界达成形式上的妥协，根据自己的需要或喜好进退，秉持庄子"唯至人乃能游于世而不僻，顺人而不失己"的"游世"的态度，达成孔子所称"从心所欲不逾矩"的状态。第三层：境界。为了推陈出新和进步发展，极少数的人会主动去做那些并不轻松但极有意义的事。知苦行乐，朝向阳光。不论是春秋时曾参的"士不可以不弘毅，任重而道远"，还是北宋大儒张载之"四为"训导，抑或老子的"强行者有志"，均可视作学术共同体的最高价值标尺。因此，作为学术共同体成员，必得以"革故鼎新"的心态、"兼容并包"的胸怀、"厚德载物"的修养、"亲仁善邻"的作为、"究天人之际，通古今之变，成一家之言"的学术品格效力于大学教育的方方面面，争取"脱俗套、守人文、近艺术、求真理……尽量避免自己成为时间的笑话"②，最后才能真正触及陈寅恪所称"独立之精神，自由之思想"的学术

---

① ［不丹］宗萨蒋扬钦哲仁波切著，严望佳、戚淑萍译：《八万四千问》，深圳报业集团出版社2016年版，第64页。

② 董云川：《复杂时代的简单活法》，云南人民出版社2021年版，第69页。

境界，成就自我并兼济天下。

（二）职能归真：重构学术信仰支持系统

弗莱克斯纳认为，现代大学最重要的职能，是在尽可能有利的条件下深入研究物质世界的现象、社会世界的现象、美学世界的现象，并且坚持不懈地努力去发现相关事物的关系。[1]而现代大学对上述职能的践行，既需要各类人才运用不同的学术探究方式展开专门化的推衍与实验，更为关键的是离不开能够支撑学者个体言行长期坚守的支持系统。在大学教育中，"我们有理由创造最为有利的条件——有利于个性发展，有利于建设性的交往，有利于进行合作，有利于维护学术标准"[2]。

要维护学术共同体的公心。"纵观大学的历史可以发现，以共享权力的学院为基础，能够为学习和研究提供最有效的环境。"[3]在大学教育中，学术权力的缺位和失语必然影响到学术研究的品相。当下，"以冷冰冰的评价指标作为工具的现代教育评估体制，产生的学术评价导向偏差困扰了学术队伍与学术品格的积极发展，其中最尖锐的问题在于确认评价主体，其实质是找到学术的公心"[4]。维护学术公心，是成就良好学术生态的前提。布鲁贝克认为学术共同体以高深知识的探究和传播为主要任务，因而对于涉及高深知识的相关问题，需要让学者单独对该领域的复杂问题进行解决，唯有学者才能够理解，学者们构成了自治的组织，这也就是学者行会组织。与此对应，学术评价的权限自当返还学术共同体，以避免外部力量的干预。"通过学术共同体建立的内部协商与讨论机制，能够按照不同学科的特点，通过发展性评审、专业的讨论形成一套批判、评价尺度有差异的

---

① ［美］亚伯拉·弗莱克斯纳著，徐辉、陈晓菲译：《现代大学论：美英德大学研究》，浙江教育出版社2001年版，第18页。

② ［美］亚伯拉·弗莱克斯纳著，徐辉、陈晓菲译：《现代大学论：美英德大学研究》，浙江教育出版社2001年版，第157页。

③ ［美］弗兰克·H. T. 罗德斯著，王晓阳、蓝劲松译：《创造未来：美国大学的作用》，清华大学出版社2007年版，第37页。

④ 董云川：《大学镜像》，南京师范大学出版社2023年版，第83页。

多元评价体系。"①这个体系运行的最终目的并非以等级排名论资排辈，而是保护学术尊严、学术话语权和学者的理性自由，保障学术探索基于求真的原始价值，并指向学科多元共生的良性格局。

要重塑学术共同体内部的公信力。学术共同体内部的公信力，是维护学术公心的根本保障，是重塑学术公信力的核心内容，更是重建学术秩序的重要枢纽。"学术共同体内部的公信力，在根本上反映为人们对学术系统内部认可机制和资源分配机制公正性的认同程度。"②其关键在于以尊重学者、学术共同体的自主性为前提，设立大学内部对学术共同体起促进及约束作用的刚性政策和制度。因为"缺乏固定的组织，在开始时也许为自由探究提供机会，但是经久不息和有控制的发展只能通过制度上的架构才能得到"③。制度的着力点在于切实发挥大学各式各样的院系委员会、教授委员会、学术委员会的"专业守门人"作用，谨防共同体内的"老友效应"，规避来自非学术权力有意或无意的渗透影响，同时杜绝学术权威异化为学术威权。制度设计的目的不是给学术研究工作施加外在的强制和任务，而在于肃清学术风气，尊重学术生命周期，为系统内不同年龄段和具有不同发展潜质的学者提供开放的生长平台，提供相应的发展资源，有利于造就个性彰显的各色人才。根据研究伦理，要明晰合作研究中的责任边界，建立学术责任制度；资源分配公平透明，评审过程匿名化，评审结果公开化，同时要维护与被评人权利相关的申诉制度；根据科学研究的不确定性，不以结果论英雄而分门别类地设立弹性灵活的项目资助制度。更进一步说，学术共同体内部公信力的重构是个复杂的过程，还需要从社会学意义上去了解学者们不同文化背景及心理状态，给予其润物无声的人文关

① 董云川：《大学镜像》，南京师范大学出版社2023年版，第83-84页。
② 阎光才：《学术共同体内外的权力博弈与同行评议制度》，载《北京大学教育评论》2009年第1期。
③ ［美］伯顿·R. 克拉克著，王承绪译：《高等教育系统——学术组织的跨国研究》，杭州大学出版社1994年版，第4页。

怀,从而为共同体成员提供延绵不绝的内生动力,更好地促进成员将"行规"内化为价值认同,再经由时间淬炼和实践检验,最终沉淀为高质量发展的学术传统。滕尼斯认为,共同体中的人心世界指向"本质意志",即一个有机体的心灵结构,它自然地源于身体所出的有机体,而且是不断生成着的东西,其中的各种情感要素(包括思维)相互关联且都从属于心灵整体,而这个心灵整体亦从属于更高的统一体。[①]

(三)恪守边界:建设开放包容的中国式学术共同体

从1972年联合国教科文组织发布《富尔报告》提出"教育的国际合作"理念,到1996年《德洛尔报告》提出将"学会共处"作为学习的四大支柱之一;再从2016年发布《反思教育:向"全球共同利益"的理念转变?》提出将"教育和知识作为全球的共同利益",直至2021年国际委员会提出"教育的多重未来:学会生成",乃至2022年全球倡议的重要成果《一起重新构想我们的未来:为教育打造新的社会契约》中提出的"共享未来"理念,高等教育发展的话题不可避免地融入了全球化的语境。大学教育在过去的承诺与不确定性的未来之间,不得不寻求相互了解与合作的契机,创建积极而开放的秩序,共同面对全球化和现代化带来的挑战,探究公正、公平和可持续的未来。中国式现代大学学术共同体作为其中的重要组成部分,理应主动置身于具有全球视野和发展愿景的国际坐标体系里,在"出世与入世""传统与现代""东方与西方"的权衡中探寻边界理性,讲好中国故事,共筑"各美其美,美美与共"的教育世界。

要坚守中国式现代大学学术共同体的内在价值。"当中国成为世界的一个重要部分,我们就必须讨论中国的文化和思想对于世界的意义。"[②]沿着费孝通先生的"文化自觉"理论,中国现代大学有必要通过对"己文化"

---

① [德]斐迪南·滕尼斯著,张巍卓译:《共同体与社会——纯粹社会学的基本概念》,商务印书馆2019年版,第20—21页。

② 赵汀阳:《天下体系:世界制度哲学导论》,中国人民大学出版社2011年版,第1—2页。

的"自觉"和"认知"，在维系中华文化优秀传统的同时，积极与国外先进文化有机融合，进而在"自我文化"与"他者文化"的有机联结中，发挥文化的"自主适应性"，实现"中和位育"的文化图景。而坚持中国式现代大学学术共同体的内在价值尺度，必然要遵循人类命运共同体的共同价值。换言之，以源自知识本身的好奇心和求知意志的"静坐之美"，促进知识自由自在地生长；由消解指标、绩效、排位等外在干预的"无为之美"，尊重和挖掘学术的本真价值；以超然的"素朴之美"，涤荡来自短视功利的侵袭，敬畏真理，重燃对学术"大美"的追求；以和谐至善的"自然之美"，坚守内心对微小而生动生活的诗意情怀；以开放包容的"简约之美"，共促全球化教育学术的可持续发展。如此，中国式现代大学学术共同体就既能秉持立场，坚守初心，又能够展现开放的风度及面向世界的眼光，担负起"用自己丰富多彩的文化助力世界共同体多元化发展"的责任。

要构筑多元共生的中国式现代大学跨国学术共同体。闭关锁国是历史的深刻教训。"在一个健康的生态圈里，多元才能共存，多元才能共生，多元才能在价值交换的过程中再衍生新的价值。"[①]面临全球化带来的合作机遇以及局部难以调和的价值观及文化差异，学术共同体的建设需要对不可回避的文化和制度冲突予以充分的认识和理解，继而选择有意义的研究主题或者可对话的跨国学者群体为结合点，设立与不同国家大学合作共建的"知识联盟"，通过建设性的学术合作与对话，推动各国知识、信息、技术等要素的流动与共享。譬如，哈佛大学建立哈佛燕京学社，以研究中国文化（后扩展至亚洲文化研究）为宗旨，形成一流的大学跨国学术共同体。[②]其间的关键在于，不能以过度刻板的认知模式和刚性的秩序加以

---

① 董云川、张琪仁：《动态、多样、共生："一流学科"的生态逻辑与生存法则》，载《江苏高教》2017年第1期。

② 欧阳光华、胡艺玲：《开放与坚守：一流大学跨国学术共同体探析——以哈佛燕京学社为例》，载《黑龙江高教研究》2018年第6期。

规制，而应采取因势利导、法无定法、顺势而为的合作方略加以促进。一方面，要以兼容并包的态度理性面对不同国家有助于推动世界文明进步的研究成果。避免笼统的评判和"印象式"的捍卫或否定，以及由此产生的"印象式"论辩，而要取长补短，合理借鉴与吸收。另一方面，要以宽阔的胸怀及更加灵活机动的机制为学术人才的流动提供适宜的保护政策。这些往来于国内和国际的学者为大学跨国学术共同体建设提供了人力资源支撑，大学应充分理解并容纳这类人在跨国学习或研究背景下的多元化认知和行动差异，从而创设出更好的国际化人才成长环境。当中国特色与国际化趋势融会贯通于人类命运共同体的整体潮流之中时，中国式现代大学学术共同体就能够真正与全球学术系统实现整合协同，继而有效助力自主知识体系的生成与发展，创建出足以体现中国智慧的高水平大学。

（本文原载于《学术探索》2024年第2期，有删改。）

第三节　德育的情理法困境

　　情理法的融合是德育不断发展和突破的必由之路，"情理"总是渴望体谅与变通，"法"则表明无法宽容和放任。大学德育在理论和实践中不断遭遇情理法的缺失、僭越和冲突等问题，导致德育实践产生异化，对人的塑造变为对人性的压制，德育目标难以通过个体的情感体验实现其内化，从而使道德教育失去原本的意义，道德目标滑向虚无。破除德育情理法困境，需要在对其进行准确阐述和定位的基础上探寻三者的融合之道，在融合中建立"以理为本、以法为界、以情为准"的整合德育观。

情理法观念在生活、法律和道德领域中的运转无处不在，从中华民族特有的"伦理理性"的文化基因看，理想境界是情理法的有机融合，既顺应"天理"和"人情"，又符合"国法"[①]。然而，现实的境况往往无法达到这样一种完美的境界，我们不断地听到各种由于无法实现"合情、合理、合法"而产生的困境甚至悲剧：学生作弊被发现向监考老师求情、由于各种需要向老师索要高分，甚至出现学生因论文答辩没通过而跳楼的极端事件。从"法"的意义上讲，学校为严肃考风考纪而对作弊学生进行严格处分，导师为了提升教学质量而对成绩和论文水平严格把关；从"情理"角度看，学生在面临强制规范时，总希望老师"高抬贵手""从轻发落"。"情理"是渴望体谅与变通，"法"则表明无法宽容和放任。当两者冲突时，在实践中往往通过对"法"的变通来满足"情理"的需求，而这种无限的体谅和变通又带来了新的难题，那就是如果"法"不断为"情理"的需要而变通，是否违背其本身的价值取向，从而造成"情理"对"法"的僭越，或者强制的法理损害教育本质。

在教育管理和教学实践中，情理法的纠结不断浮出水面，大学德育同样面临着情理法缺失、僭越和冲突等问题。从德育语境看，由"情"与"理"所构建的道德观念体系，虽然以社会公认的价值准则为内核，但在指导和制约个体行为时，这种强制规范性往往与个体的"情理"因素产生矛盾。情理法的冲突与背离，表现为当德育试图对人以及人的存在作出超越"情理"的机械化预设并通过"法"的形式使其遵从时，德育目标、德育实践、德育效果之间往往出现德育逻辑的混乱与德育体系的僵化，要么导致德育实践产生异化，对人的塑造变为对人性的压制，要么德育目标难以满足个体的情感体验实现其内化，从而使道德教育失去原本的意义，道德目标滑向虚无。破除德育情理法困境，需要在对其进行准确阐述和定位的基础上探寻三者的融合之道。

[①] 汪习根、王康敏：《论情理法关系的理性定位》，载《河南社会科学》2012年第2期。

一、德育情理法的理论与逻辑

何为德育之"情"？与西方的法理型社会不同，中国自古以来便是一个伦理型的国度，属于"情本体"而非"理本体"，中国传统价值观体系主要源于"情本体"的价值取向，情感因素是道德判断的重要内容。何为"情"？在人类社会的交往实践中，"情"作为一种通过适应、反思、选择后的本能反应，含人之常情、人之本性、人的本能等义。"人情"也不仅局限于主观的随意性，而是指具有普遍意义的常情常理、民情民意、世情社情、道德礼仪、风俗习惯等，即民情、社会共识等。德育之"情"就是基于特定个体的文化背景、生活经验、自身道德诉求之上的个体道德选择，这是德育"理法"协调的结果。在德育实践中，"情"属于一种弹性的道德判断，表现为个体依据自身的情感因素、特定的道德情境而做出的具有个体性因素的价值选择和道德判断。

何为德育之"理"？"理"的第一个层次指的是"天理"，即"天道"，指向人与社会需遵循的伦理基础和基本规律。在中国传统的情理法观念中，"理"居于"法""情"之上，在中国封建社会，孔孟儒道倡导"三纲五常"，"君君、臣臣、父父、子子"要"克己复礼"，以"礼"治国。儒学的"礼"即"理"成为对人们实行精神、道德教化的正统权威，这种"天理"成为高于"人情"和"国法"的道德准则。除此之外，"天理"也指社会发展必须遵循的一般规律，即事物之间本质的必然的联系，从这个意义上说，"理"本身具备法则意义，属于自然法范畴。"理"的第二个层次指被社会共同认可和必须遵循的行为规范，即"公理"。在人与人、人与社会的关系中形成的共同规则、习惯、传统等内容，也就是我们常说的"公序良俗"，构成了中国传统的道德体系。"理"的第三个层次指一种代表某一群体利益的公共道德。从社会意识形态角度看，公共道德是社会关系的产物，在阶级社会中带有鲜明的阶级性，即维护统治阶级的利益。封建社会的道德遵循孔孟儒道的"三纲五常"，由此教化人心，目的是维护封建统治阶级的绝对权威。在社会主义制度下，德育必然要代表人民群众的利益，这一根本准则是调节人与人、人与社会之间利益关系的尺度和规范。在德育的实践中，德育之"理"对于约束人的心理和行为起着道德上限的作用，它的后两层概念与"情"息息相关，故有"情理"之说。

何为德育之"法"？"法"是一种具有强制力、确定性的行为规范，制约着人的主观意志。康德的墓志铭写道："有两样东西，我们愈是反复思索，就愈使我们的心灵增长景仰和敬畏：在我之上的星空和居我心中的道德法则。""道德法则"是实现"人是所应是"的具体途径和方法，即德育之"法"，在德育实践中，体现为实现德育目标的系统化、规范化和强制化的方法和制度体系。然而，"法"的产生实际上源于人们对于"情""理"的抽象概括，是在交往规律中对于"情""理"的有意创设，是人们为了更好地实现社会合作，争取社会和谐的努力，因此，"法"作为人类的创制物，绝不是脱离"情""理"的自在之物，其体现了人类的有限理性。"法"的本性以及所体现的"规律"是公理性与主观性、公益性与意志性的统一。"法"的基础是"情理"，"情理"的实现需要"法"的保证，德育的"情理"是德育之"法"即德育规律优化与进化的基础，而德育之"法"是德育"情理"的固化与强化的条件。

与西方社会崇尚自然法的绝对权威不同，在中国人的情理法观念中，"国法"与"天理""人情"密不可分，理想的状态应该是一种三位一体的复合的、多元的体系。西周统治者提出"以德配天""明德慎罚""敬德保民"等民本思想，注重"天理""国法"与"人情"的结合。《论语·庸也》："中庸之为德也，其至矣乎。"中庸之道，也在于合理合情。西汉董仲舒提出"天人合一""天人感应"的哲学理念，并指出"王道之三纲，可求于天"。宋代以程朱理学为宗的哲学家们，皆遵循"三纲五常"的伦理权威，并使之上升为不容置疑的"天理"。由此可以看出，在中国特有的情理法观念中，"天人合一"的实现是"国法""天理""人情"的相互贯通和有机融合。情理法之间所呈现的是伦理道德与社会规范之间的平衡之道，"天理"体现为"国法","国法"又上升为"天理","天理"需与"人情"相通,"国法"亦须顺应民情,在这一融合中"国法"的不可抗拒性和伦理性得以彰显,也体现了中国传统社会的礼治精神、中庸哲学和经权能动的思维模式。

除此之外,如何理解情理法的轻重关系,如何排列和取舍,都渗透到中国传统道德文化对这些看似矛盾的概念的深层理解和融合过程中。从传统的"援法断罪""执法原情""人情大于王法""王法本乎人情"等观念中可知,在中国人看来,第一位的应该是"合理",顺应"天理","和情"次之,最后是"合法"。在处理人际关系和维持社会秩序时,中国人往往以"理"为根本,以"情"为基础,"法"排在中国人思维的最后。范忠信教授指出:"中国人的法观念是一个复合的、多元的观念体系。一说到法,中国人很自然地把它看成'法上之法'('天理''礼')、'法中之法'(律条、律例)、'法外之法'(伦理之情、人之常情)的总和。"① "理"为"法上之法","法"为"法中之法","情"则是"法外之法",这种情理法的逻辑体系根植于中国人的道德文化样态之中。作为一种形而上的探求,"情""理"是"法"之本源,德育之"法"来源于德育的实践,这促成了德育之"法"的产生,也推动了人们对德育之"法"的掌握。

二、德育情理法的困境探析

道德教育,追寻完善的人格,推动人向至善方向发展,这不仅是知识的传授与获得,还要着力于全面人格的培养。正如鲁洁在《道德教育的当代论域》中所述:"在道德教育中存在着唯经济主义的扫荡、唯科学主义的僭越、极端个人主义的张狂以及价值断裂的震荡。由此形成了唯知识、唯技术、唯能力的教育,由此产生的'生理人''心理人''社会人''经济

---

① 范忠信、郑定、詹学农:《情理法与中国人——中国传统法律文化探微》,北京大学出版社2011年版,第9页。

人''知识人'等，使得人越来越不能把握好自身，使人成为自然社会链条中的一个被动环节，放弃了人之为人的人性、德行，堕落为纯粹的物性与自然性。"①当代中国社会，随着改革开放的不断深入，人们的物质生活得到前所未有的改善，然而物质主义、功利主义扭曲了现代人的人性，随处可见思想低俗的草根、政治观念淡薄的网友、道德认知混乱的"愤青"、法纪意识贫瘠的狂妄之徒，更有甚者屡屡打破道德底线，竟还能活跃于公众视野中的所谓明星大腕。或许，大众对于此已经司空见惯，但是这些现象所蕴含的道德危机冲击着道德文化与道德教育本身，不断指向德育情理法体系的错位与背离。

（一）德育之"法"与"情理"的背离

教育对于制度化和知识化的追寻，导致科学性的无度张扬。道德教育同样高扬科学主义的旗帜，在客观化与实证化的科学道路上阔步前行，德育因此具备了科学的名分，成为科学化发展大军中的一员。德育之"法"在科学的"犒赏"之下，有了系统的路径和不断细化的方法论体系。然而，"法"的实效性基于思路和理论的正确性，如果思路和理论出现偏差，"法"则沦为徒劳的甚至是障眼的附庸物。西方哲学家恩斯特·卡西尔指出："要认识人，除了去了解人的生活和行为以外，就没有什么其他途径了。"②人的道德生活的丰富性，人的具体性都使德育无法成为一种独立于"情理"而存在的实证主义和客观主义所推崇的"法"。

趋于制度化的德育之"法"，使德育从"情理"中剥离，成为一种孤立的制度体系，表现为道德权威下的规训履行，演变为徒劳的灌输与压制。在道德权威下的规训履行，借助于德育之"法"，把既定的道德规范从外部强加给受教育者，对其进行规训，这个过程的特征表现为对人的支配和对人性的压制塑造，忽视了个体的"情理"因素，造成对个体价值选择和道德判断的遮蔽。规训的另一个表现是道德标准脱离德育"情理"而空泛

---

① 鲁洁：《道德教育的当代论域》，人民出版社2005年版，第13页。
② ［德］恩斯特·卡西尔：《人论》，上海译文出版社2004年版，第17页。

化，使道德成为一种抽象的符号，丧失了教育功能。比如，"学习雷锋好榜样"从主题班会变为市中心的"学习雷锋时代广场"，"勿以善小而不为，勿以恶小而为之"的传统伦理演变为娱乐节目中的绕口令游戏，这样的道德说教的庸俗化，甚至泛娱乐化，使道德标准已然丧失了其道德教化的功能，演变为一种外在的规训。这种道德伦理和抽象空洞的道德规范，使强化、固化德育"情理"的德育之"法"从"情理"中剥离，成为一种抽象的道德符号和失效的道德权威。

唯知识化的德育之"法"与生活的剥离，导致德育丧失生活的意蕴，成为"无人"的教化。鲁洁指出："道德教育之知本是一种实践之知，当代的道德教育却以普遍化、客体化的知识割断了与生活、实践的联系，走上了唯知识化道路，从根本上背离了道德和德育的本性，是德育的自我放逐、自我消解。"①德育之"法"来自产生德育"情理"的生活，离开人的生活，德育之"法"将成为自在之物，无处安放，成为毫无意义的权威和徒劳的教化。唯知识化的德育之"法"，使德育远离实际生活世界，各种唯知识化的量化方法和具有强制力的"规范伦理"造成了德育对人的精神的束缚，形成对德育伦理和生活的压倒性统摄。唯知识化的德育之"法"与生活的剥离，实际上是与道德"情理"的背离，最终导致个体理性自觉被消解，使德育仅仅停留在知识层面，丧失了德育的生活意义。

德育不是无源之水、无本之木，德育从其现实性来讲，源于现实世界，指向可能世界，在指导人从实然向度过渡到应然向度的过程中，必然无法离开教育客体之"情"和现实世界之"理"。德育不能脱离人们的现实生活而存在，背离生活将使德育失去生机与功能，从而消解于与人的疏离之中，道德之"法"也落入虚无。克服这种虚无倾向，需要德育向内求索，向人及人的生活世界的内部发问，在"情理"的协调中，探寻具有融合性的德育之"法"，通过道德法则的完善，实现德育的目标。

---

① 鲁洁：《边缘化　外在化　知识化——道德教育的现代综合征》，载《教育研究》第2005年第12期。

（二）"情理"对德育之"法"的僭越

古希腊怀疑论学者皮浪指出，人们行为的善恶、美丑、正邪、融入等都没有确定的区别，绝不可能由任何合理的理由，使人去选择某一种行为而不选另一种。道德相对主义以这种相对主义哲学认识论、方法论和个性自由等理论为基础，[①]否定道德判断的理性原则使个体的"情"凌驾于"法""理"之上，强调道德行为是相对的，道德行为具有个别性、特殊性和偶然性。个体之"情"的超越，使得个人如何应付环境、如何"方便""有用"成为道德判断的标准。否定客观的、普遍的、统一的价值准则即德育之"法"的规定性，营造出似是而非，使人无所适从的道德规范和道德标准。由此产生道德信仰缺失、道德权威沦丧，道德普遍性与特殊性的割裂，在个体"情理"之中把变化的行为状况与不变的道德责任混为一谈，则必然会消解人们对主流价值观的认同感。以自我为中心的道德观标榜个人利益，个体"情理"的至上性同样模糊了道德的客观标准。在欲望面前，个人利益成为价值判断的绝对标准，道德底线变成"对我而言是否有用、对我而言是否有利"的个人判断，道德一旦走向自我的极端，个人的"情理"超越群体利益，则必然导致德育"情理"的土崩瓦解，最终导致道德滑入虚无的深渊，德育之"法"失效。

除此之外，以伦理为中心的价值观，试图对人的存在和人的教育探寻一种向内而求的路径，让人摆脱外在的规范性，自由地探求其生存的意义，在此过程中由内而外地产生一种人"是其所应是"的德行。正如孟子所言："仁义礼智，非由外铄我也，我固有之也，弗思耳矣。"在这种伦理世界中，德行伦理取得了统摄性的地位，虚化了德育之"法"的权威。德育之"法"的固化逐渐让步于自发抽象的伦理规范，企望受教育者自发地产生道德观念，从而实现"至善"的社会，这一美好愿望在现实中必然遭遇个人利益至上的碾压。

---

① 曲伟杰：《道德相对主义》，载《伦理学研究》第2018年第5期。

德育之"法"基于德育之"情理",然而德育之"情理"不能超越现实成为抽象的概念,"天理""公理""人情""人性"不能超越德育之"法"的规定。在中国历史上,虽然强调三者的融通,遵循"于情、于理、于法"的价值判断,但任何情况下都没有个别情节、个人特权可以对"法"进行变通。"天子犯法与庶民同罪","法"的权威性不容置疑。将道德判断主观化、道德选择情感化、道德权威模糊化,皆是对德育之"法"的否定。

(三)德育之"情理"的缺失

1.德育"情理"的缺失造成道德冷漠

当前,"扶老奶奶反被讹"的道德怪相,演变为"见死不救""见危不助"的道德冷漠,最终使公众丧失公共的道德情怀,引发人性的慌乱,这显然不是德育之"法"可以解决的问题,寄希望于依靠单纯的道德法则的强制性就能使人产生"至善"行为,这种预设在现实中必然遭遇尴尬的局面。

德育之"法"的目的在于使主体能够"知善""向善",而能否真正实现主体"行善",则受制于主体对于道德知识的情感体验和在此基础之上产生的道德需要,德育之"情理"的目的就在于让主体对道德知识的感受产生认同感、责任感,由此衍生出对道德价值的正确判断,实现自我人格的提升。但在德育实践中,由于受教育者对道德知识缺乏情感体验和责任感,使得个体对于他人的道德需要毫无反应,产生推卸意识,造成一系列道德冷漠问题。[①]道德行为的产生与特定的情境和主体意识有关,这是德育实践中不可忽视的"情理"因素。个体在面临道德考验和判断时,势必会将道德责任和自身的各种利益相权衡,这一权衡过程需要德育的干预和引领,从而使受教育者充分理解自己的社会责任和角色。作为引领和干预的德育之"法"与社会责任和角色的德育之"情理"必须协调共生、同向同行,从而使受教育者将道德要求和责任内化于心并外化于行。

---

① 陈伟宏:《论道德冷漠及其化解路径》,载《哲学动态》2017年第11期。

2. 无"情理"的道德理想产生德育的"乌托邦"

在中国传统德育体系中，强调对个体的约束，"克己复礼""存天理、灭人欲"等观念类似于禁欲主义的道德价值取向，通过对个体的压制来服从德育之"法"。这种高高在上的先在性道德设计使微小的个体在面对宏大的道德权威时，显得无所适从，无法找到独立于此的个体存在意义以及个体选择的尊严。传统的德育企图通过"人皆可以为尧舜""修身齐家治国平天下"的道德假设强加于个体，目标是塑造不关乎个性和人性的"圣贤"和"圣人"，这种脱离生活、远离实际的道德理想，使德育背离了"情理"的界限，最终产生了德育的"乌托邦"。知识具有实践性，脱离了实践性的知识毫无意义，道德知识同样需要实践，脱离生活实际的德育目标，剥离了德育的"情理"因素，即便通过德育之"法"的强制化灌输，也无法将"德"变为"德行"。

3. 德育工具理性的趋向与个体"情理"的缺失造成德育实践的异化

唯工具化的德育之"法"注重工具理性的实效性，在不断系统化、科学化的道德体系中，将人视为待组装的机器，并通过程序化的道德知识的装配来启动这一机器，试图让机器按照预先设定的道德规范运作。这种无视个体情感的德育之"法"，忽视了德育之"情理"，把德育的社会功能无限夸大，造成对人的主观理想化的建构，从而使德育之"法"脱离了德育之"情理"，彻底沦为对个体的压制和约束，甚至使双方形成对立关系，导致德育成为外在化的工具。这种外在化的德育造成了德育实践的异化，使德育之"法"片面地成为一种约束和规范，不仅丧失其教育功能和生活意义，而且造成社会或某些群体以道德的名义对某些个体行为给予过分的要求和苛责。这就是当前泛滥的"道德绑架"，以自我高尚的道德作为假设，用所谓的道德砝码对个体进行要挟，把道德通过舆论压力强制化到每一个个体。道德从个体情感的诉求演变为外在的必须履行的行为规范，由此走向彻底无私的极端。道德教育演变为"道德绑架"，这种德育实践的异化，源于德育之"情理"的缺失。德育崇尚的是人的价值的完善，而不该是对人性的扼杀，德育之"情理"乃德育之根脉所在。

三、对策与思考

中国传统情理法观念历来注重整体性视角，其三位一体的纵横脉络孕育出中华文明所特有的气象与格局。如何克服德育情理法的错位与背离？出路不是相互的抵消和博弈，而是需要找到一种能够促成三者有效结合的德育情理法观念。以理为本、以法为界、以情为准，回归"人性"，对现实的人给予完整的关注，对生存之理给予足够的尊重，破除任何形式对道德权威的亵渎，在理解和阐释德育情理法的逻辑与意义中为德育提供合理的价值理念，从而实现立德树人根本任务。

以理为本。中国古代社会强调"天人合一"的思想，每个人的生活都离不开整个人类的生存环境，离不开人类社会。从人类的整体性出发，道德具有共享性的社会功能，德育以"理"为本，则必然无法回避个体对所属共同体的归属教育，国家、社会、集体、他人皆是不可回避的因素。通于"理"的德育，属于一种真正意义上的公共道德情感，超越自我与他人、自我与社会的界限，实现个人价值与社会价值的统一，从而解决人与人之间的信任问题、人与社会之间的冲突、人与自然环境之间的矛盾。

德育通于之"理"，还要通于真实主体的价值预设，消除宏大的伦理价值对个体的束缚。对真实的、具体的人给予足够的关注，德育的出发点不是人们所说的、所设想的目标，而是德育的主体，即人和人的世界。从人的现实生活中去理解人的道德，在人与人的关系中塑造人的德行，避免主观构建的道德预设遮蔽人的情感和理智的决定，让人能够直面生活本身，在理智判断中实现道德自明，提升人对于道德的领悟、体验和践行的能力，从而使个体成为独立、自主、自觉的德行主体，更好地追求现实的有德行的生活，实现"立德"的目标。

以法为界。德育之"法"的树立与实施，目的在于谋求一种具有社会共识的规范和原则，并通过系统化、规范化、强制化的制度体系实现德育目标。尽管，道德行为具有个别性、偶然性和特殊性，但道德法则必须有固定的标准，个体道德选择的多样性并不意味着正当普遍的道德原则的缺失。伦理学领域的"金规则"概念、哲学领域的"道德底线主义"都从不同角度阐明了这一标准的有效性和正当性。这种有效性和正当性表现在以下几个方面：首先，人是理性的存在物，在根据自己的需要和情境进行道德判断时，具备一种理性选择的能力，不同的人的道德判断同样存在着共同的理性，这种共同的理性就隐含着普遍的道德价值。其次，当个体正在接受道德观念时，普遍道德原则对于道德教育具有重要的意义。个体在道德的自我构建中，对道德规范实行主体自身的理解与内化，在这个具有主体性创造的过程中，道德规范具有意志约束的作用，成为个体选择的依据。最后，系统化的德育模式对于德育目标的实现至关重要。就德育的过程而言，德育之"法"是必不可少的，制度化和程序化的过程，是事物性质和状态发生根本性变化的保证。德育需要必要的道德灌输，需要科学完善的德育制度体系。因此，德育之"法"要尽可能符合和反映社会的一般道德观念和道德认知，并通过"法"的固化和强化作用来矫正社会道德观念中同道德标准不相吻合的内容，使其摆脱社会舆论的影响和绑架，防止相对主义、个人主义通过所谓的"情理"演化为社会舆论，并以社会舆论的形式对德育规范和标准实施僭越。

当然，德育的这种制度化和程序化的有效性不仅源于其本身的完备与严格，更源于其本身的普适性和可行性，德育之"法"必须体现受教育者的主体性并遵从社会伦理，才能发挥其规训的内在价值，谈及德育之"法"并不意味着否定德育之"情理"。

以情为准。在传统德育实践中，德育之"理"为德育提供了具有超越性的价值理念，通过德育之"法"使这种主观建构对人的理念世界进行逻辑重建，体现"公理""天理""社会伦理"的统一道德规范，通过系统化、科学化的方式固化个体的道德知识和道德行为，这属于一种从外向内的规训方式，效果往往不尽如人意，其根源是对人作出了抽象性的理解，将人从其生活的世界中剥离，忽视了人在德育中的情感体验。然而，道德教育是主体欲望和向善要求得以实现的情感体验过程，这种道德情感能否产生是德育成功与否的标志。正是基于这样的认识，我们提倡德育要"以情为准"，德育不能离开现实的人而存在，任何人都是自然属性、社会属性、精神属性的统一体。人的物质需求、人际交往需求、精神层次需求都是具体的人的根本属性，也是德育之"情"的根源所在。

在当代中国社会，生存与发展权利的维护、人生秩序的安排，是当代中国民众所处的社会现实情境，另外，"人性""人的价值取向""人的利益"等德育主体的自我指向也是德育不可回避的重要内容。这必然要求德育要关注人生问题，解决现实困境，实现事实与规则的圆融，从而达成和谐的情理法设计，摒弃传统德育对于人性无限压制的缺点，形成一种具有人性关怀、充满情感活力的德育模式。这种以"情"为准的德育，体现的是对具体的人的完整性的理解，对人的情感及理智的尊重，对人的现实要求的关注以及对人的精神世界的追求，从而使道德具有内化于心的动力，德育因此而获得鲜活的生命意蕴。

四、结语

探究并破除德育之"法"与"情理"的背离困境，避免德育"情理"的缺失或者走向极端，需要从德育情理法的融合中建立"知情意行"的整合德育观。以理为本、以法为界、以情为准的德育是一种尊重人、理解人、发展人的德育观，也是马克思主义哲学人本思想的体现。马克思认为："人的本质不是单个人所固有的抽象物，在其现实性上，它是一切社会关系的总和。"[①]因此，德育不能离开人和人的社会关系而独立存在，德育的主体是人，德育情理法的融合关键也在人。破解德育情理法困境，必须基

---

① 马克思：《关于费尔巴哈的提纲》，见中共中央马克思恩格斯列宁斯大林著作编译局译《马克思恩格斯选集（第1卷）》，人民出版社1995年版，第56页。

于对人的理解和尊重，通过关注人本身及其生活的现实世界，并赋予德育理解、宽容的人性关怀和科学、合理的机制，才能在单个人与他人和社会的分化中，形成独立人格，并使单个人深入地契合他人与社会，从而实现德育"情理"与"法"的同化和统一。情理法的融合生长是德育不断发展和突破的必由之路，德育之"法"与"情理"之间遵循"适应—不适应—重新适应"的否定之否定的规律，在不断地自我完善和自我否定中得以发展和进化。高校德育担负着立德树人根本任务，协调德育情理法三者的关系任重而道远。

（本文原载于《江苏高教》2019年第7期，有删改。）

第四节　两种课堂时间：教育行为与知识发生的时间性反思

师生在课堂上不一致的时间经验，也就是共时性时间与历时性时间之间的差别，理论上来源于20世纪科学和哲学所发现的数学化与非数学化两种时间的对立。现实中，知识的共时性及教育行为的标准化与知识的历时性及教育行为的非预期性必须得到调和，并且这个责任只能由教师来担当。教师必须设法进入学生的历时性课堂经验之中，通过对学生的课堂意外反应进行"再参与"，从而在真正意义上改进课堂教学。

在进入学校体制之后，人类的教育行为被纳入"课堂"这一固定时空。长期以来，课堂被认为是教师与学生共享的同一个时空，这一点似乎从未遭受怀疑。但是，放下空间问题不谈，20世纪关于时间的思考，迫使我们对课堂时间的一致性提出疑问。本节试图揭示师生在课堂时间经验上的不一致，并把这种不一致归结为教育行为中的知识永恒性与知识发生的经验过程之间的不同，即同一课堂上始终存在着教师的共时性时间与学生的历时性时间之间的张力甚至对立。以此为基础，一系列教育实践问题将会得到新的解释。

一、时间的数学化与祛数学化：关于两种时间的哲学问辨

康德指出，时间和空间是人类知识发生的两种基本结构。[①]近代以来人类知识的全面科学化，即对知识的心理经验进行数学化和可标准化的"客观化"转述是以时间本身的数学化为前提的。例如，根据水的比热容可以精确计算出一杯开水在空气中冷却需要的时间，而不拘于这段时间从何时起、至何时止。同样，一堂课所需讲授的知识只要求在大约50分钟内完成，这50分钟同样是可以任凭教师安排而任意截取或替换的（如上午第三堂课和下午第一堂课是等值的）。由此可以看出，这种数学化的时间具有一种可预期的先在规定性，它不随个体对时间的内在心理体验的变化而变化，而仅仅是一种客观的早晚相位的位移运动。从这个意义上讲，作为数字的或者说数学化了的时间本身并没有发生运动，运动的只是在这个数学秩序之中的早晚、先后等相位的罔替承接而已。正如亚里士多德所说："时间本身是不运动的，尽管时间离不开运动。"[②]

时间的数学化，是哲学家把整个世界纳入某种数学模型的一种尝试，这一观点起源于毕达哥拉斯，他有志于把万事万物纳入数学的井然秩序之中，以实现人的整齐而有归属感的和谐生活。[③]但是时间的数学化也因此导

---

① ［德］康德：《纯粹理性批判》，人民出版社2004年版，第A25、B39页。
② ［古希腊］亚里士多德：《亚里士多德全集（第二卷）》，中国人民大学出版社1992年版，第116页。
③ 林夏水：《毕达哥拉斯学派的数本说》，载《自然辩证法研究》1989年第6期。

致一个关键性的悖论：时间必须既是可变的运动，同时又是不变的永恒。其极端化的情况就是亚里士多德的困境：时间本身必须不变，因为它是永恒的数学逻辑的一部分，但是时间离不开运动，因为没有运动我们就不可能知晓时间。这样，我们就遇见了一个哲学甚至神学问题：时间在永恒中的意义是什么？为什么永恒要转述于运动着的时间才能向人揭示自身？这是数学化的时间至今难以回答的一个"困题"。

时间走向数学化，有一个技术上的前提，就是时间本身的可计量性和可数读性。无论是最尖端的核电子时钟，还是大致准确的家用钟表抑或更为粗陋的中国古代的焚香计时，都体现了人对时间数量化的默认和利用。但是20世纪以来，随着相对论的提出，"同时"这一时间秩序的逻辑基础开始变得无从证实，由此导致时间的可计量性走上学术的被告席。相对论指出，当空间距离大到足以充分放大时间的"测不准"性（如一光年两端的"同时"就无法加以数学测量），时间背后统一的数学逻辑就开始失去经验基础的支持。这就导致时间的数学化第一次被认为是有问题的，或者仅仅是一个假设。20世纪的西方哲学家对科学领域的时间问题的新动向给予及时的回应，其成果就是时间的祛数学化。

首先值得一提的是现象学大师胡塞尔。他注意到，人的原初经验中的时间与刻度化了的、数学化的"客观"时间存在着根本的不同。科学意义上的一段时间"量"与一种"活生生的当下"具有难以弥合的根本差别。这是因为数学化的时间对"现在"的描述只是一个时间刻度轴上凝固的"点"，它与"过去"和"将来"都有着截然断隔的数学和逻辑的鸿沟。但在我们活生生的内在经验中，"当下"不是一个精确而僵硬的"点"，而是一个能够向其边界蔓延扩散的"现在域"。[①]刚刚结束的"过去"与即将莅临的"未来"，都与当下这个"点"处于某种洇漫渗透之中，"点"从而成了"域"。例如，走马灯是由一张张固态的图片组成的，我们看到的却是一

---

① ［德］埃德蒙德·胡塞尔：《第一哲学（下卷）》，商务印书馆2006年版，第211页。

匹动感十足的奔马，每一张图片之间的相互独立性在我们的感知经验中被打破并相互融合。又如，当我们听一首曲子时，"现在"这一时刻点上的乐音，并不是一个孤零零的物理声响，而是与刚刚过去的那一段乐律、那一串音符语言的生动意义和情感内涵连在一起，组成了我们对这首乐曲的连贯的听觉体验。与此同时，这一完整的听觉体验又与即将演奏出来的后段音乐具有知觉上的呼应性和承接性，因此我们不会觉得后面的乐章是突然响起的或完全出人意料的。即使乐曲演奏结束，它的旋律仍然有可能在我们潜在的听觉感受之中回荡，会在我们下意识地哼唱中再现出来（尽管这种再现一定是变形的，这一点对现象学而言十分重要）。所以我们不会指责孔子的"余音绕梁，三日不绝"之说是"不科学"的，尽管他这句话在物理学上确实说不通。反过来，孔子的话恰恰提示我们，一首乐曲不是真正依附于它的物理上或数学计量上的时间程量。也就是说，的确存在另一种时间，一种非数学化的时间。因此胡塞尔说，时间是"双重在此"的。[①]

那么时间究竟是什么？胡塞尔认为，时间是一条"内在原初体验的河流"。[②]它分为现在、过去、未来三个段落，其中，"现在"不断地沦入深不可测的记忆背景之中，从而形成"过去"；另一方面，"现在"又依靠其"自我极"的先验规定性而能够前摄即将到来的时间体验，从而发生出"未来"。[③]这样，"现在"就成为时间之流的核心。但是，不难看出，胡塞尔的推论是有问题的，这个问题主要集中于两点：其一，恰如黑尔德所指出的，"现在"是过去和未来相交又相隔的边界，但是这个边界不是由我们直观地得出的，实际上，我们并不能真的感觉到一个"当下点"（否则又重回时间的数学化），而只能感觉到"过去"的不断消逝和新的发生不断来

① ［德］埃德蒙德·胡塞尔：《内时间意识现象学》，商务印书馆2009版，第326页。

② E. HUSSERL, *Ideen zu einer Reinen Phänomenologie und Phänomenologischen Philosophie*, Allgemeine Einführung in die Reine Phänomenologie, 1976, S.167–168.

③ ［德］埃德蒙德·胡塞尔：《内时间意识现象学》，商务印书馆2009版，第57页。

临。所以，"现在"其实是一种"思想操作"的结果，[①]或者说，仅仅是一种逻辑上的推论。其二，"现在"如何能够前摄未来？这一问题的实质是，假如我们真的能够前摄未来，那么人必将生活在确定性和自明性之中，这正是胡塞尔现象学的目标。然而实际情况是，人并不总能感到生活的确定性，我们往往处于自身命运的不可预测之中。所以胡塞尔的学生海德格尔修正了其老师的观点。他认为，时间的核心不是当下或现在，而是将来。[②]这就意味着，海德格尔一并否定了现在对将来的先验预期和先行规定，而将来处于某种完全开放的、不可预知的不确定之中，所以生活处处充满了令人意外的"惊讶"。[③]人的命运多舛而莫测，所以我们对自己的生活、对个人历史负有一种我们自己不曾真正了解却必须承担的责任，这就是当代西方哲学家把"自由"视为一种负担的原因。[④]

胡塞尔和海德格尔都赞成时间的祛数学化，但是相比较而言，胡塞尔仍保留了数学化时间之中"人"的命运的可预期性，这表明他的思想中残留了毕达哥拉斯的意图；而海德格尔甚至取消了时间发生的预期，从而与数学化的时间更为彻底地诀别。

二、课堂时间的发生：历时性时间"域"的建构及其不可重复性

综上所述，数学化的时间背后是一种对发生的预期和控制欲，祛数学化的时间则意味着承认发生是不可先见的。由此就会出现人类的两种截然相反的时间体验：如果某一事件发生的过程与后果可以被精确地控制，从而达到一种数学意义上的标准化水平，那么其发生的时间对我们而言就是可替换的。例如，打到牛顿脑袋上的苹果与其他苹果一样，都服从万有引

---

①［德］黑尔德：《时间现象学的基本概念》，上海译文出版社2009年版，第53页。

②［德］海德格尔：《存在与时间》，生活·读书·新知三联书店1987年版，第500页。

③［德］海德格尔：《存在与时间》，生活·读书·新知三联书店1987年版，第420页。

④［法］萨特：《存在与虚无》，生活·读书·新知三联书店1987年版，第671页。

力定律，落地所需的时间"量"千古如一。这使我们有理由把300多年前的苹果落地与今天的苹果落地这"两次"时间视为一种可以相互替换的、等值的时间，这两个苹果是在时间的数学结构内部的一种精确的自我重复，所以两者即使相隔千古，却是共时性的，甚至可以说，是非时间性的。但是假设某一事件的发生对我们而言不可预期、不可重复，我们不能用某种数学水平的标准化手段来预测和控制它的发生。例如，"视死忽如归"这样一种醍醐灌顶般的突发性瞬时领悟，这一时间经验对我们而言是不可替换的，即永远不可能出现"第二次"。即使有相似的外在情境，我们对它的时间性感知也会截然不同，恰如人们说"年年岁岁花相似，岁岁年年人不同"。这样的时间是人生或命运的真实境况，因为它是历时性的。

由此推知，同一课堂上存在着两种时间经验：在课堂教育中，教师是他（她）所教知识及其发生过程的"先知"，知识本身以及知识在学生头脑中的发生，对教师来说是可预期的，甚至教师的教学是以这种可预期性为基础的。在教师那里，课堂时间是共时性的（这不仅体现为某堂课可以"改天再上"，也体现为同一个教师对上一届学生和下一届学生或同年级不同班级学生的教育是"一视同仁"的）。但知识在学生头脑中的发生过程，对学生本人来说是不可预测的，所以他的课堂时间经验是历时性的，至少这一学习过程对这个学生而言具有不可替代和重复的当时性。因此，课堂上的师生并不共处于同一时空秩序之下，他们在同一课堂上的时间经验具有隐蔽的不一致性。

一方面，不可否认，课堂作为人类教育行为的一种最普及的时空形式，有不自觉地用教师的共时性时间统摄学生历时性时间的倾向，而且这一倾向有其深刻的合理性。这种合理性的基础在于，人类发现和传播知识的行为出发点是要努力探求和把握自身生活的确定性，知识的确定性和教育过程的可预期性是天然一致的。而教育行为追求走向数学水平的标准化不可避免地带来课堂时间的可替代性和可重复性。所以，一种标准化、科学化的课堂形式和这种课堂的共时性时间结构，至今仍然是必要的。

252

另一方面，人类的教育行为不仅要服从知识本身，也要服从知识的发生过程。（科学）知识被认为是共时性的，甚至是非时间性的（可以脱离具体时间在纯形式的意义上成立）。但知识的发生过程，也即学生的知识形成这一内在经验，却是历时性的。因此，知识性的学习处于一种可重复的数学化时间之中，可以经过反复学习来掌握某个知识点，但传授知识并不是教育的全部。就知识发生的当下体验来说，教育过程具有某种不可重复性。儿童文学作家张之路的小说、国际安徒生文学奖获奖作品《题王许威武》，描写了一位个性鲜明的中学物理教师许威武。在讲课的时候，学生从他身上闻到一股香烟的味道，这时他会咳嗽两声以表示略略的歉意；课堂上有学生打瞌睡，许老师突然把粉笔头扔出去并准确地打到了这个学生的头，还随机讲解道："记住！平抛运动，是自由落体和水平匀速运动的合成！"在这个令人会心的故事情节中，永恒知识的共时性与知识发生过程的历时性，在许老师随手抛出的粉笔头上实现了"偶遇"。可以断言，学生在今后回忆和运用这个物理学知识点的时候，会不自觉地回忆起许老师身上的烟味和他抛出的粉笔头，所以这个知识点的外围，就出现了一个记忆的"边缘地带"。重要的是，这些不是教师的刻意设计，也不可能在另一个班重复。从这个意义上讲，学生在知识发生过程中所经历的时间，不是一个数学化的时间"点"，而是一个不可测的"域"。这个"域"有着关于知识记忆的"核心"，也有着向非知识性记忆濃散开来的"边缘"。永恒的、共时性的知识，总是与边缘性的、历时性的发生记忆具有某种看似巧合却又难以分隔的关联性甚至依附性。因为人类对任何一个知识点的学习都是在某个与知识本身无关的经验情境中发生的。随着时间的推移，物理学知识本身不会发生改变，如平抛轨迹，这种不变体现着知识的共时性特征；但是学生关于这个知识的内在经验却是逐渐变化的（例如，打瞌睡的学生在被粉笔头打中时感到羞愧和惊慌，可能多年后却觉得坦然甚至感谢老师），而这种变化，恰恰是非数学化时间的历时性的"发生痕迹"。

所以，优质的教育不仅重视知识本身，而且有意识地面对教育过程的非知识的或边缘性的当时"域"体验。一位优秀的教师绝不仅仅是知识的"传播者",他必须能够及时捕捉到课堂上随机发生的师生间教育体验的生动的"机缘",将这种机缘——有可能是一个忽然掠过的眼神,或者学生想与教师交流又不敢举手的窃窃私语,当然还可能是学生的质疑——带入课堂情境之中,从而使课堂成为一个发生性的"域",成为一个对老师而言同样不可预知、不可先行设计的历时性时间体验。这时,教师的共时性的知识结构才开始向学生的历时性的知识发生体验靠拢。

在这个层面上,中国的佛教特别是禅宗的僧侣教师达到了很高的反思水平。他们尤其重视机缘或情境对教育过程的"域"的塑造作用。所以禅宗大师讲法,特别重视话语中的"机锋"。"机"就是时机、机缘,"锋"则意味着切入、辟破。如果听者不能把握禅师的机锋,那么"话头"一过,机锋就没有了,禅师绝不会重复一遍,因为教育的机缘具有不可重复性。据说,佛祖于金婆罗花前拈花示众,只有迦叶尊者会心一笑,即得心传,其他菩萨则未能领悟。但是如果菩萨们请佛祖"再拈一次",那个教育的情境或"域"就变成事先设计好的甚至可以说是"伪造"的,因此不再具有历时性。从这个意义上讲,知识发生的不可重复性,取决于历时性时间的不可预期和不可反转。

三、历时性的课堂时间意味着什么:教育实践层面的反思

知识的共时性与知识发生过程的历时性之间的对立,决定了永恒的知识与非永恒的人之间发生联系(也就是课堂教育)的真实过程就是课堂上两种时间的妥协。所以,教育行为的真相是既然学生在受教育之前无法获得共时性的知识,那么就要由教师设法带着这些永恒的共时性知识进入学生的历时性课堂时间"域"之中。

(一)课堂教育的"有效性"问题本质上是教师对两种课堂时间加以弥合的成功程度

首先,课堂教育的有效与否不取决于学生在多大程度上进入教师预先

设定的知识框架，而在于教师是否带着这个知识框架进入学生的时间经验之中。其次，衡量课堂有效性的标准不能采取一种功能论意义上的结果性标准，如"教育的有效性就是学生的考试分数"等。教育的有效性只能在课堂教育的发生过程中来实现，并在课堂时空之中来衡量。在这里，师生互动和课堂参与只是其中的一个方面，关键是学生在课堂上发出与教师不同的反应时教师应如何对待。最后，由于课堂有效性是在学生的历时性课堂时间中发生的，即针对不同的受众群（不同班级或者同一班级的不同学生之间，甚至同一个学生的不同处境和心境之下）会发生完全不同的课堂交流的机缘和境遇，教师会根据这种偶然的机缘和境遇来及时捕捉他进入学生课堂时空的"楔子"，因此这种课堂有效性就出现某种不可重复的特征。例如，许威武老师在另一个班讲平抛运动的时候，也许就不会那么巧地有一个学生在瞌睡，那么他那精彩的现场演示也不会再现。这也提示我们，在学者关于课堂有效性的学术研究中，任何数学建模的使用都必须慎重，因为这种研究在方法论上存在先天的局限：数学建模的初始意图都是把某种可重复性用数学的标准化方式固定下来。

（二）"问题引导"式的课堂教育虽然体现着教师试图进入学生的历时性时间经验的努力，但是这种进入是不真实的

相比于传统的"呈现"式或灌输式教育，问题引导式教育的确对学生的参与程度提出了更高、更开放的要求，它呈现出一种积极的变化。所以，就有学者过高地评价说，这样的教育已经把课堂过程中的主体地位还给了学生。[①]事实上，这一观点背后有一个广受信奉的论调，那就是学生在课堂上的"主体性"要以教师的"主导性"为前提，虽然研究者表面上只是把两者并列起来，[②]但这一观点是有问题的。因为如果按照学者的设想，

---

① 贺诚：《"引导-发现"语文教学模式的研究与实践》，载《教育研究》1999年第8期。

② 王策三：《论教师的主导作用和学生的主体地位》，载《北京师范大学学报》1983年第6期。

引导式的课堂只不过是教师把学生暗中"导"向他所预先设计的结果，而学生在课堂上的被动地位并未改变。也就是说，教师不过是尽量模拟了学生知识发生过程的历时性的时间感受，"假装"为随着时间的延续，知识被一点一点"发生"出来。然而真相却是，知识发生的最后结果早已在教师的毂中。在这样的课堂上，学生不过是以更强的参与性来接受教师的摆布，而谈不上什么"主体"地位。在这一点上，问题引导式的课堂结构更像是黑格尔所谓的"上帝的狡计"，人在历史时间中的"自由意志"和"自主性"，其实不过是朝向预定终点前进的一种实现方式。[①]而在这个"狡计"的结构中，教师并没有真正进入学生的历时性课堂时间。从本质上看，问题引导式课堂与呈现式课堂仅在教学技术上有所不同。它们的共同之处才是根本性的：学生都是教育行为的受摆布者，而没有真正获得面向知识发生而开放的主体性。

事实上，为了"真正"实现学生的主体性，就必须承认同一个课堂存在着教师和学生的"双主体"结构，即教师和学生应该处于某种"主体—主体"或"主体间"关系模式之中。于是另一些学者开始关注和评估主体间性理论的成果对课堂结构可能的启发意义。遗憾的是，他们要么简单地把学生的地位拉到与教师相等同，并"乐观"地宣称师生之间应该构成或已经构成一种"教育的主体共同体主义"[②]，却忽视和取消了师生之间两种课堂时间的差别。只注意到师生之间的"类性"（也就是不同的人在教育过程中达成对知识的一致理解的那个认知基础）在哲学层面上仍处于争吵之中，所以"悲观"地认为，交互主体性或主体间性（inter-subjectivity）不适用于对课堂教育结构的解释，[③]因此又抹杀了两种课堂时间相互妥协的可能性。后一种倾向很有可能导向解构教育、否认教育行为的现实性的后

---

① ［德］黑格尔：《历史哲学》，上海书店出版社2003年版，第41—43页。

② 尹艳秋、叶绪降：《主体间性教育对个人主体性教育的超越》，载《教育研究》2003年第2期。

③ 余清臣：《交互主体性与教育：一种反思的视角》，载《教育研究》2006年第8期。

果，从而走向后现代主义。

（三）教师进入学生的历时性课堂时间秩序的真实方式应该是对学生课堂经验的"再参与"

在同一个课堂上，处于两种课堂时间中的师生，存在着两种截然不同的相互参与形式：第一种是学生对教师的知识参与，第二种是教师对学生的知识发生过程的参与。后一种可以被称为课堂的再参与。

与呈现式（灌输式）和问题引导式课堂的根本不同在于，再参与式的课堂并不仅仅致力于把学生"导"向教师预先设定好的结论，甚至并不预设课堂教育的终点。相反，教师需要认真对待学生对某种教育行为的理解所可能发生的"偏差"，即课堂上的某种意外反应，并承认其是有意义的。

需要说明的是，一种教育不预设一个先行的结论，这在知识学上是成立的。托马斯·库恩的研究表明，处于两种不同范式之中的知识对同一问题的回答具有"不可通约性"[①]。这意味着，知识仅仅是被设想为永恒的和不变的纯形式，设想为可以脱离具体时间而成立。但这一点从未真正实现过，历史上那些曾经的"永恒真理"，随着人类知识的结构性变迁而被证伪者不胜枚举。换句话说，知识的共时性时间结构从来都是一种奢望，知识本身也有其历史。因此，学生对教师的教育作出令人完全意外的反应，比如质疑或者不接受教师的观点，在知识学上是可容许的。但是我们并不仅仅在这个层面上承认学生的意外反应对教育行为的意义，本研究认为，即使学生在课堂上的意外反应没有知识上的启发性，也值得教师认真对待。

如前文所述，教师在课堂上对学生的灌输或引导启发这种教育手段上的技术性区别并不是根本，关键是他在灌输或引导启发的时候，是否保持一种对学生意外反应的开放态度，即当学生没有得出他所想要的结果时，他是否认真地对待。学生处于与教师不同的时间经验之中，即他不像教师那样预先知道这个知识，所以他也必然处于一种完全不同的知识发生体验

---

① ［美］托马斯·库恩：《科学革命的结构》，北京大学出版社2003年版，第59页。

之中，从而完全有可能对知识作出不同于教师的反应。因此，一旦学生向他的老师表现出不同反应（可能是提出某种"幼稚"的问题，也可能仅仅是一句低语、一个怀疑的眼神，甚至是他在课堂上打瞌睡或开小差），他就打开了教师进入他的时间经验的大门。这对教师而言是意外事件，他不可能预先知晓，因此教师也就进入了历时性时间秩序之中；这也是一个不可重复的事件，因为教师一旦选择不回应、不参与学生的这个意外反应，师生之间的两种课堂时间又会重新恢复平行无交叉的状态，至少这一次机缘不可复得了。

所以，再参与的意义在于，它在第一种课堂参与（课堂知识传授）的外围形成了教师和学生对当下课堂体验的某种边缘经验的"共享"，从而为知识的发生提供了虽然随机却不可缺少的"域"结构。（如图2所示）

图2　课堂上的两种知识参与经验

图2表明：其一，课堂上两种参与经验的区别在于，知识参与是在非知识参与的情境之内，且不可能脱离这个情境而发生。其二，知识参与的边界是明确和清晰的，但是非知识参与的"域"的边界却是澶漫的，它不具有数学意义上的清晰性和截然性。

如前所述，人类关于任何一个知识的教育行为，都只能发生在某个非知识性、生活化的情境之中。既然这个发生的"域"是非知识性的，它就不具有知识的共时性，而表现为教师与学生之间心领神会的历时性时间经验的分享。由此来讲，教育的有效性并不取决于对知识本身的掌握程度，而是教师进入学生的知识发生过程的程度。其结果是，教师不再是课堂的先知，而仅仅是课堂发生过程中不可预见性的分享者之一。无论是许威武老师用咳嗽的方式对自己身上的烟味致歉，还是他用粉笔头打中瞌睡的学生，抑或佛祖对金婆罗花的随机利用，都巧妙地把自己融入这种不可预见性和不可重复性之中。所以，尽管课堂上存在着两种时间，但这并不意味着师生不可能共享或共处同一个课堂。问题在于，这种共享或共处本身就是在不确定性的机缘下发生的，因此标准化课堂的追求及其背后的课堂时间的数学化意图，永远不能涵盖人类教育的全部内容。

（本节关于"域"问题的思想，受到了张祥龙教授相关研究的启发）

（本文原载于《高等教育研究》2013年第6期，有删改。）

第五节 "有教有类"方能提升大学品质

随着高等教育大众化指标的迅速飙升，孔子"有教无类"的教育理想逐步趋于现实。与此同时，大学品质却在与国际对接的情形下相形见绌，同质化倾向使得原本不同的大学在人才培养、科学研究以及服务社会方面失去了优势。而重视大学的多样性，坚持高等教育的合理分类，对教师、学生进行有效筛选分流，促使教育形成"有教有类"的生态格局，才是提升大学品质的正途。

在我国教育史上，西周末期私学的兴起打破了西周长期以来"学在官府"的教育垄断局面，开启了教育公平的先河。孔子作为当时最负盛名的私学教师，在教育对象上提倡"有教无类"，即不分贵贱贫富和种族，人人都可以入学受教育。他收徒三千，门下有出身贵族的司马牛、南宫敬叔，也有出身贫贱、"一箪食，一瓢饮，在陋巷"的颜回，还有从事投机贩卖的子贡……他的教育实践使文化以教育为载体而更加广泛地下移，惠及更多普通民众。2000多年来，"有教无类"的教育理念延绵不绝，影响深远。

现如今，各级教育入学率节节攀升，教育已然深入到社会中每个人的生活之中。在高等教育领域，我国的毛入学率从1991年的3.5%疾步攀升，到2002年迈入了15%的大众化门槛，到2013年，迅速抵达34.5%这个高峰。[①]22年间，适龄青年接受高等教育的人数增长了将近10倍，这意味着现在每3个适龄青年中就有1个是大学生。高等教育落入凡尘，使生于20世纪70年代至90年代的许多青年，不再像父辈们那般极目仰望着大学，而可以轻易漫步于大学的砖石之上。如果孔圣人再现，必定欣喜若狂——有教无类的教育理想，在2500年后几近成为现实。

教育改变历史并创造着历史。高等教育大众化的业绩值得我们欢呼雀跃，它标志着越来越多的人可以通过高等教育实现自己的价值，改变自己的命运。

一、教育大众化背景下的大学品质众望无归

若干年前，如果邻里家出了个大学生，一定是光耀门楣的大事。即使无知妇孺，也知道上大学的机会代表着学识的获得、文化的修养，并最终指向一个有稳定收入的工作——上大学的前途显而易见。人们甚至不会去考量进入的大学教育质量如何，因为那个年代高等教育资源的稀缺所导致

---

① 中华人民共和国教育部：《各级教育毛入学率》，http://www.moe.gov.cn/publicfiles/business/htmlfiles/moe/s8493/201412/181724.html。

的人才稀缺使每个大学毕业生都能够自动获得（被分配到）一个岗位，然后开启新的职业与人生……只是，这一切已然发生了迅速改变。

随着高考招生数量逐年增长，高等教育入学机会不再稀缺，迈进高等教育的门槛陡然降低了许多。高考升学率从1990年的27.3%稳步增长到了2013年的87.6%，[①]这意味着落榜者不过是少数的中学生，而高等教育也即将面临从卖方市场向买方市场过渡的根本转型。假如把高等教育称为准公共产品的话，那么高等教育的利益相关者自然要对其品头论足。作为高等教育"消费者"的学生与家长，自然要追问其购买的这件"商品"质量如何；而大学的举办者、支持者（政府或民间力量）、招募人才的人力资源"消费者"自然要求投入与产出至少能成正比。这些相关者，在高等教育的联动中剖析着他们所感触到的真实。而间接关联的社会大众，热心或冷眼旁观之下，也在审视着大学的教育质量……

然而，太多问题扎堆式出现刺痛了人们的神经："千校一面"的大学、学科与课程的重叠、专业与课程华而不实、教师教学能力的弱化、就业率的降低以及企事业单位对学生"高分低能"的评价、学生对大学的失望与对学习的倦怠……大学五彩的泡沫褪去，过去金尊玉贵的大学生，现在已然不再是天之骄子了。正因为如此，我国近年来出现了不在少数的高考弃考现象。据人民网报道，2014年，"尽管此前有不少省区市适时下调了高招计划，但多个省份包括山东、河南等生源大省近两三年也未能完成招生计划"；"更深层次的大学生存危机已经显现，大学必须未雨绸缪"；"在全国各地，专科学校或者实行注册制，或是录取分数低至150分，最高也只有180分。"[②]一些普通本科院校开始出现学生不报到的情况，大多数高职高专、独立学院为招生而奔走。与此同时，一些名牌大学也出现了哄抢高考"状

① 中华人民共和国教育部：《各级普通学校毕业生升学率》，http://www.moe.gov.cn/publicfiles/business/htmlfiles/moe/s8493/201412/181725.html。
②《调查显示多省市近年来未能完成高招计划——生源危机倒逼大学转型》，载《光明日报》2014年6月5日。

元"的现象；而很多"状元"，却举目远眺着香港、欧美的一流大学。一方面是国内大学境遇渐变，另一方面是港台、出国留学热……我们不禁要问，同样是高等学校，差距究竟在何处？

中国现代大学在厚重的传统文化中经历了一个多世纪的发展，一路走来，身量确实越来越庞大。截至2013年，我国各级各类高校共有3590所，其中普通高校2491所，成人高校297所，其他民办高等教育机构802所。[1]虽然我国高等教育的发展体量已经吸引了全世界的眼球，但在教育品质上，始终离世界一流还很远。例如，在2015年U.S. News《美国新闻》的世界大学排行榜上，北京大学位列第39位，香港大学位列第42位，清华大学位列第67位。[2]前200强的内地大学有复旦大学、浙江大学、中国科技大学、上海交通大学、南京大学。前500强中，只有28所中国大学上榜。[3]反观西方发达国家的高等教育史，现代大学源起于12世纪的西欧，经历了1000多年的淘洗，磨砺出了现今一流的品质，引领着全世界大学的发展，成为众多学子梦寐以求的理想殿堂。

然而，到发达欧美国家留学者只能是少数。大部分人，依然只能选择国内高校。在我国，也有共识意义上的名牌大学，即112所"211工程"大学，[4]其中还包括39所"985工程"大学院校，[5]这些学校处于我国3590所高等教育机构金字塔的顶端，被认为是中国大学的典范。2013年，我国高等教育在学人数总计3944多万人，研究生179多万人，普通本专科2468多万

---

① 中华人民共和国教育部：《高等教育学校（机构）数》，http://www.moe.gov.cn/publicfiles/business/htmlfiles/moe/s8493/201412/182068.html。

② 新华网：《深度解析2015U.S. News世界大学排名》，http://news.xinhuanet.com/abroad/2014-11/03/c_127173590.htm。

③ 新华网：《美杂志公布世界大学500强排名 北大39位》，http://www.he.xinhuanet.com/jiaoyu/2014-11/07/c_1113154155_2.htm。

④ 中国学位与研究生教育信息网：《"211"大学名单（112校）》，http://www.cdgdc.edu.cn/xwyyjsjyxx/xwbl/zdjs/211gc/。

⑤ 中国学位与研究生教育信息网：《"985工程"学校名单（39校）》，http://www.cdgdc.edu.cn/xwyyjsjyxx/xwbl/zdjs/985gc/index.shtml。

人，成人本专科626多万人，还有其他各类高等学历教育在学人数670多万人。[①]被上述名校录取的学生，当然也只是少数，大部分考生最终只能进入所谓的非重点院校以完成自己接受高等教育的历程。

此外，除了学生争入名校，名校也在争抢优秀学生。在高考招生环节，招生批次的划分将各种定位不同的高等教育机构划分出了三六九等……在制度与政策导向下，各个层次的院校教育质量与声誉分化日益严重，出现了强者通吃、弱者愈弱的"马太效应"。

无论是名校争抢"状元"，还是学生争逐一流大学，都是优质学生与优质学校之间的"联姻"，而大多数受教育者只能站在圈外看个热闹而已。从欧美名校、国内名校再到一些普通高校，就像一座金字塔，站在塔尖的、能够接受高品质教育的仍然只是少数人。在高等教育大众化阶段来临之后，孔子"有教无类"的教育机会公平理想看似已然实现了，但是另一种不公平却日益凸显——教育质量的不公平。我们不能也无法去追求绝对的教育质量公平，但是在我国高等教育质量总体不高的情况下，我们如何能够闭目塞听、坐视不理？如果教育质量的不均衡过于严重，教育的分化亦会连带社会的分化。

因此，在高等教育机会向大多数人开放的时候，我们应当在保障入学机会的前提下关注高等教育的整体品质。联合国《世界人权宣言》明确："人人都有受教育的权利……高等教育应根据成绩对一切人平等开放。"2009年世界高等教育大会公报认为，"在扩大入学机会的同时，高等教育必须同时追求公平、适切性及质量三大目标。公平不只是一个简单的入学机会问题——还意味着要确保学生顺利参与并完成学业的目标，同时保证学生的待遇，这就必须向贫困和边缘化的群体提供合适的财政援助和教育政策的支持"[②]。"有质量的教育公平"已经成为世界各国教育发展的普遍追求。

---

① 中华人民共和国教育部：《各级各类学历教育学生情况》，http://www.moe.gov.cn/publicfiles/business/htmlfiles/moe/s8493/201412/181593.html。

② 瞿振元：《国际视野下的2014中国高等教育热点》，载《中国教育报》2015年1月5日。

二、高等教育的品质存在于多样性当中

当我们去追寻高品质的教育公平之时，却发现高等教育的"品质"是一个内涵集中但是外延模糊的概念，远非一个简单的"好"字所能阐释。众所周知，大学通过知识的保存、传承与创造实现着人才培养、科学研究与社会服务这三大主要职能。在人才培养方面，各种类型的大学使命不同，有的主要培养科研人才，有的专门培养应用型人才。在科学研究方面，有的学校精于基础理论研究，有的却精于实践应用研究，有的学校则可以两者兼顾而彼此促进。在社会服务方面，也存在着直接服务与间接服务之分……如此多的维度反映出了高等教育的多样性。既然高等教育具有多样性，那么高等教育的品质自然是多样的。

一方面，在人才培养与科学研究层面上，学校、学科及其专业各有所长。例如，哈佛大学是世界顶尖大学，在2015年U.S. News的世界大学排行榜上共有财政与金融、生物科学、法律、数学等11个学科为世界排名第一。我国的清华大学在总排名上与哈佛大学相距甚远，但是，清华大学的材料科学专业却能够与哈佛大学该专业一争高下，并能够领先于哈佛。[①]又如，复旦大学在世界排行榜的第108位，[②]但是其哲学专业却能够与哥伦比亚大学、芝加哥大学并列世界第17名。[③]如果现在与上述美国名校比拼综合实力的话，清华、复旦必定有所不足，但凭借个别学科的优势，却能够与这些世界级名校一较高下。

另一方面，在社会服务职能上，各个学校与具体专业所培养的人才角色不同。比如，从事天体测量与天体力学专业的、能够把宇宙飞船送上天

---

① 人民网：《2014年QS世界大学排行榜——材料科学（1—100）》，http://edu.people.com.cn/n/2014/0325/c1053-24733914.html。

② 人民网：《独家：2014年QS世界大学学科排行榜全榜单》，http://edu.people.com.cn/n/2014/0327/c367001-24751701.html。

③ 人民网：《2014年QS世界大学排行榜——哲学（1—50）》，http://edu.people.com.cn/n/2014/0326/c376677-24744694.html。

空的人才很重要，但是，谁能说食品科学与民族民间工艺人才就不重要了？在教育部直属的75所大学相继发布的2014年毕业生就业质量年度报告的就业率排名中，令人惊讶的是，一向稳操胜券的清华、北大、复旦等顶尖名校并未挺进前十，而东北师范大学、中国药科大学等专业类大学却有卓越表现。这在一定程度上反映出当下人才观的变化：更重视毕业生的专业技能，更看重毕业生的综合能力，而非过去一切以学历、出身作为求职的"敲门砖"。①不同类型的大学都应当有自己独特的价值，才能拥有自己生存与发展的差异化空间。

除了高等教育自身的多样性，学生越来越突出的个体差异也急切要求高等教育具有更宽泛的可选择性。这看似是一个悖论，因为教育的特性首先是由受教育者来决定的。但是长期以来，我国的高等教育习惯了听从行政命令的统一规划，反而忽略了高等教育最重要的要素是学生的个体差异与需求这一基本事实。

古人云，"骏马能历险，犁田不如牛；坚车能载重，渡河不如舟"，"书痴者文必工，艺痴者技必良"。这就是所谓的比较优势。因为个性差异及教育开发的影响，每个人的发展潜能不尽相同，有的善于综合、有的善于分析，有的善于动脑、有的善于动手。所以，学生们本不该竞相追逐一般意义上的名校，而应该找到适合自己的那块教育天地。

一所名叫"深泉学院"的美国大学因录取了我国的一名高中生而在我国名声大噪，被称为美国最神秘的百年名校之一。据说要考上这所学院，比考哈佛、耶鲁还难，而且光成绩好还不行，还需要全面发展，只要能考进去，毕业之后就是成功的魅力绅士（该校为男校）。不过，事实并非如此简单，这所学院不过是位于美国加利福尼亚州人迹罕至处的一所两年制学院。考虑到深泉学院每年在全世界范围内只招收11～15名男学生，录取率约为10%，就可以知道"录取率比哈佛、耶鲁都低"也并不奇怪。但

---

① 中国教育在线：《直属大学2014年本科毕业生就业率排行》，http://career.eol.cn/news/201501/t20150129_1226090.shtml。

是，不要指望在这里毕业就能功成名就，因为这所学院的日常活动除学习以外，学生每周要在学校的农场上至少劳动20小时。学院的农场上有大片的牛群和紫花苜蓿，可谓亲近自然，却远非人们心目中所想象的"浪漫贵族男校"或"牛仔基地"。学院甚至连授予学士学位的资格也没有，而只能获得准学士学位，两年后还得转到其他大学继续修学分，才能取得"本科"学历。于是有人说，深泉学院也没什么厉害的，叫"大学"都是抬举它，充其量不过荒郊野外一大专而已。显然，对这所学院的神化或者贬损，都不是正确的态度。深泉学院建校近百年来，以区区几十人的规模办学至今坚持着自己"劳动、问学、自治"的三大立校原则而不为外界所动。而且，其毕业生中不乏优秀者，很多学生都拿过罗兹奖学金和杜鲁门奖学金，2人获得麦克阿瑟天才奖。2008～2011年，深泉学院的毕业生已拿到5次杜鲁门奖学金——一项奖励为公众服务的学生的至高荣誉。这足以说明，这样的小众、另类的大学，也自有它存在的价值。这所大学给人们带来的过分的神秘感其实更基于我国高等教育长期以来的唯上、贪大、缺乏特色与灵活性的传统。在我国，很难想象一所深泉学院将如何存活并保持特色！熊丙奇认为，大家对于深泉学院的关注，应该聚焦在美国和中国的教育体制的不同上。[1]我国当下的大学，一些"贪大求全"、为了吸引学生而盲目开设的"热门"专业，使许多对办学条件要求不高的专业纷纷进入大学。如此一来，学而不精、教而不专的毕业生们往往在即将踏出"象牙塔"时，处于"武大郎盘杠子，上下够不着""文不能文，武不能武"的状态。

我国的高等教育恰恰就是缺少这种允许多样性存在、使学生的特长得到确认和开发、全面满足社会需求的机制。这里，关键是促进多种教育模式发展、建立多元的质量评价标准，充分发挥每个人的潜能，努力把所有

---

① 熊丙奇：《被神化的"深泉哥"》，载《辽宁教育》2014年第8期。

的人都培养成自身领域中的精英。①潘懋元也曾表达过相同观点,他说:
"质量标准的多样化不是降低质量,而是各按不同的培养目标与规格,努力提高质量,达到各种不同的高。"②

在多元的高等教育生态之中,如果每所大学在专门人才市场中寻找到别人没做或没做好的,哪怕是较低层次的一部分,做好了甚至做到了极致,那就是精英教育。无论层次类型如何,办好了就是一流学校,办不好就是三流学校。我们需要建设一流的研究型大学,还需要一流的本科教学型院校,更需要一流的职业技术学院,而每类学校中的每所学校的教育模式又要有自己的特色。如果整个教育体系能走到这种地步,每所高等学校都有了自己从事精英或一流教育的位置,那么有质量和有特色的中国高等教育格局才能够真正形成。

三、"有教有类"方能有效提升大学品质

当然有人会质疑:我国的高等教育体系不是已经具备了明晰的分类以及分层架构吗?事实的确如此。一方面,我国对高等学校层次和类型的划分多种多样。例如,以隶属关系为标准,从纵向上将我国高等学校划分为部委属、省(区、市)属、地(市)属三个层次;以举办主体为标准,从横向上将我国高等学校划分为公立大学和民办大学;以是否列入各级政府重点建设行列为标准,从纵向上将我国高等学校划分为"985工程"建设大学、"211工程"建设大学、全国重点大学、省(区、市)重点大学等;以行政级别高低为标准,从纵向上将我国高等学校划分为省部级大学、正厅级大学、副厅级大学等层次;以授课形式为标准,从横向上将我国高等学校划分为全日制大学、函授大学、广播电视大学、网络大学、夜大学,等

---

① 马陆亭:《论新时期多样性的精英教育质量观》,载《中国高教研究》2007年第12期。

② 潘懋元:《新时期中国高等教育的质量战略》,见陈学飞、秦惠民:《高等教育理论研究精论集——14位学者论高等教育大众化与大学扩招(中)》,中央编译出版社2004年版,第10页。

等。①然而，大学分类不应该是大学身份的象征，它应该是大学责任和使命的体现。当分类成为大学身份的一种象征，乃至获得资源的砝码时，大学的使命就可能被扭曲。因此，虽然形式上我国的高等教育已经具备了多样性特征，但本质上的多样性内涵仍然经不起检验。

时至今日，许多院校还在为"学院"更名为"大学"而上下穿梭，往来汇报运作。事实上就是把一个本来没有的问题变成了高等学校发展的重大问题。究其原因，各种类型和层次的大学"官位"尊卑分明、利益格局大相径庭，这很容易误导大众以学校行政等级的高低以及固有的资源来择校。高考过后，许多学生与家长在填报志愿的时候通常是先选择心仪的学校，其一般路径是重点大学上不了然后再来考虑一般本科院校，如果再没戏，那么只得心灰意懒去上独立学院或者高职高专，甚至干脆复读，再走一遍"科举"之路。如此一番，高分的学生们都到重点大学去了，分数稍差的流向了一般本科院校，而分数在尾巴上的大部分进入了高职高专。所以，在通俗的印象中，似乎好大学的学生都是可造之才，差一点的大学里的学生就只能勉为其难了。试问，谁又愿意被贴上"差"的标签呢？学校的领导者们，凡有点儿抱负和决断的，都想要由差变好、好上加好。所以他们不得不拼命升级、扩充规模、争取专业甚至修改出一个听起来更加高级的校名，以期变成"高大全""高大上"的学校……在这样的"创先争优"过程中，校领导、教职工疲于奔命、费尽周折，但是效果却不甚理想（我们很少见过哪所学校因为从体量上变得大而全，而真正实现了"高大上"的）。同质化的大学"千校一面"，令人模糊难辨真假优劣。

在生态学上，一块田地里，如果已经种植了茄科作物烟草，再同时种上其他茄科作物如番茄、马铃薯，当烟草感染了烟草花叶病毒死亡的时候，那么番茄与马铃薯亦不能幸免。如果间种其他不同科的植物，那么抵抗该病毒的能力就会增强。高等教育的生态也同样如此。当所有学校都在

---

① 潘懋元、陈厚丰：《高等教育分类的方法论问题》，载《高等教育研究》2006年第3期。

同质化道路上打拼，那么结构化的矛盾迟早就会凸显，而当学有所成的毕业生用非所学的时候，就为社会矛盾埋下了祸根。

"当学生与家长掌握了主动权，有了选择权，大学靠'卖文凭'的日子一去不复返了，在巨大的生存压力面前，大学只有找准定位，办出质量，办出特色，才能在激烈的竞争中获得一席之地。"[1]有学者已经警告过了，北大清华没有必要办成哈佛剑桥，相反，那样是很危险的。封闭、苦修的"深泉模式"也不需要照搬，然而，教育生态的参差多态却可堪追求，"深泉精神"中折射出的学术自治也值得借鉴。

这些都是老生常谈的话题，高等教育的管理者其实深谙其理。然而，现实的困境与桎梏却让人无可奈何。马克斯·韦伯有言："如果没有人反复地在人间追求不可能的东西，那么，可能的东西也实现不了。"愚以为，在现今的高等教育体制框架下，我们仍然可以力所能及地在学校、学科以及师生方面进行一些突围。

首先，要弱化"等级办学"，强化"分类办学"。在世界很多发达国家，大学并没有严格的等级之分，一个大学办得好与不好、有没有声望，并不需要官方的等级敕封，而在于它自身的教育水平、学术水准如何，无论是哈佛、麻省理工，还是牛津、剑桥等，都无一例外。淡化等级，自然也将消解目前大学利益分配的格局，短期当然不适应，但长期看来可以引导各种类型的大学更加公平、有尊严地去生存和发展。加强分类，可以引导各个大学展现各自的特色、做强自己的优势，而不是去和其他大学恶性争抢同样的资源。

其次，学科与专业建设必须有所为有所不为。"有所为"是说要坚守自己的专业特色。以外国语言文学这个二级学科为例，大多数本科院校都开设了下属的专业如英语、日语、法语专业，因此近些年这些专业的本科毕业生已经过剩，而这个二级学科下属的其他小语种专业却因为毕业生的

---

①《调查显示多省市近年来未能完成高招计划——生源危机倒逼大学转型》，载《光明日报》2014年6月5日。

稀缺而受到了普遍欢迎。千万不要以为用弥补差距的做法可以实现所谓的"超英赶美"，短板再补也成不了优势，安于定位，持之以恒，扬长补短，才不会适得其反。

再者，教师需要分类聘用与管理。在我国，目前高校评定教师职称的主要标准是科研绩效，由此形成人人报课题、个个写论文的科研异化局面。从大学到小学，教师并非"千人一面"。有的教师擅于传授知识，活跃课堂，提高成绩；有的教师擅于钻研课题，总结理论，创造成果；有的教师擅于道德引领，言传身教……而我们现行的考核制度，侧重于将科研成果等项目量化评价，却淡漠了教师的课堂教学贡献，因而"埋没"了一部分有才情、潜心一线教学的教师。2014年7月28日的《中国青年报》有报道称，清华大学外文系讲师方艳华在外文系通过述职答辩，但方艳华因为科研成果有限，担任讲师的第9年还未评定职称，已到了"非升即走"的最后期限，面临转岗的危险。方艳华所授的课深受广大学生喜欢，短短几天时间里，帮助方艳华申请留任的毕业生来信有50多封。方艳华的个案很有代表性，是我国大学长期以来对科研和教学厚此薄彼现象的一个缩影。[1]而四川大学历史文化学院教师周鼎在一篇感性、决绝的《自白书》中痛陈了现在大学教学、科研、职称评审中的种种弊病，他直言"讲好一门课能折算成几篇论文"，"科研是自留地，教学是公家田"，"一个相信讲好一门课比写好一篇论文更重要的人，今夜死去了"。他的激烈言辞一再戳中大学"青椒"（青年教师）的痛点，引起他们的强烈共鸣，从而让大学"教学和科研孰轻孰重"这个老问题又一次进入公众视野并引发大家的热议。[2]2015年，教育部核准发布了北京大学、清华大学、中国农业大学等9所大学的章程。其中，清华大学《章程》就规定了教师职务系列，将教学、科研两类岗位

---

① 姜朝晖、朱四倍、胡乐乐：《"清华解聘风波"是一面多棱镜》，载《中国教育报》2014年7月28日。

② 胡乐乐：《用"高级讲师制"破解"周鼎式难题"》，载《中国科学报》2015年1月8日。

各分等级。①这将有利于激发教师的优势。此外，还应当对不合格教师进行淘汰。"大锅饭""铁饭碗"易于使教师产生惰性而停滞对于教学、科研的探索，这不利于学校、教师自身以及学生的发展，因此，在教学、科研岗位合理分流之后，要健全对教师的考核和评价机制，使大学筛选出不合格的教师并予以清退，保留优秀的师资队伍。

最后，对学生实行严格且灵活的管理。一方面，大多数学生由于在初高中阶段经历了过度的应试筛选，所以在高考结束时，一些学生在把书本试卷撕得满天飞的那一刻就已经开始憧憬着大学生活的闲适惬意了。除了那些立志成为学霸者，还有一些人在大学把学习当副业，把玩乐当主业度日。而我们的大学，长期以来淘汰机制并不严格，使得许多本来不合格的毕业生也成为"漏网之鱼"。所以，最简单的做法就是实施合理而且无弹性的学业淘汰机制，与此同时，建立更为灵活、开放的转专业甚至是转学制度以满足学生成长路径的合理诉求。在这一点上，美国的经验值得我们借鉴。美国的两年制社区学院与四年制学院可以通过学分制实现双向转学，②美国前总统奥巴马本人就是转学制度受益人中的典型。奥巴马 1983 年从哥伦比亚大学本科毕业，获文学士学位；1991 年从哈佛大学法学院毕业，获法学博士学位。但实际上，奥巴马本科在哥伦比亚大学只学习了两年，而之前的两年，奥巴马是在加利福尼亚州的洛杉矶西方学院度过的。因此，奥巴马在西方学院与哥伦比亚大学完成了本科教育，这两所大学一起，构筑了这位美国总统的成长之路。只有既严格又开放的制度才能够满足各种不同类型学生的需求，从而促进高等教育系统内的资源合理再分配，继而促使不同的大学生长出风格迥异的拔尖人才，从而真正提升大学的品质！

（本文原载《学术探索》2015 年第 10 期，有删改。）

---

① 人民网：《教育部发布 9 所大学章程　清华将对教师分类管理》，http://edu.people.com.cn/n/2014/1009/c1053-25798626.html。

② 涂丽华：《美国高等教育中转学教育多样化探析》，载《比较教育研究》2012 年第 1 期。

第六节　经典教育三题

万事万物皆有三境之别，一般分为上中下三品，上为"经典"，中为"经验"，下为"经过"。位于教育体系最上端的高等教育，自当以传承经典、辩驳经典、超越经典为首要责任；退而求其次，至少能够身体力行、躬身实践，力图率先垂范，尽量在教育过程中传授有个性并富于生命力的进取法则及相关经验；实在不得已，就要努力避免成为一个迟到早退，备课囫囵吞枣，讲授随波逐流，在教育场域中来无影去无踪，无非在学堂里"经过"了一回的教书匠。教育发乎其上，得乎其中；发乎其中，得乎其下。

一、经典教育之应当

工具，从刀耕火种的"刀"、结绳记事的"绳"，一直到4核6核乃至N核（N→∞）的计算机，无一不是人之器官功能的延伸。随着"装备"的不断升级，人改造自然、创造世界的活动和成果也不断升级。然而，人的器官外化延伸也不可避免地催生着人的分化与异化。渐渐地，现代人在工具的泛滥与失控中积重难返，只得不断饮鸩止渴，直至完全迷惑自我，迷失在人一手造就的纷扰与喧嚣中。

传统经典文本的诞生及其魅力恰恰位于人类"迷思"而未"迷失"之际，彼时人们沉浸在人与世界关系的迷思中不能自拔，世界对于人来说是未知的，但那未知的世界尚以相对原初的样态存续着，并未因人类无节制的鲁莽异动而面目全非，人的世界与自然世界之间还没有如今这样过多的阻隔和遮蔽，关于人与世界关系的反思和追问能够得以在朴素、简单的基础上开展；而人一旦迷失于自设的困局，反而无法更透彻地反观自身以及与世界的关系。

现代人并不曾停止对意义的反思和追问，但终不得自拔于虚无与迷惘的困扰，这些困扰源于表象相对于真相的片面一致或似是而非。人们在对"伪真相"和"现象真实"的追求中更加深陷于迷醉和无助。在这个意义上，来自古典世界的经典文本堪称人类守候着暗夜里照亮回归精神家园之路的火种，为现代人放飞失重的灵魂点燃归途的发动机。

二、经典教育之误区

经典教育的价值为教育家所洞悉，这是教育之幸，也是学子与社会之幸；但经典教育的形式，一旦被教育事功地利用起来，也就难免会滑向它的反面。

教育是育人的事业，"成人"是教育的宗旨。但"成人"如若沦为事功的靶子，那么这种急于求"成"的教育仍然无法脱离"制器"的命运，只不过这一次"制器"的模子是按"成人"来打造的，是更隐秘的"制器"而已。须知，成"功"不可教，成"人"犹未可。

教育欲"成人"，需要启发教育对象"为人的自觉"，这一自觉至少包括对"人"的追问与"作为人活着"的强烈意愿。树立"为人"的意识、了解"为人"的意义、明确"为人"之道、持守"为人"之志，在以上"身为人""作为人""如同人"的各个环节中，个体对自身为人的价值觉悟尤其关键，对人及人生的意义追问十分可贵，觉悟和追问一方面离不开社会成员身体力行的反思活动，另一方面经典阅读对主体而言无疑是需要的和必要的。经典文本跳过意识形态的"主义"和社会发展的"阶段"，于贯穿全部人类社会历史、覆盖所有具体社会形态的"共同"中，去拯救、发掘、传递和支撑人类文明生生不息、一路走来的精神力量。

教育能否"成人"，依赖于在社会成员那里是否发生了"为人"的自觉及其觉悟程度，"自觉"和"觉悟"都是无法教的，而经典恰恰蕴含着这种无形的力量，同时具备发人深省的客观作用。在经典阅读中，读者作为主体存在，经典成为有而不在的干预要素，使得读者在自主的选择和自愿的认同中接受文本所承载的人类思想的结晶和文化的精髓。在形式上，这是一个读者自我教育的过程，究其本质，同时是一场来自杰出心灵的教化演讲。

这样一来，采取经典教育形式就无法不面对一个现实："觉悟"这个东西跟"潇洒"一样，越故作越远离。如若被形式绑架，那么经典教育的效果恐怕是大打折扣的。既然经典教育的效果需要在潜移默化中达成，大张旗鼓地推行经典教育并不妥当，那么经典教育中教育者与教育对象在恰当氛围中的融合就显得极为重要。反过来，那个恰当的氛围更为重要：教育活动双方关系的氛围、教育组织的氛围乃至社会的氛围……比如，在一所学校中创设恰当的气场，校长、教师、学生具有自觉追求觉悟的价值共识，那么就容易形成经典教育共同体，学生对追随经典文本中的"大道"乐此不疲；反之，经典文本非常容易沦为灌输"大道理"的工具和幌子，学生由于排斥这种"被伪装"了的说教，而与经典所揭示的真理和正义的内容擦肩而过或从此心生嫌隙。

三、经典教育之难题

经典发自伟大心灵，更源于杰出先进们所处的伟大时代和适宜的社会发展状态——而伟大的时代和适宜的社会无疑体现着人类历史中孕育宏才大略的可能，所以，经典标志着人类思想可能的高度和已达到的水平。经典凝结着人类思想的最高智慧，经典文本和经典阅读可以作为教育的元素为教育所用，经典教育体现着教育价值自觉和教育行动智慧。同时，经典经由伟大心灵的折射而展现人类思想的高度和大成，其价值和意义无疑又高于和广于任何具体教育活动本身。经典教育的意义不仅止于选择性地在社会成员思想中建立特定观念和认知，经典阅读对于个体的意义也绝不止于成全自我，至少要超脱个体的肉身及其感受、心灵及其状况而达至人性的层面和高度。

鉴于以上原因，经典教育的难题至少有三。

难题一：方式和形式。对自我的意识、对自我的认知以及自我一致性的保持，可以在不同境界、不同水准下实现，而经典教育期许的"自在"是以"自觉"为基础的，"自觉"又显然以觉悟为指向。为实现使命，经典教育无法绕过的一个重要课题是，如何以恰当的方式引导教育对象对生命和生活的自觉，激发他们追问和反思的热情，促成自觉觉悟的主动。不恰当的方式则很容易使"引导""激发"和"促成"转向自身的对立面。是采取自上而下的教育行政决策作为推动，还是在恰当氛围下教育组织各主体平等自主地参与和开展？是以考试考核的方式加以检测和督促，还是在兴趣和自主意愿的原则下将阅读经典内化为主体的学习和生活方式选择？

难题二：内容的甄别。经典教育一旦以正式的形式出现在教育中，其操作必然涉及经典书目厘定的问题。即使对"何为经典""古、今、中、外是否都应有作品经典书目之内占有一席之地"的问题存而不论，仅就中国古代经典而言，梁启超和胡适之两位国学大儒之间就发生过《国学入门书要目及其读法》《最低限度之必读书目》之于《一个最低限度的国学书目》《实在的最低限度书目》的笔墨官司。对于广大学者和普通读者而言，经典评定和遴选更是莫衷一是的难题。

难题三：师资的遴选。经典教育虽与单纯"说教""讲授"不可同日而语，但执行中始终离不开具有一定视野和高度的师者加以点拨。俗话说，"经师易得，人师难求"，经典教育不是读经教学，它要求教师既有"经师"的技艺，又有"人师"的资格，所以经典教育教师的遴选成为实施经典教育的又一难题。而当下"经师"的介入，完全有可能诱发不同的价值取向，将"本经"念成"歪经"，把"庄子新解"变成"庄子曲解"，一番"戏说"之后，真经难免"悲剧"了。

（本文原载于《湖南师范大学教育科学学报》2014年第2期，有删改。）

跋

书为心画，言为心声，人与文相互映照。本书言论基于师生立场和视界，文思笔墨源自一线教育者的微观角色，大多是从下往上、从里往外所看到的景象，相较于教育这一宏大事业难免偏颇狭隘，权为同仁商榷之用。

作为在中国当代教育改革开放的语境里摸爬滚打了40余年的普通教师，本人一贯秉持的从教原则是"相信的才说，想通的才写"，所以凡有学理感悟憋不住要诉诸字里行间之际，均离不开个人在当时当地教育生活中的体感和实践。一般不会"打一枪换一个地方"（不同的雇主项目，不同的研究领域），或吃柿子专找软的捏（上手快，易出活）；更不会跟风追潮，一年一热点，一季一新词。究其原因，非不能也，乃不为也。一方面实在是不好意思这样做，另一方面唯恐时过境迁之后，当日言论成为时间的笑话。

20世纪60年代出生的学者，少年虽然经历过张铁生交白卷成英雄的时代，但总体上所接受的还是"面壁十年图破壁"以及"板凳甘坐十年冷，文章不写半句空"的训导，耳熟能详的大都似"熟读唐诗三百首，不会作诗也会吟"一类的格言警句；青年时期眼见着周边逐渐多出了一些"剪刀加糨糊"的教材编写者；中年后又见证了不少"复制加粘贴"的"砖家"在坊间混得风生水起。回望过往大半生的职场体验，最幸运的事莫过于多少领受过几位大先生的棒喝，好歹知道学问之难得与不易！那些个真正的

276

先生无不惜字如金，常作"十年磨一剑"的规劝以及"两句三年得，一吟双泪流"的示范，与他们交往的短暂瞬间往往强烈地映衬出吾辈之短小。再往后，新生代的学生学者们纵身跃入了"海量信息信手生成"的人工智能时代，产出愈发迅猛，业绩更加显赫。时代进步，已然不同。是喜是忧，如之奈何？

一个人的作品之所以能成为类型化的作品，当然带有学者自己强烈的主观色彩，从设问诘辩、思维格调、立论逻辑、文字风格以及语句的节奏韵律等方方面面表现出来，一般具有很强的识别度。兔论频频（本人戏称自己为"黑老兔"），许多人并不知道其中的艰辛。一篇个性彰显且具有渗透力和影响力的论文之面世，往往以个人多年躬身实践作底，以独特的眼光审视现实，采与众不同的角度切入，大都在成文之前一两年就创意立题，然后通过学理钻研及数次演讲反复修正、查找论据、厘清逻辑之后才决定下笔行文。这个过程一般需要往来数十次，历经茫然无措、犹豫踌躇、失望放弃、穿云破雾、曙光乍现之后，文章始得——如此写作所得文句，方经得起良心和历史的双重检验。而作为一个专职的研究生导师，我的本职重点就在于引导、敦促并不断提点身边的弟子参与研修辩驳，从而充实"独学无友，孤陋寡闻"的研究生教育过程。本书相关论题先后与硕博弟子周宏、李保玉、李芬、沈云都、韦玲、常楠静、冯媛媛、查文静、白文昌以及罗志敏教授和王果博士合作，在此一并致谢！借由文字承载，师徒携手共同体验"独乐乐不如众乐乐"的学问生涯历历在目，可以不断重现，反复欢喜！

愚一直坚信：个体生命不可替代，个人思想不可替代。无论是教育活动还是科学探究，万物并育而不相害，道并行而不相悖，异彩纷呈、交相辉映方为理想的生态聚落。从教40年后，愚夫终于能够把安静读书作为一种每日专心致志的"自由劳动"而不需要任何外在的理由了！前些日子与著名学者、陕西师范大学的尤西林教授共同分享教育过往及各自的生活体验，谈笑之间尤先生引证了革命导师的原话对我的生活选择进行了有力的旁证并给予了相应的鼓励。马克思与恩格斯基于他们时代的活动形态，将自由劳动设想为上午打猎（却不是职业猎人）、下午捕鱼（却不是职业渔夫）、黄昏哲学思考（却不是职业哲学家）。

得此背书，豁然心安！